O Enigma do *Socialismo Real*

Um Balanço Crítico das Principais Teorias Marxistas e Ocidentais

Luis Fernandes

MAUAD

MAUAD Editora Ltda
Av Treze de Maio, 13, Grupo 507 a 509 - Centro
CEP 20031-000 — Rio de Janeiro — RJ
Tel.: (021) 533.7422 — Fax: (021) 220.4451
E-mail: mauad@uninet.com.br

CATALOGAÇÃO NA FONTE
DEPARTAMENTO NACIONAL DO LIVRO

F363e

Fernandes, Luis.
O enigma do socialismo real : um balanço crítico das principais teorias marxistas e ocidentais / Luis Fernandes. - Rio de Janeiro : Mauad, 2000.
256p. ; 16cm x 23cm

ISBN 85-7478-023-5

1.Socialismo. 2 Socialismo – União Soviética – História. 3. Comunismo. 4. União Soviética – Política e governo – 1917-1991. I. Título.

CDD – 320.531

ÍNDICE

PREFÁCIO — *Renato Lessa* — 9

INTRODUÇÃO — 11

Cap.1 **– O ENIGMA DO *SOCIALISMO REAL* — 13**

A ESTRUTURA DO LIVRO — 14

BREVES CONSIDERAÇÕES SOBRE MÉTODO E *EPISTEME* — 16

CRITÉRIOS DE VALIDADE TEÓRICA — 17

O ENQUADRAMENTO TEÓRICO DOS CONCEITOS — 18

PARTE 1 – As Principais Teorias Marxistas e Ocidentais — 21

Cap. 2 **– DEZ TEORIAS EM BUSCA DE UMA REALIDADE:**
AS (DES)VENTURAS DA *SOVIETOLOGIA* OCIDENTAL — 23

A GÊNESE DA *SOVIETOLOGIA* — 23

TEORIAS DO TOTALITARISMO — 24

TEORIAS DO PLURALISMO E DOS GRUPOS DE INTERESSE — 36

TEORIAS DO CORPORATIVISMO E DO NEOCORPORATIVISMO — 42

LEITURAS CENTRADAS NA BUROCRACIA — 47

LEITURAS CENTRADAS NA CULTURA POLÍTICA — 49

A CRÍTICA DA ECONOMIA DE COMANDO — 51

TEORIAS DA CONVERGÊNCIA — 53

TEORIAS DA MODERNIZAÇÃO E DO DESENVOLVIMENTO — 55

O ESTRUTURAL-FUNCIONALISMO — 58

A SOCIOLOGIA HISTÓRICA E A HISTÓRIA SOCIAL — 59

A CRISE TEÓRICA DA *SOVIETOLOGIA* E O REFÚGIO NO ECLETISMO — 63

Cap. 3 **– AVENTURAS NO JARDIM DE ÉDEN: INTERPRETAÇÕES MARXISTAS CENTRADAS NO CONCEITO DE SOCIALISMO — 67**

A TEORIZAÇÃO DO SOCIALISMO PELO MARXISMO CLÁSSICO — 68

A INTERPRETAÇÃO "OFICIAL" DO MOVIMENTO COMUNISTA — 72

INTERPRETAÇÕES NÃO-COMUNISTAS NO ENTREGUERRAS — 75

AS POSIÇÕES DO MOVIMENTO COMUNISTA NO PÓS-GUERRA — 77

TEORIAS DO *SOCIALISMO DE ESTADO* — 79

UM BALANÇO PARCIAL DAS TEORIAS DO SOCIALISMO NO LESTE — 80

Cap. 4 – **A EXPULSÃO DO PARAÍSO: INTERPRETAÇÕES MARXISTAS CENTRADAS NA DEGENERAÇÃO E/OU DEFORMAÇÃO BUROCRÁTICA DA TRANSIÇÃO AO SOCIALISMO — 83**

ROSA LUXEMBURGO — 83

LEON TROTSKY — 85

UM BALANÇO PARCIAL DA INTERPRETAÇÃO DE TROTSKY — 89

VARIAÇÕES NAS INTERPRETAÇÕES INSPIRADAS POR TROTSKY NO PÓS-GUERRA — 94

Cap. 5 – **A JAULA DE FERRO: INTERPRETAÇÕES MARXISTAS CENTRADAS NA EMERGÊNCIA DE UM NOVO MODO DE PRODUÇÃO E DE UMA NOVA DOMINAÇÃO DE CLASSE — 97**

AS PRIMEIRAS CRÍTICAS ANARQUISTAS, SINDICALISTAS E NEOWEBERIANAS AO "SOCIALISMO AUTORITÁRIO" — 97

KARL KAUTSKY E A CRÍTICA SOCIAL-DEMOCRATA — 100

TEÓRICOS MARXISTAS DO TOTALITARISMO — 103

OS TROTSKISTAS DISSIDENTES I — 105

LEITURAS MARXISTAS DISSIDENTES NO LESTE — 108

NOVAS INTERPRETAÇÕES MARXISTAS NO OCIDENTE — 112

UM BALANÇO PARCIAL DAS TEORIAS DA "NOVA CLASSE" — 113

Cap. 6 – **A REVOLUÇÃO DE COPÉRNICO: INTERPRETAÇÕES MARXISTAS CENTRADAS NO CONCEITO DE CAPITALISMO DE ESTADO E/OU BUROCRÁTICO — 117**

AS ORIGENS TEÓRICAS DO CONCEITO DE CAPITALISMO DE ESTADO — 117

AVALIAÇÕES SOCIAL-DEMOCRATAS NOS ANOS '20 — 120

A CRÍTICA DOS COMUNISTAS CONSELHISTAS — 121

OS TROTSKISTAS DISSIDENTES II — 125

O GRUPO *SOCIALISMO OU BARBÁRIE* — 127

TESES MAOÍSTAS E PÓS-MAOÍSTAS — 131

A PERSPECTIVA DO SISTEMA-MUNDO — 136

UM BALANÇO PARCIAL DAS TEORIAS DO CAPITALISMO DE ESTADO — 141

Cap. 7 – **AS "DURAS RÉPLICAS" DA HISTÓRIA: DA CRISE DO MARXISMO À CRISE DO SOCIALISMO E O REFÚGIO NO CONCEITO DE *STALINISMO* — 145**

A JAULA DO SUBJETIVISMO — 145

A DUPLA CRISE DO MARXISMO — 146

A CONVERGÊNCIA PROBLEMÁTICA NO CONCEITO DE *STALINISMO* — 147

PARTE 2 - O Enigma do Enigma — 155

***Cap. 8* – AS FORMAS POLÍTICAS DO *SOCIALISMO REAL* E OS FUNDAMENTOS DA AUTONOMIA DO ESTADO NO SOCIALISMO — 157**

AS LIMITAÇÕES DA *SOVIETOLOGIA* OCIDENTAL — 158

A ALTERNATIVA TEÓRICA MARXISTA E OS SEUS LIMITES — 159

O ENIGMA DAS FORMAS POLÍTICAS DO *SOCIALISMO REAL*: UM "EXPERIMENTO CRUCIAL"? — 162

O DEBATE TEÓRICO SOBRE A AUTONOMIA DO ESTADO — 166

A DOMINAÇÃO DE CLASSE E AS FORMAS DE ESTADO — 174

TOMANDO O CÉU DE ASSALTO: A TEORIA MARXIANA DAS FORMAS POLÍTICAS DO SOCIALISMO — 177

DE VOLTA À TERRA: OS "PRINCÍPIOS DA COMUNA" E A (CON)FORMAÇÃO DO ESTADO SOVIÉTICO — 182

O ENIGMA REPOSTO — 194

EXPLICANDO A AUTONOMIA DO ESTADO NA URSS I: AS IMPOSIÇÕES DO ATRASO — 196

EXPLICANDO A AUTONOMIA DO ESTADO NA URSS II: AS CONTRADIÇÕES DO PROJETO SOCIALISTA — 201

IMPLICAÇÕES TEÓRICAS (E POLÍTICAS): O IMPERATIVO DA MEDIAÇÃO E A CONSTRUÇÃO DEMOCRÁTICA DO "PROLETÁRIO COLETIVO IDEAL" — 207

BIBLIOGRAFIA — 211

ÍNDICE DE FIGURAS

FIGURA 1: A ESTRUTURAÇÃO DO PODER DE ESTADO NO TOTALITARISMO E NA DEMOCRACIA LIBERAL — 27

FIGURA 2: A ESTRUTURAÇÃO DO PODER POLÍTICO NO CORPORATIVISMO E NO NEOCORPORATIVISMO — 43

ÍNDICE DE TABELAS

TABELA 1: A EVOLUÇÃO DA TEORIA POLÍTICA DO MARXISMO CLÁSSICO — 69

TABELA 2: TIPOS DE ESTADO, CONFORME DIMENSÕES DO PODER — 173

TABELA 3: GRAUS DE AUTONOMIA DO ESTADO EM DISTINTAS CONFIGURAÇÕES ESTATAIS — 175

PREFÁCIO

Qualquer balanço do século XX deve incluir necessariamente a avaliação de um experimento social que marcou a vida de parte considerável da população do planeta. A partir da Revolução de 1917, o século conheceu impressionante dispersão dessa forma social que, em suas décadas finais, recebe o nome de "socialismo real". Com o fracasso da experiência soviética e de sua projeção européia, o socialismo sobrevivente afasta-se da tradição ocidental. Com a exceção do enclave cubano, são países asiáticos que reclamam, ao menos, a simbologia do socialismo real.

Para muitos, a quebra do modelo é motivo de júbilo. Sem qualquer hesitação, proclama-se a inadequação do socialismo às mais comezinhas características da natureza humana, fundada em apetites que sustentam uma racionalidade utilitária, e o triunfo do mercado, como algo equivalente a um reconhecimento de um imperativo natural. Mas, para socialistas que mal se reconheciam nos formatos empíricos que portavam os seus valores, não se trata de lamentar ou comemorar. Trata-se de investigar e perguntar: o que, de fato, aconteceu?

A própria existência da sociedade baseada na utopia do mercado autoregulado garante a perenidade da inspiração socialista. Diante dos fatos, a tradição da filosofia política sempre contrapôs a imagem de mundos possíveis, dotados de dimensões empiricamente não existentes. A persuasão socialista não pode ser refutada simplesmente pelo fracasso de experiências que reclamam sua inspiração. No entanto, a possibilidade de preservar a visão de mundo diante dos fracassos práticos que reclamam o seu patrocínio exige a cuidadosa investigação a respeito do que se passou.

Luis Fernandes, em *O Enigma do* Socialismo Real, é responsável pela melhor tentativa, entre nós, de enfrentar esse desafio. Mesmo no contexto da literatura internacional, o livro ocupa uma posição singular. Além de uma cuidadosa reconstituição dos modelos explicativos a respeito da evolução e crise do socialismo real, tanto os desenvolvidos no campo da sovietologia ocidental quanto os vinculados à tradição marxista, o autor sugere uma interpretação original a respeito do fenômeno. A proposta de Luis Fernandes é a de contribuir para um "deslocamento progressivo" da tradição marxista para tratar da crise dos formatos sociais e políticos empíricos que reclamam a sua inspiração.

Nesse trajeto, além da crítica do socialismo real, o que se apresenta é a convergência entre a persuasão socialista e o reconhecimento da relevância de instituições políticas representativas. A suposição básica é a de que uma ordem socialista não implica homogeneidade do ponto de vista do comportamento social, mas inclui e preserva uma forte diversidade, o que, do ponto de vista de uma razão democrática, exige, além de formas diretas de participação política, o fortalecimento de modalidades proporcionais de representação.

Com este livro, passamos a dispor de um instigante convite a seguir pensando a tradição socialista, sem camuflar os seus fracassos e sem abrir mão de suas possibilidades de reconfiguração social.

Renato Lessa
Professor Titular de Ciência Política do IUPERJ e da UFF

INTRODUÇÃO

"Felix qui potuit rerum cognoscere causas."
Virgílio

Capítulo 1

O ENIGMA DO *SOCIALISMO REAL*

Tal qual o amor na sensibilidade de Vinícius, o *socialismo real* foi eterno enquanto durou. Para além da referência poética, esta metáfora tem um sentido muito concreto: para praticamente todos os seres humanos em idade adulta hoje, a existência desafiadora do "campo socialista" foi um dos pontos fixos de referência para a construção da sua visão do mundo. Essa existência suscitava as mais diferentes reações: aversão, temor, indignação, curiosidade, esperança, adesão, idolatria. O certo é que ninguém podia ignorá-la, e muito menos conceber os caminhos que a vida tomaria na sua ausência. Deste ponto de vista, somos todos, de algum modo, órfãos do seu colapso, em busca de novas referências que ajudem a ordenar a nossa visão planetária. Mas se temos de nos resignar ao julgamento faustiano de que "tudo o que existe merece perecer", isto não nos isenta da obrigação de tentar compreender **o quê** pereceu e **por quê**. E aqui, apesar de se ter constituído em um dos pilares centrais da formação do mundo no século XX, o *socialismo real* permanece, no umbral do século XXI, um enigma por decifrar.

No carregado ambiente ideológico e político da Guerra Fria, a reflexão teórica sobre a natureza dos estados e sociedades do Leste[1] se desenvolveu em duas "arenas" quase que inteiramente separadas e isoladas: a dos meios acadê-

[1] Para além da sua conotação geográfica, o termo "Leste" - muito difundido na linguagem jornalística, política e acadêmica contemporânea - é bastante ambíguo e carregado. Edward Said (1978), por exemplo, relaciona o termo a um discurso contínuo, da Grécia Antiga aos dias de hoje, através do qual o pensamento dominante na Europa procura discriminar e subordinar o "outro" não-europeu. A terminologia marxista no início do século, por sua vez, usava o termo para se referir, de maneira genérica, a todos os países coloniais, semicoloniais e dependentes que deveriam ser apoiados na sua "luta contra o imperialismo" (Lênin, 1957). Utilizo aqui o termo no sentido mais restrito que ele adquiriu ao longo da bipolarização da Guerra Fria, isto é, como referência aos países que formavam o "campo socialista", sob liderança da URSS, no período do pós-guerra, ou que posteriormente vieram a se modelar na experiência soviética. Em contraposição, o termo "Ocidente" se refere ao conjunto de países capitalistas industrializados que, sob liderança norte-americana, se situavam no campo oposto da polarização.

micos ocidentais[2] (cujas formulações foram incorporadas, em graus diversos, ao discurso político e jornalístico) e a do pensamento de inspiração marxista (nas suas inúmeras expressões). O volume e a variedade de interpretações desenvolvidas em ambas as arenas são diretamente proporcionais à importância estratégica do "campo socialista" na configuração do mundo contemporâneo. Trata-se, é claro, de tema extremamente polêmico, pois a caracterização **teórica** dessas sociedades envolve um posicionamento **político** diante de opções de desenvolvimento que continuam a polarizar a imaginação humana. Por tudo isto, a teorização sobre o tema em ambos os campos ficou carregada de apaixonado subjetivismo. Embora compreensível, isto tolheu a construção de interpretações teóricas mais consistentes e equilibradas, referidas ao desenvolvimento objetivo das sociedades em questão.

Esta trabalho procura retomar esse esforço de construção, a partir do exame crítico das teorias desenvolvidas em ambos os campos. Na verdade, apesar de a produção teórica sobre o tema ser vastíssima (tanto em quantidade quanto em variedade), pouquíssimos trabalhos procuraram fazer um balanço abrangente das teorias desenvolvidas. Os que o tentaram, se restringiram a apenas uma arena do debate, ou a determinados autores e correntes dentro de cada arena (ver, por exemplo, Bell, 1958; Fleron, 1969; Brown, 1974; Rakovski, 1977; Bellis, 1979; Lane, 1984; Amman, 1986; Desjardins, 1988; Almond e Roselle, 1990; Boffa, 1992; Rigby, 1992b; e Fleron e Hoffman, 1993). Este trabalho procura preencher essa lacuna e extrair conseqüências teóricas desse preenchimento.

A ESTRUTURA DO LIVRO

Partindo da referência histórica do colapso do antigo "bloco soviético", a primeira parte do livro traça uma visão simultaneamente crítica e panorâmica das principais interpretações desenvolvidas sobre o tema ao longo do século, tanto nos meios acadêmicos e políticos do Ocidente quanto no âmbito do pensamento de inspiração marxista. Os pontos teóricos formulados neste balanço são retomados e sintetizados na segunda parte do livro, que formula as bases de uma compreensão teórica alternativa da evolução política das experiências do *socialismo real* e dos fundamentos da autonomia do Estado no socialismo.

[2] Por meios acadêmicos *ocidentais* me refiro, basicamente, ao pensamento dominante nos meios acadêmicos do mundo anglo-saxão (nomeadamente, Grã-Bretanha, Estados Unidos e Austrália). Esta referência básica se deve ao fato de que, com a possível exceção da discussão sobre a "convergência de sociedades industriais" (que examinaremos mais adiante), os principais conceitos e categorias desenvolvidos para analisar as sociedades do Leste foram formulados por acadêmicos trabalhando em instituições nos países anglo-saxões (o que se relaciona, por sua vez, com o papel central desempenhado por estes - sobretudo os EUA - na Guerra Fria). Uma resenha bastante abrangente das interpretações marxistas e não marxistas desenvolvidas na França pode ser encontrada em Desjardins (1988).

A Parte 1 do livro é composta de sete capítulos. O capítulo 2 examina as dez principais interpretações teóricas desenvolvidas nos meios acadêmicos ocidentais, com destaque para a abordagem fundadora da *sovietologia* ocidental: a teoria do totalitarismo. Os capítulos restantes exploram as principais interpretações desenvolvidas no âmbito da teoria marxista. O Capítulo 3 examina as leituras que afirmaram o caráter socialista dos estados integrantes do antigo "bloco soviético". O Capítulo 4 analisa as teorias que conceberam esses países como sociedades estagnadas na transição para o socialismo, em função de um processo de degeneração/deformação burocrática. O Capítulo 5 resenha as diferentes interpretações que destacaram a emergência de um novo modo de produção com um novo tipo de dominação de classe estruturado sobre a burocracia. O Capítulo 6 se ocupa das diferentes leituras que apontaram a prevalência de uma forma de capitalismo de estado e/ou burocrático no Leste. Por fim, o Capítulo 7 examina a convergência, ao meu ver problemática, de distintas interpretações marxistas sobre o conceito de *stalinismo*.

Para além da sua utilidade como obra de referência sobre as numerosas interpretações resenhadas, o balanço crítico efetuado na Parte 1 do livro fornece elementos para a proposição de um programa alternativo de pesquisa que é desenvolvido na Parte 2. Composto por um único capítulo mais extenso (o Capítulo 8), esta segunda parte do livro examina criticamente as formas políticas democrático-comunitárias propugnadas para o socialismo pelo pensamento marxista clássico (com base na experiência da "Comuna de Paris" de 1871) e as desventuras das tentativas da sua implantação na URSS. O balanço do processo histórico de (con)formação do Estado soviético serve de base para o esboço de uma teoria alternativa sobre os fundamentos da autonomia do Estado no socialismo e para a discussão de algumas das suas implicações políticas. Em suma, a Parte 2 do livro procura desvendar o "enigma" das formas altamente concentradas e autônomas assumidas pelo poder político nas experiências do *socialismo real* no século XX.

Antes de proceder ao balanço crítico que abre a análise substantiva deste livro, encerro esta introdução com breves considerações metodológicas e epistemológicas que relacionam o argumento aqui desenvolvido com alguns debates contemporâneos das Ciências Sociais. Para os leitores menos familiarizados com esses debates e mais interessados em se debruçar sobre a análise e as proposições substantivas que este trabalho tem a oferecer, os comentários que seguem poderão parecer um tanto quanto áridos ou excessivamente abstratos. Para estes, sugiro que pulem a seção seguinte e prossigam diretamente para a leitura da Parte 1, já que isto não prejudicará o acompanhamento da lógica da exposição. Para os que têm interesse nos temas que vêm ocupando os referidos debates, as considerações que seguem explicitarão os fundamentos metodológicos e epistemológicos que estruturam este livro.

BREVES CONSIDERAÇÕES SOBRE MÉTODO E *EPISTEME*

Muito se tem discutido ultimamente sobre as diferenças entre o estatuto epistemológico das ciências naturais e o das ciências sociais. Vêm ganhando corpo noções que apontam para a inexistência de critérios comuns de validade do conhecimento em ambas as áreas[3] ou para a impossibilidade da objetividade no conhecimento *tout court*[4]. Trata-se de uma discussão muito ampla e complexa que não pode ser abordada mais profundamente nos limites das páginas finais de uma introdução. Ela será retomada, um pouco mais amplamente, na Parte 2 do livro. Por ora, gostaria apenas de tornar explícitas, ainda que topicamente, algumas das premissas básicas que orientam e estruturam o restante deste trabalho.

Parto da compreensão de que a contraposição essencial entre as ciências da natureza e as ciências humanas se situa mais bem no campo **metodológico** (referente aos **métodos usados para alcançar o conhecimento**) do que **epistemológico** (referente às **bases de validação do mesmo**): enquanto as ciências naturais são eminentemente experimentais, as sociais são predominantemente não-experimentais. Em função disto, a apreciação da validade de teorias no âmbito geral das ciências sociais tem que ser remetida à **evolução histórica** dos fenômenos sociais que elas pretendem explicar e/ou desvendar, e não a resultados de experiências controladas. A **história**, assim, se apresenta como o campo por excelência da "experimentação" nas ciências sociais. Por este ângulo, o surpreendente desmoronamento do antigo "bloco soviético" e a prolongada crise geral que se lhe seguiu formam um precioso e inaudito "campo de provas" para apreciar a validade das diferentes conceituações e teorias desenvolvidas sobre essas sociedades ao longo do último meio século. Explorado com rigor, este "campo de provas" poderá sugerir lições metodológicas[5] importantes para a produção teórica do conjunto das Ciências Sociais.

O ponto que acabo de levantar remete a uma questão crucial para o balanço crítico desenvolvido neste livro: como avaliar a pertinência e/ou adequação dos diferentes conceitos gerados para caracterizar as experiências históricas do *socialismo real*? Posto de outra forma: sobre que bases devemos assentar o nosso balanço crítico das diferentes interpretações? A consideração

[3] Ver, por exemplo, Löwy (1987).

[4] Ver, por exemplo, Siedman (1992).

[5] Emprego aqui o termo "metodologia" no seu sentido mais amplo e profundo, abarcando a discussão dos métodos mais apropriados de pensamento e pesquisa científica, e não no sentido mais limitado e restrito de treinamento em técnicas quantitativas, como muitas vezes aparece nos cursos de "Metodologias das Ciências Sociais" em instituições que seguem a tradição acadêmica anglo-saxônica. Sobre esse ponto, estou inteiramente de acordo com as observações feitas por Giovanni Sartori (1970:1033).

epistemológica básica que fundamenta este trabalho é a de que a validade de qualquer teorização deve ser referida ao desenvolvimento do fenômeno que ela pretende explicar/examinar. Assim, por mais que seja válido revelar, afirmar e discutir explicitamente os valores e perspectivas subjacentes a qualquer explicação teórica ou classificação, isto **por si só** não confronta a questão da **validade científica** desta explicação e/ou classificação. Este é um terreno em que persiste muita confusão nas Ciências Sociais contemporâneas, agravada pela crítica deslocada dos seus fundamentos positivistas pelo pós-modernismo. Uma vez mais, adianto alguns pontos epistemológicos básicos que serão desenvolvidos mais amplamente na Parte 2 do livro.

CRITÉRIOS DE VALIDADE TEÓRICA

Em oposição aos ingênuos postulados clássicos do positivismo, é, de fato, impossível para qualquer pesquisador formular uma explicação ou classificação "neutra" da realidade social. Isto porque ele terá, forçosamente, de sustentar sua explicação e/ou classificação em algum quadro de referência teórico e normativo que enfatize determinados elementos da multifacética realidade social em detrimento de outros. Mas isto não significa que a validade das explicações ou classificações concorrentes possa ser julgada simplesmente pela referência aos valores morais e políticos que as estruturam. Isto é apenas **um lado** da questão, sequer o mais importante. O seu aspecto crucial é o que confronta a capacidade de cada explicação e/ou classificação **dar conta** do desenvolvimento da realidade social que examina. Isto significa que, se não podemos nos aferrar a qualquer princípio de **neutralidade** na explicação científica, a **objetividade** continua sendo o critério crucial de sua validade.

Contra o modismo intelectual pós-moderno, essa compreensão preserva a distinção epistemológica entre sujeito e objeto nas Ciências Sociais. Mais especificamente, ela concebe a existência objetiva de processos macrossociais, independentemente dos esforços do indivíduo-pesquisador para explicá-los e/ou entendê-los. Justamente por isto, ela admite que determinadas explicações ou classificações podem se revelar parciais ou inteiramente **inválidas**, por não corresponder ao desenvolvimento objetivo da realidade social que examinam. Em contraposição, a alternativa pós-moderna — que concebe a teoria social como mera "narrativa com propósito moral"[6] — nos deixa apenas com critérios subjetivos — éticos ou estéticos — para julgar sua validade teórica, uma perspectiva que conduz ao beco sem saída da teorização dogmática e auto-referida.

[6] Essa é a formulação textual de Seidman (1992).

O ENQUADRAMENTO TEÓRICO DOS CONCEITOS

Isto nos remete à questão da metodologia da formação de conceitos. Este tema foi abordado, há tempos, em artigo seminal do cientista político italiano Giovanni Sartori (1970). Neste trabalho, Sartori procura identificar os pré-requisitos lógicos da formação de conceitos e propõe uma "escada de abstração" para preservar a coerência lógica dos conceitos em diferentes níveis de análise.[7] Várias das sua observações são absolutamente importantes e pertinentes. Mas, tal qual a epistemologia pós-moderna vista acima, sua ênfase na coerência lógica da formação de conceitos me parece unilateral. Pois, como ele mesmo reconhece, os conceitos não são unicamente "receptores de dados", mas igualmente "elementos de um sistema teórico" (Sartori, 1970:1039). Infelizmente, este segundo e decisivo aspecto da formação de conceitos é negligenciado no seu argumento.

O fato é que, dada a sua complexidade e heterogeneidade, qualquer realidade social pode ser recortada e classificada de inúmeras (e mesmo contraditórias) formas — todas absolutamente coerentes do ponto de vista lógico, cada qual apontando para o que entende ser as "características centrais" da realidade examinada. Justamente por isso, toda classificação tem de ser (e é, mesmo se isto não é reconhecido ou admitido) integrada em um quadro teórico que procura dar conta do desenvolvimento da realidade social em questão. Ou seja, a identificação dos fatos é, em si, uma escolha teórica. A validade da formação de conceitos ou de construções tipológicas, portanto, não pode ser julgada unicamente com base no seu rigor lógico. Isto é importante mas **insuficiente**. Temos de ir além disso e avaliar o poder explanatório do quadro teórico (que fundamenta o conceito e a tipologia) diante do desenvolvimento daquilo que ele pretende examinar e explicar.

Em suma, esquemas classificatórios e construções conceituais só podem ser julgados e comparados a partir do exame das **teorias** que os estruturam. A validade destas, por sua vez, tem que ser remetida ao desenvolvimento dos fenômenos que pretendem examinar e/ou explicar (pelas razões vistas anteriormente). Em função disto, o método de análise desenvolvido neste trabalho se assenta sobre dois procedimentos básicos:

a) identificar os marcos teóricos que enquadram os diferentes conceitos formulados para caracterizar as experiências do *socialismo real* (as sociedades "de tipo soviético");

[7] A "escada de abstração" baseia-se na noção de que quanto mais ampla se torna uma categoria analítica (um conceito), menos precisa ela é em discriminar as características de seus membros. Portanto, temos de adequar consistentemente as categorias e os conceitos que usamos ao plano de análise e explicação que almejamos, "de modo a juntar assimilação e diferenciação, um alto poder explanatório e um conteúdo descritivo relativamente preciso, macroteoria e testes empíricos" (Sartori, 1970:1053, tradução minha - L. F.).

b) confrontar essas interpretações teóricas com o desenvolvimento histórico dessas sociedades.

Este método retira a discussão teórico-conceitual do leito puramente abstrato, e a situa em permanente inter-relação dialética com os desenvolvimentos histórico-concretos que pretende explicar, compreender e/ou classificar.

Encerro esta introdução com algumas últimas palavras de alerta. A classificação das diferentes leituras na Parte 1 do livro foi feita de forma deliberadamente simplificada, para obter clareza expositiva. Ela não deve, portanto, ser entendida de forma rígida ou mecânica. Como ficará claro ao longo do trabalho, inúmeros autores e enfoques na verdade combinam elementos de leituras que aparecem, aqui, de forma segmentada. O livro procura, na verdade, fornecer ao leitor interessado uma visão panorâmica das principais interpretações existentes e os seus problemas, além de indicações bibliográficas para quem queira se aprofundar no seu exame. Por isto, para além dos textos citados diretamente ao longo do trabalho, incluo, ao final, uma bibliografia relativamente extensa sobre o tema.

PARTE 1

AS PRINCIPAIS TEORIAS MARXISTAS E OCIDENTAIS

"I must create a system, or be enslaved by another man's... "

William Blake

Capítulo 2

DEZ TEORIAS EM BUSCA DE UMA REALIDADE: AS (DES)VENTURAS DA *SOVIETOLOGIA* OCIDENTAL

O título deste capítulo faz referência a um importante artigo do sociólogo Daniel Bell, publicado em 1958, que fez um primeiro balanço das teorias desenvolvidas no âmbito do (então) recém-criado campo de "estudos da área soviética" no Ocidente (Bell, 1958). Embora a referência numérica em ambos os títulos seja idêntica, a verdade é que, de lá para cá, a variedade de teorias ocidentais sobre os estados e sociedades do Leste se ampliou enormemente. Neste capítulo, examinamos criticamente as principais teorias desenvolvidas no âmbito da *sovietologia* ao longo do seu meio século de existência. Dada a sua centralidade para a constituição dessa área temática, daremos maior atenção às teorias do totalitarismo, seguidas das duas perspectivas teóricas que as sucederam, dando prioridade analítica, por ângulos distintos, à dimensão **política** das sociedades do Leste: as teorias do pluralismo e do corporativismo. Depois, examinaremos, mais topicamente, a plêiade de abordagens em que se decompôs o antigo campo unificado da *sovietologia*, destacando as sete principais interpretações alternativas que optaram por centrar suas análises em outras dimensões da vida social ou por buscar alguma forma de síntese teórica: as teorias da burocracia; da cultura política; da crítica à "economia de comando"; da convergência de sociedades industriais e/ou pós-industriais; da modernização e/ou desenvolvimento de sociedades atrasadas; do estrutural-funcionalismo; e da sociologia histórica e história social.

A GÊNESE DA *SOVIETOLOGIA*

Até o fim da Segunda Guerra, os estudos sobre a União Soviética nos meios acadêmicos ocidentais eram compostos, basicamente, por tratados genéricos de condenação moral (influenciados pelas comunidades de refugiados russos no Ocidente) e trabalhos meramente **descritivos**. Estes últimos abarcavam desde resenhas históricas (Chamberlin, 1930 e 1935a; Karpovich, 1930) a estudos descritivos sobre distintos aspectos da evolução da URSS (Batsell, 1929; Maxwell, 1934; Harper, 1937) até relatos de viagem, tanto críticos quanto laudatórios (Gide, 1936; Johnson, 1940). Nos anos '30, como veremos a seguir, alguns autores começaram a agrupar a União Soviética e a Alemanha nazista na mesma tipologia de regime político autocrático e/ou totalitário, em oposição aos regimes democrático-liberais, mas esta classificação era um aspecto secundário dos seus estudos e não chegou a merecer maior fundamentação teórica ou conceitual.

O estudo das sociedades e dos estados de tipo soviético só emergiu como uma área específica de interesse nos meios acadêmicos ocidentais nos anos '40, a partir do fim da Segunda Guerra Mundial. Correspondem a este período os primeiros esforços acadêmicos para sistematizar conceitualmente a natureza do Estado e da sociedade soviéticos (que se erigiam, então, como "modelos" para os esforços de reconstrução nos países da Europa Central e do Leste, onde o Exército Vermelho havia jogado papel determinante na derrota do nazi-fascismo). A esta altura, a institucionalização do *mainstream* das ciências sociais ocidentais (sobretudo nos países anglo-saxões) já estava bastante adiantada, marcada pela opção metodológica por retalhar a realidade social em esferas de conhecimento altamente segmentadas, compartimentalizadas e especializadas, em detrimento de enfoques ou abordagens mais holísticos.[8] O resultado foi a emergência de leituras centradas em análises isoladas de diferentes dimensões da complexa e multifacética realidade social destes estados. Examino, a seguir, as interpretações ocidentais que privilegiaram a dimensão política na sua análise dos países do Leste.

TEORIAS DO TOTALITARISMO

AS ORIGENS INTELECTUAIS DO CONCEITO

O termo **totalitarismo** surgiu pela primeira vez no vocabulário político a partir da autodescrição do projeto fascista por seus dirigentes na Itália da década de '20. Segundo Abbott Gleason, os primeiros autores a se referir ao termo foram os teóricos e ideólogos do fascismo italiano Giovanni Gentile e Alfredo Rocco (Gleason, 1984:146). O próprio Mussolini afirmava que:

> *"Para um fascista, tudo está no Estado, e nada de humano nem de espiritual existe e **a fortiori** vale fora do Estado. Neste sentido, o fascismo é totali-*

[8] Uma defesa mais contemporânea desta opção metodológica pode ser encontrada no trabalho de Juan Linz, "Totalitarian and Authoritarian Regimes", no qual o autor argumenta ser necessário separar conceitualmente as esferas econômica, política e social para poder formular tipologias distintas de sistemas sociais, econômicos e políticos (Linz, 1975:182).

tário, e o Estado fascista, síntese e unidade de qualquer valor, interpreta, desenvolve e domina toda a vida do povo."

(Mussolini *apud* Birou, 1982:407-08)

Na sua autodescrição, os autores fascistas, é claro, davam ao termo totalitarismo uma conotação positiva. Nos anos '30, o termo passou a ser usado, com conotação pejorativa, por autores nos países anglo-saxões que procuravam construir tipologias de regimes políticos agrupando as experiências soviética, fascista e nazista numa mesma classificação oposta à das experiências democrático-liberais. Herbert Spiro (1968:106-7) localizou a primeira aparição do termo no *Dicionário de Inglês de Oxford* em uma referência a um comentário político publicado pela *Contemporary Review,* em 1928. Nos anos '30, críticos dos regimes nazi-fascistas começaram a empregar o termo para se referir a todos os Estados e movimentos modelados nas experiências lideradas por Hitler e Mussolini. É nesse sentido que o termo é empregado tanto pelo *Dicionário Internacional* de Webster, em 1939, quanto pelo *Dicionário da Academia Soviética,* em 1940 (Schapiro, 1972b:14).

Em meados dos anos '30 surgiu uma definição alternativa mais abrangente para o termo, que incorporava uma série de regimes políticos modernos (incluindo a URSS) que não se encaixavam nos padrões de desenvolvimento político das democracias liberais ocidentais. O artigo de G. H. Sabine sobre "O Estado", na edição de 1934 da *Encyclopaedia of the Social Sciences,* já classificava como "totalitários" todos os "Estados mobilizadores unipartidários", abarcando tanto os regimes nazi-fascistas quanto o soviético (Schapiro, 1972b). Alguns autores aprofundaram ainda mais essa definição e passaram a identificar as experiências alemã, italiana e soviética como precursoras de um novo tipo de Estado e sociedade, caracterizado pelo controle total desta por aquele (Chamberlin, 1935b; Florinsky, 1936; Hayes, 1940). Em um livro publicado em 1938, o filósofo inglês Bertrand Russell (1938:132) identificou a Alemanha, a Itália e a União Soviética como "Estados totalitários", onde os poderes político e econômico haviam se coalescido por completo e subordinado os indivíduos.

AS PRIMEIRAS SISTEMATIZAÇÕES DO CONCEITO: HANNAH ARENDT, CARL FRIEDRICH E ZBIGNIEW BRZEZINSKI

Essas tentativas de juntar União Soviética e Alemanha nazista em uma mesma categoria totalitária permaneceram relativamente marginais nos debates acadêmico e político até o fim da Segunda Guerra Mundial. Somente com a ruptura da aliança antieixo no pós-guerra e a emergência da Guerra Fria no final dos anos '40 é que essa definição mais abrangente de totalitarismo se tornou amplamente difundida e aceita nos discursos políticos, acadêmicos e jornalísticos do Ocidente. Neste período, houve uma autêntica avalanche de estudos referenciados na "natureza totalitária" da URSS e dos seus aliados.[9] Entre estes, os dois trabalhos mais importantes e seminais foram os livros de Hannah Arendt, *The Origins of Totalitarianism* (Arendt, 1956), publicado pela primeira vez em 1951, e de Carl Friedrich e Zbigniew Brzezinski (Friedrich e Brzezinski, 1965), *Totalitarian Dictatorship and Autocracy*, publicado originalmente em 1956.

Embora incluísse a União Soviética de Stálin no seu conceito de totalitarismo, Hannah Arendt fundamentou sua análise do fenômeno na experiência da sua própria terra natal — a Alemanha — e localizou as origens do fenômeno totalitário na emergência conjunta do imperialismo e do anti-semitismo no cenário mundial do final do século XIX. Segundo ela, esse duplo desenvolvimento teria propiciado a entrada das "massas" na arena política no início do século XX, levando à formação de regimes políticos cuja essência era o exercício do terror total sobre indivíduos atomizados na sociedade (que eram "mobilizados" enquanto tal pelos próprios Estados totalitários). Esse elemento central da "atomização" na definição arendtiana do totalitarismo foi, posteriormente, vinculado ao conceito de *alienação* por autores marxistas da Escola de Frankfurt, como Herbert Marcuse e Max Horkheimer, para caracterizar as sociedades de tipo soviético (examinaremos as formulações destes autores no Capítulo 5).

Apesar de ter sido precedido pelo trabalho de Hannah Arendt, o livro de Friedrich e Brzezinski foi o que exerceu influência mais marcante, duradoura e decisiva sobre a *sovietologia* ocidental. Preservando a identificação de Hannah Arendt do terror como elemento central do totalitarismo, Friedrich e Brzezinski ampliaram a definição do conceito para incluir outras características. Para eles, o totalitarismo era uma variante moderna dos regimes autocráticos caracterizada por seis traços fundamentais inter-relacionados:

a) uma ideologia oficial altamente elaborada, abarcando todos os aspectos vitais da existência humana;

b) um partido único de massas, tipicamente liderado por um ditador, que se sobrepõe à (ou se mescla à) burocracia governamental;

c) um sistema de terror, exercido por meio do controle do partido e da polícia secreta, dirigido contra classes da população selecionadas de forma mais ou menos arbitrária;

d) um monopólio quase completo de todos os meios modernos de comunicação de massa pelo partido/Estado;

e) um monopólio quase completo do uso efetivo de armas de combate; e

f) o controle e direção central de toda a economia via a coordenação burocrática de entidades corporativas previamente independentes.

(Friedrich e Brzezinski, 1965:22).

[9] Ver, por exemplo, Popper (1945), Talmon (1952), Fainsod (1953), Moore (1954), Neumann (1957), Bauer *et alli* (1959), Conquest (1960), Schapiro (1960), Armstrong (1961) e Ulam (1963).

A CONSTRUÇÃO TAXINÔMICA DO CONCEITO DE TOTALITARISMO

Para as Ciências Sociais, esses esforços de formular um conceito mais sistematizado de totalitarismo e aplicá-lo à realidade soviética representaram um avanço em relação aos estudos meramente descritivos e isolados que predominaram tanto nos meios acadêmicos quanto jornalísticos do entreguerras. Do ponto de vista metodológico, eles se apoiaram numa construção taxinômica que erigia em características definidoras do totalitarismo, precisamente, aqueles elementos que pudessem ser apresentados como "opostos" às instituições e práticas dos Estados liberais democráticos no Ocidente (ou, para ser mais preciso, "opostos" ao **discurso liberal dominante** sobre o Estado neste). No contexto da Guerra Fria, nos anos '50 e '60, muitos autores simplesmente transferiram para a União Soviética a identificação que havia sido feita da Alemanha nazista nos anos '30 como protótipo do "outro totalitário".

Assim, a tipologia do totalitarismo foi estruturada em torno da contraposição entre "massas atomizadas" e "indivíduos autônomos"; "ideologia revolucionária" e "valorização do consenso"; "regimes unipartidários" e "mercado eleitoral"; "terror de Estado" e "Estado de direito"; "controle estatal das comunicações" e "liberdade de imprensa e expressão"; "controle central da economia" e *laissez faire*, etc. A Figura 1 ilustra essa polarização conceitual entre regimes totalitários e regimes democrático-liberais no discurso dos teóricos do totalitarismo:

FIGURA 1:
A ESTRUTURAÇÃO DO PODER DE ESTADO NO TOTALITARISMO E NA DEMOCRACIA LIBERAL

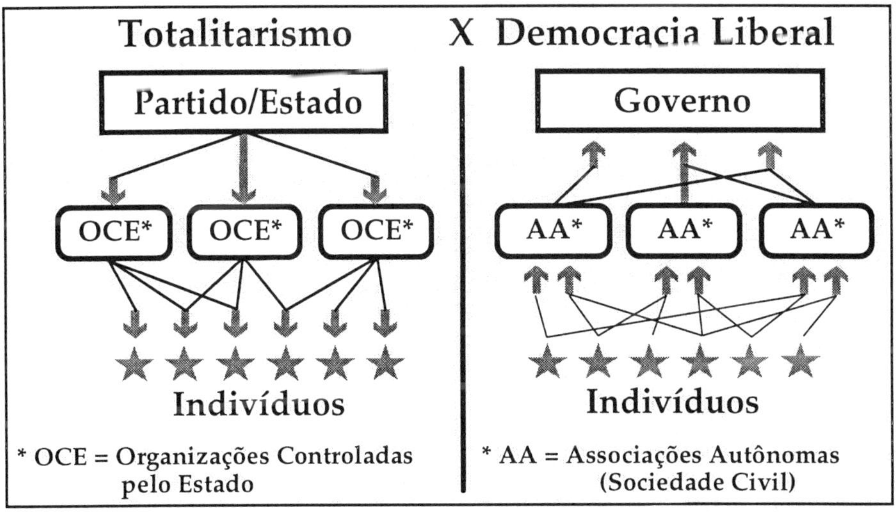

As setas na Figura 1 indicam as relações básicas de poder[10] que, segundo os teóricos do totalitarismo, caracterizam os dois tipos de regime. No totalitarismo, a fonte de todo o poder é o partido/Estado (dominado pela figura do ditador), que mobiliza e controla a vida dos indivíduos por meio de organizações oficiais não-competitivas (desde organizações de massa até unidades produtivas) e recorre ao terror para intimidar e reprimir qualquer tentativa de associação fora desses canais oficiais. Na democracia liberal, a fonte de todo o poder são os indivíduos que se associam de maneira livre e autônoma, das mais variadas formas, para influenciar e/ou moldar as decisões e políticas do governo. A contraposição essencial entre esses dois tipos de sociedade política é a que opõe o Estado "onipenetrante" do totalitarismo à sociedade civil livre e autônoma da democracia liberal.

De abordagem apenas marginal no período do entreguerras, este conceito de totalitarismo se tornou paradigmático para os estudos do "comunismo" ou da "área soviética" que se consolidaram e legitimaram na academia ocidental nas duas décadas que sucederam a Segunda Guerra. Embora gerada e cultivada sobretudo nos países anglo-saxões, a teoria do totalitarismo rapidamente espalhou-se pelos meios acadêmicos dos demais países ocidentais no pós-guerra. Na França, por exemplo, ela foi adotada (ao menos parcialmente) por autores tão diversos quanto Jean Jacques Rivière, Jules Monnerot, Thiery Maulnier, Raymond Aron, Maurice Duverger, Claude Lefort, Edgard Morin e Alain Besançon.[11] Em todo o Ocidente, ela se tornou uma opção teórica "natural" e "não-problemática" para os autores, analistas e lideranças que queriam expressar sua condenação moral e política dos estados em questão.

[10] O "poder" é outro tema bastante polêmico no debate das Ciências Sociais contemporâneas. Bobbio identifica três abordagens básicas do tema na filosofia política: a "substancialista", a "subjetivista" e a "relacional" (Bobbio, 1987, sobretudo o capítulo III). Entre estas, a "relacional" é, de longe, a mais difundida e aceita nos dias de hoje. Sua principal expressão é a perspectiva pluralista de Robert Dahl, que define o poder como uma relação mediante a qual um ator induz outros a agirem de um modo que, em caso contrário, não agiriam (Dahl, 1963). Steven Lukes propõe uma compreensão "tridimensional" alternativa (abarcando tanto as "decisões observáveis" quanto as "não-decisões" e a "moldagem de preferências") que concebe o poder como a capacidade de um ator induzir outros a agirem contra os seus próprios interesses (Lukes, 1974). O aprofundamento dessa discussão conceitual escapa aos contornos deste livro. Aspectos dessa discussão, no entanto, serão abordados em diferentes partes deste trabalho, sobretudo no Capítulo 8. Adianto que a abordagem que adoto concebe o poder como a capacidade de um ator, individual ou coletivo, determinar o curso da ação em um contexto de interação social.

[11] Para uma resenha geral desses autores, ver Desjardins (1988), especialmente o Capítulo 3. Examinaremos o pensamento de quase todos em diferentes capítulos deste livro.

DA MARGINALIZAÇÃO AO RESGATE DO CONCEITO TOTALITARISMO

Em meados dos anos '60, no entanto, começaram a emergir questionamentos crescentes sobre a validade da caracterização dos países do "bloco soviético" como **totalitários**.[12] Em parte, estes questionamentos refletiam a redução nas tensões da Guerra Fria e o desanuviamento das relações entre Estados Unidos e União Soviética após a Crise dos Mísseis em 1962. Eles refletiam, igualmente, a crítica crescente aos aspectos mais belicosos da política externa norte-americana no período, que culminou com as grandes mobilizações universitárias contra a Guerra do Vietnan. O clima acadêmico gerado pela "revolução *behavioralista*" nas ciências sociais norte-americanas também generalizou o ceticismo em relação à concepção monista do Estado totalitário, já que esta não estava fundada na análise de variáveis claras e visíveis no processo político. Mas o principal problema enfrentado pela leitura totalitária nos anos '60 era mesmo a sua inconsistência empírica: ela era incapaz de explicar ou abarcar as mudanças políticas deflagradas nos países do "bloco soviético" a partir da campanha de "desestalinização" promovida por Kruschev.

Em resposta a estas crescentes inconsistências, diversas e repetidas tentativas foram feitas para adaptar e redefinir o conceito de totalitarismo.[13] Estes esforços, no entanto, só fizeram "puxar e esticar" o conceito em direções diferentes e contraditórias. Já não se podia falar num único conceito ou teoria integrada, mas em **conceitos** e **teorias** do totalitarismo. Tal descaracterização do termo foi agravada, ainda mais, por sua amplíssima (e indiscriminada) difusão nos discursos acadêmico, jornalístico e político do Ocidente. O único denominador comum de tão variada e vaga utilização do conceito parecia ser mesmo a sua conotação pejorativa.

Nos meios acadêmicos, já era notório ao final dos anos '60 o acentuado declínio do fascínio pela leitura do totalitarismo nos estudos ocidentais sobre as sociedades do Leste. As principais tentativas de preservar o conceito tenderam a enfatizar a sua utilidade enquanto "tipo ideal" weberiano no estudo comparativo de diferentes regimes, países e períodos de desenvolvimento político, em vez de um "modelo" teórico com pretensões explanatórias.[14] A esta marginalização acadêmica, no entanto, não correspondeu um desuso político ou jornalístico do termo — com intensidades diversas, a contraposição entre "totalitarismo" e "mundo livre" continuou ocupando posição privilegiada nos discursos dos governantes e na cobertura da **mídia** (sobretudo nos Estados Unidos).[15]

[12] Ver, por exemplo, Fleron Jr. (1969), Curtis (1969) e Spiro e Barber (1970).

[13] Ver, por exemplo, Kassoff (1964), Brzezinski (1967) e Friedrich (1969).

[14] Ver, por exemplo, Linz (1975).

[15] Basta lembrar a repetida insistência do ex-presidente norte-americano Ronald Reagan em caracterizar a URSS como o "império do mal".

O aprofundamento da *perestroika* na URSS e o subseqüente colapso do "bloco soviético" fez o conceito de totalitarismo ressurgir como caracterização "oficial" dos antigos regimes nos discursos acadêmico, político e jornalístico dos próprios países do Leste. No final dos anos '80, o conceito começou a contar com um número crescente de defensores na própria URSS. Entre estes, estavam autores como Leonid Batkin, A. Etkind, L. Gozman e Mikhail Kasputin, sem falar nos dissidentes emigrados Alexandr Soljenítsin e Alexander Zinoviev. Em 1989, a Associação de Jovens Historiadores e Filósofos da União Soviética organizou uma conferência sobre o tema "O Totalitarismo Como Fenômeno Histórico", cujos anais foram posteriormente publicados em um livro com o mesmo título. Já os sociólogos organizaram uma conferência para discutir "A Natureza do Poder Totalitário" (Sagarev, 1989). Não deixa de ser irônico (e revelador) que, no sangrento confronto que opôs o presidente Iéltsin ao parlamento russo em 1993, ambos os lados se acusassem mutuamente de "ambições totalitárias".

O colapso do "bloco soviético" alimentou, igualmente, um renascimento das teorias do totalitarismo nos meios acadêmicos ocidentais. Alguns autores passaram a argumentar que os eventos de 1989-91 comprovaram o acerto da caracterização anterior dos Estados socialistas do Leste como "totalitários" (Sartori, 1993; Motyl, 1992; Rigby, 1992b; Hosking, 1990). No Brasil, essa mesma posição foi sustentada pelo sociólogo Rubens César Fernandes em polêmica com o polonês Adam Przeworski (Fernandes, 1990).[16] Examinemos mais de perto os fundamentos destas asserções.

CRÍTICA DOS PRESSUPOSTOS DAS TEORIAS DO TOTALITARISMO

Há um quarto de século, quando a influência das teorias do totalitarismo entrava em franco descenso nos meios acadêmicos ocidentais, Benjamin Barber (1969) produziu um ensaio chamado "Conceptual Foundations of Totalitarianism". A meu juízo, este trabalho permanece, até os dias de hoje, a análise mais rigorosa já feita dos pressupostos teóricos do conceito de totalitarismo. Barber procurou identificar as premissas e os fundamentos subjacentes às diferentes definições do conceito que então surgiam. Decompondo os diversos elementos presentes em abordagens "fenomenológicas" e "essencialistas" do totalitarismo, ele concluiu que o conceito só poderia ser "salvo" da sua ambigüidade, destacando a raiz comum do **totalismo estatista** (controle e direção total da sociedade pelo Estado) presente em todas as suas definições. Mas esta raiz comum se assentava teórica e conceitualmente sobre a tradicional clivagem dualista do pensamento liberal entre esferas abstratas do "público" e do "priva-

[16] É interessante notar que o próprio Przeworski, quando ainda trabalhava na Polônia nos anos '60, havia defendido a validade heurística do conceito de totalitarismo como "tipo ideal" weberiano (Wiatr e Przeworski, 1966).

do". Na opinião de Barber, isto implicava em ficar preso a uma "perspectiva teórica já ultrapassada na Ciência Política":

> *"Se não for examinado mais detidamente, o conceito de totalitarismo carece de coerência, clareza e uniformidade de sentido, dada a multiplicidade de definições que se manifestam. Se o examinarmos e definirmos uniformemente, ele se torna conceitualmente arcaico — ele só adquire coerência à custa da sua relevância; só consegue uniformidade de sentido sacrificando sua utilidade."*
>
> (Barber, 1969:37-8, tradução minha - L.F.)

A crítica de Barber pode ser entendida em diferentes níveis. No plano normativo, parece-me válida sua identificação do viés liberal entranhado na construção tipológica do conceito (eu mesmo me referi a isto, em outros termos, mais acima). Este ponto se vincula a uma série de críticas normativas que foram dirigidas às teorias do totalitarismo desde os anos '60. A principal é a de que o conceito foi gerado e nutrido pela ideologia e propaganda anticomunista no contexto da Guerra Fria, tendo se transformado tanto em instrumento quanto em visão de mundo dos setores mais agressivos e belicosos do *establishment* norte-americano.[17] Outra crítica normativa importante é que a construção tipológica do totalitarismo, vista anteriormente, tendeu a ofuscar ou ignorar os problemas e limitações que afligem o desenvolvimento democrático no próprio Ocidente (falaremos mais sobre isto adiante).[18]

As considerações epistemológicas desenvolvidas na Introdução, no entanto, nos apontam a **insuficiência** de críticas que se limitam a revelar os preconceitos liberais ou anticomunistas subjacentes ao conceito de totalitarismo, ou os interesses agressivos que instrumentalizaram o conceito no contexto da Guerra Fria. Elas nos indicam, igualmente, como é insuficiente simplesmente referir a validade do conceito de totalitarismo a "fatos" das sociedades de tipo soviético, como queria Leonard Schapiro (1972a:272), pois conceituações alternativas (e até antagônicas) podem ser igualmente referidas a "fatos" dessas sociedades. Da mesma forma, elas revelam a inadequação de se tentar resgatar o conceito de totalitarismo como "mera" ferramenta analítica, sem nenhuma referência aos seus fundamentos teóricos, como procurou fazer recentemente o "ex-sovietólogo" Alexander Motyl (1992: 182). Pelas razões já expostas, temos de ir além dessas considerações e examinar se o conceito de totalitarismo (e o quadro teórico em que está entranhado) conseguiu (ou consegue) dar conta do desenvolvimento objetivo dos Estados e sociedades que pretende descrever.

[17] Entre os diversos trabalhos que analisam criticamente os laços do conceito de totalitarismo com as tensões da Guerra Fria, ver Curtis (1969); Spiro e Barber (1970); Brown (1974).

[18] Esta crítica foi feita, entre outros, por Lane (1978).

Isto nos remete à discussão dos fundamentos teóricos e metodológicos mais gerais do conceito de totalitarismo. Aqui, a construção de um subtipo totalitário dentro de uma tipologia mais geral de regimes políticos baseou-se na decomposição analítica da realidade social em esferas distintas, separadas e segmentadas. Do ponto de vista metodológico, tal procedimento manteve as esferas econômica, política e social "conceitualmente separadas", para em seguida formular "tipologias distintas de sistemas sociais, econômicos e políticos" (Linz, 1975:182). A separação analítica da política, da economia e da sociedade lançou as bases para uma definição liberal/processual da democracia, que passou a ser usada, então, como parâmetro central para a classificação de regimes políticos. Essa perspectiva teórica acarretou (acarreta) uma série de problemas:

a) Em termos normativos, ao excluir qualquer consideração sobre estrutura social ou relações sociais da sua definição de democracia, ela foi (é) incapaz de conceber a existência de graves limitações à liberdade na esfera "pública" geradas pela distribuição iníqua de recursos econômicos e sociais fundamentais na esfera "privada". Assim, a mesma base metodológica que fundamentou a condenação dos regimes "totalitários" no Leste eliminou referências teóricas fundamentais para a crítica dos impasses e contradições do desenvolvimento democrático-liberal no Ocidente.

b) Em termos conceituais, ela eliminou *a priori* a possibilidade de qualquer forma de democracia que não se constitua com base na preservação da dicotomia liberal das esferas pública e privada. Isto é uma óbvia limitação para uma taxinomia geral de regimes políticos. Essa perspectiva teórica é incapaz de conceber ou classificar, por exemplo, um sistema político baseado no que Benjamin Barber chama de "totalismo comunitário" — uma sociedade política estruturada sobre uma "vontade geral" ou "virtude pública" de tipo rousseauniano, na qual "os indivíduos podem encontrar no domínio público a satisfação das suas necessidades privadas e, voluntariamente, transformar suas preocupações enquanto indivíduos privados em tema de zelo público" (Barber, 1969:28, tradução minha - L.F.).

c) Em termos analíticos, a perspectiva teórica em questão não estuda os fenômenos políticos no contexto social em que eles se desenvolvem. Ela é incapaz, portanto, de dar conta da gênese e do desenvolvimento dos próprios fenômenos políticos que estuda (como a emergência de esferas "públicas" e "privadas" separadas na sociedade), limitando-se a classificá-las como "coisas dadas". Como ressaltou Ghita Ionescu (1972:15), o resultado foi que as análises do totalitarismo se concentraram nos efeitos da utilização do poder político sobre a sociedade, sendo incapazes de **localizar** as fontes desse poder político na própria sociedade.

As dificuldades analíticas geradas por este último ponto são evidentes, dada a insistência em juntar na mesma classificação totalitária Estados nazi-fascistas e comunistas (ou, de forma mais restrita, a Alemanha de Hitler e a URSS de Stálin), desconsiderando diferenças cruciais nas dinâmicas de sociedades capitalistas e não-capitalistas (ou socialistas). Essas diferenças envolvem não apenas o contraste decorrente da predominância de formas privadas de propriedade naquelas e formas estatais/coletivas nestas (e os seus respectivos impactos sobre a vida política), como também da prevalência de objetivos, níveis intelectuais, estilos de comportamento, referências simbólicas e contextos histórico-sociais inteiramente distintos.[19] Nos próprios termos de Sartori, esse me parece um caso típico de "estiramento conceitual" (*conceptual stretching*), em que a "confusão de significados e a destruição da precisão de conceitos" fazem com que "diferenças principais sejam canceladas sobre a base tênue de semelhanças secundárias e triviais" (Sartori, 1970, p. 243).

A base metodológica para a equiparação de Estados capitalistas (nazi-fascistas) e não-capitalistas (comunistas) na mesma categoria totalitária foi a decomposição analítica da realidade social em esferas separadas e segmentadas discutida acima. Nesses termos, ambos os grupos de países foram assimilados do ponto de vista dos seus regimes políticos, sendo irrelevantes as outras esferas de sua vida social. Esta linha de argumentação, no entanto, me parece logicamente insustentável nos seus próprios termos. Como vimos, o critério central usado na formação do conceito de totalitarismo foi o grau de **penetração** e **controle** do Estado sobre a sociedade (i.e., tal formação não envolveu propriamente uma análise isolada da esfera política, e sim da relação desta com as demais esferas da vida social nos países em questão). Nesta base, a distinção entre um país onde o Estado (enquanto proprietário) comanda as decisões produtivas na economia até os mínimos detalhes, e outro onde estas se mantêm sob o domínio de proprietários privados, é claramente crucial. Assim, ao embaçar diferenças essenciais de estrutura social, economia, ideologia, institucionalidade política etc. entre os Estados nazi-fascistas e socialistas, as teorias do totalitarismo induziram a analogias infundadas e enganosas que não corresponderam aos desenvolvimentos objetivos das sociedades do Leste, como veremos mais adiante.

Essa crítica dos fundamentos teóricos mais gerais do conceito de totalitarismo se articula com outras que foram feitas nos próprios meios acadêmicos ocidentais desde os anos '60. As principais entre estas indicavam que as teorias do totalitarismo:

a) tendiam a uma concentração unilateral nas instituições do Estado, sobretudo na dominação do partido e do líder sobre a "produção" (*output*) de políticas públicas[20];

b) exageravam o poder autônomo do partido/Estado e seu líder na sociedade, desconhecendo ou subestimando os limites e constrangimentos existentes para o seu exercício (Brown, 1983:66); e

[19] Este ponto também é realçado por Lehmbruch (1983: 166-7).

[20] Ver, por exemplo, a crítica feita por Jerry Hough (1983:43) a esse respeito.

c) baseavam-se em uma falsa concepção **monolítica** e **estática** tanto do Estado quanto da sociedade.[21]

Uma vez mais, não podemos simplesmente aceitar essas críticas nos seus próprios termos. Elas têm de ser confrontadas com o desenvolvimento objetivo dos Estados e sociedades que o conceito de totalitarismo se propôs a examinar, explicar e/ou classificar. O fato é que todas as teorias do totalitarismo (tanto na sua versão original quanto nas tentativas posteriores de redefinir o conceito como mero tipo ideal classificatório) se apoiaram na noção de um Estado "onipenetrante" que mobilizava e controlava indivíduos atomizados na sociedade. Tal construção teórica apontava para uma dinâmica interna de perpétua reprodução do sistema, que só poderia ser quebrada pela derrubada violenta deste, quer por uma intervenção externa, quer por uma explosão interna.[22] Não há lugar nessa construção para mudanças e/ou transformações substanciais no próprio sistema totalitário.

Por isso mesmo, as teorias do totalitarismo não foram capazes de explicar (ou sequer conceber) processos fundamentais de mudança, como a *perestroika,* na sociedade soviética — um movimento de reformas deflagrado pela liderança central do partido/Estado na URSS **antes** do surgimento de qualquer movimento oposicionista de maiores proporções na sociedade (se as mudanças e reformas de Gorbachev foram, ou não, encaminhadas na melhor direção é uma outra questão que não afeta o argumento teórico que desenvolvo aqui). De igual modo, é interessante notar que, com a possível exceção da Romênia, foram precisamente os países socialistas que **menos** introduziram mudanças fundamentais nos seus sistemas **políticos** (China, Cuba, Vietnã, Laos e Coréia do Norte) os que evitaram (pelo menos até o momento) qualquer "explosão" interna — justamente o oposto do que seria de se esperar com base na construção teórica do totalitarismo. Atualmente, as lideranças desses países vêm implementando processos substanciais de reforma econômica (embora com menos intensidade na Coréia do Norte do que nos demais) que têm resultado tanto em uma significativa diferenciação de formas de propriedade quanto em uma relativa retração da intervenção estatal nas suas economias. Uma vez mais, trata-se de um desenvolvimento inconcebível nos marcos teóricos do totalitarismo.

As limitações intrínsecas às teorias do totalitarismo tornam-se ainda mais evidentes quando examinamos o desenvolvimento dos atuais processos de transição nos Estados que compunham a URSS e o "bloco soviético" na Europa Central e do Leste. O fato, aqui, é que a construção teórica das teorias do totalitarismo tampouco lhe permitem explicar ou compreender a severidade das crises econômica, social e política vividas por esses países na sua presente

[21] Um dos primeiros autores a fazer essa crítica foi Chalmers Johnson (1970).

[22] Esse ponto foi levantado por Robert Tucker (1977b:xiii).

transição. Seus pressupostos teóricos e normativos as levavam a prever e esperar um processo de florescimento individual e social nessas sociedades, uma vez eliminada a opressão dos "Estados totalitários" que as sufocavam. Por isso, o colapso dos antigos regimes foi recebido com celebração unânime e incondicional pelos autores que adotavam a perspectiva do "totalitarismo", sem que se vislumbrasse ou previsse qualquer sombra ou sinal da profunda crise geral que se seguiria (e persiste até hoje, com intensidades diferentes, em todos os países do antigo "bloco soviético" no Leste).

Em termos comparativos, é interessante assinalar que o mesmo tipo de crise geral prolongada **não** ocorreu nos processos de "destotalização" da Alemanha nazista e da Itália fascista após a Segunda Guerra Mundial (apesar de toda a sua destruição física e material) — evidência de que o que testemunhamos hoje é um processo **essencialmente distinto** na sua dinâmica interna. Esta é uma indicação objetiva de como a identificação dos Estados nazi-fascistas e da União Soviética e seus aliados em uma mesma classificação "totalitária" foi (e é) incapaz de gerar uma compreensão adequada do desenvolvimento atual dos países do Leste. Em outras palavras, isso se contrapõe aos critérios estabelecidos pelo próprio Giovanni Sartori de que "bons quadros taxinômicos" devem "indicar propensões sistêmicas e gerar expectativas de previsão" (Sartori, 1993:20).

Em suma, o conceito de totalitarismo não passa no teste crucial de validade: o de conseguir gerar, nos marcos do seu quadro teórico fundador, explicações consistentes do desenvolvimento da realidade social que examina. Isto não quer dizer que ele não guarde alguma relação com processos sociais reais em curso nos antigos Estados do Leste. Acredito, mesmo, que a amplitude de sua aceitação atual nos antigos países socialistas se deve ao fato de ele oferecer uma referência para enfocar limitações e deformações muito concretas e fundamentais no desenvolvimento democrático dos antigos regimes. Mas isso não quer dizer que as teorias do totalitarismo tenham conseguido captar e enfocar a dinâmica fundamental do desenvolvimento das sociedades que examinavam. Por isso mesmo, embora o conceito continuasse a ser usado como elemento dominante do discurso político e jornalístico na Guerra Fria, ele foi sendo progressivamente marginalizado como referência para os estudos das sociedades do Leste nas Ciências Sociais ocidentais, abrindo caminho para a emergência de quadros teóricos alternativos. Vejamos se estes conseguiram se sair melhor.

TEORIAS DO PLURALISMO E DOS GRUPOS DE INTERESSE

Como vimos anteriormente, o conceito de totalitarismo foi sistematizado no período "áureo" da sua influência sobre os "estudos do comunismo" ou da *sovietologia* nas Ciências Sociais ocidentais. Quando a insatisfação acadêmica com o conceito começou a se ampliar nos anos '60, muitos autores passaram a identificar a raiz do problema na não-integração dos estudos do Leste com os desenvolvimentos teóricos que vinham ocupando as disciplinas estabelecidas das Ciências Sociais.[23] Seguindo essa pista, uma nova abordagem teórica alternativa ao totalitarismo surgiu no final da década de 1960, incorporando ao estudo dos estados e sociedades de tipo soviético a perspectiva teórica então predominante na Ciência Política norte-americana — a vertente *pluralista*, baseada na *teoria dos grupos de interesse*.

ORIGENS TEÓRICAS DA ABORDAGEM PLURALISTA

A referência teórica mais direta dessa abordagem pluralista eram os trabalhos de David Truman.[24] Suas origens, no entanto, remontam ao início do século[25]: aos trabalhos de Arthur Bentley (1967) nos Estados Unidos e da escola do "pluralismo político" na Inglaterra (cujos principais expoentes eram J. N. Figgis, F. W. Maitland, A. D. Lindsay, G. D. H. Cole e Harold Laski).[26] Em oposição às filosofias monistas do Estado, até então dominantes (sobretudo na sua versão idealista hegeliana), os autores pluralistas redefiniram o individualismo metodológico do liberalismo clássico, enfatizando a associação de indivíduos em **grupos**, que tinham preeminência analítica e normativa sobre o Estado. Nos Estados Unidos do pós-guerra, essa abordagem foi articulada com a emergência do "behavioralismo", que enfatizava a necessidade de se centrar os estudos da Ciência Política no comportamento efetivo das pessoas no sistema político, em vez de no desenvolvimento formal das instituições legais. Assim, o enfoque da disciplina voltou-se para o exame e mensuração da influência de diferentes associações de indivíduos (grupos de interesse) sobre a formulação de políticas governamentais. Essa perspectiva pluralista substituiu o conceito tradicional de "Estado" pelo de "governo". As políticas deste, por sua vez, passaram a ser concebidas como resultantes do entrechoque de pressões

[23] Os primeiros autores a fazer apelos nesse sentido foram Laquer (1964), Tucker (1967) e Fleron Jr. (1969).

[24] Sobretudo o seu livro *The Governmental Process* (Truman, 1971), originalmente publicado em 1951.

[25] Para uma resenha do desenvolvimento mais geral da teoria pluralista ao longo do século, ver Nicholls (1974).

[26] Sobre o desenvolvimento desta escola inglesa de "pluralismo político", ver Nicholls (1975). Uma coleção representativa de seus escritos pode ser encontrada no livro editado por Paul Q. Hirst (1989).

conflitantes de uma ampla e variada gama de grupos de interesse. O fato de cada indivíduo também ser portador de uma multiplicidade de interesses (gerando uma filiação grupal igualmente múltipla) evitaria que o governo fosse "colonizado" por qualquer grupo ou coalizão. O governo, portanto, passou a ser concebido como expressão de uma *poliarquia* (o governo de muitos) em vez de uma *ditadura* (o governo de poucos) (Dahl, 1956).

Essa perspectiva pluralista foi desenvolvida na Ciência Política norte-americana do pós-guerra em meio a uma dupla polêmica. Do ponto de vista externo, ela se dirigia contra a "nova ameaça *monista*" (o totalitarismo, nas suas versões nazi-fascista e comunista). Internamente, ela se voltava contra as novas caracterizações *monistas* do sistema político norte-americano, especialmente a noção, desenvolvida por C. Wright Mills (1956), de que o governo dos Estados Unidos é dominado por uma "elite do poder" (*power elite*).[27] A relação entre as perspectivas teóricas do pluralismo e do totalitarismo nos anos '50 e '60 era, assim, basicamente complementar. Ambas se estruturavam sobre o mesmo viés liberal analítico e normativo, tendo como base a dicotomia das esferas pública e privada. Ambas reproduziam a mesma oposição tipológica fundamental entre o totalitarismo/*monismo* e a democracia liberal/pluralismo.

Essa complementaridade foi quebrada, no entanto, quando se tentou aplicar a perspectiva pluralista dos grupos de interesse ao exame de sociedades que supostamente materializavam o "outro" conceitual. Do ponto de vista teórico, isto implicava que os processos políticos nas sociedades socialistas do Leste seguiam padrões mais próximos ao que, na tipologia da Figura 1, se atribuía às democracias liberais do que propriamente ao totalitarismo (ver Figura 1). Por isso mesmo, a "importação" da perspectiva pluralista pelos "estudos da área soviética" no Ocidente enfrentou uma oposição cerrada dos autores que continuavam a defender a validade do conceito de totalitarismo.[28]

GORDON SKILLING E O PLURALISMO NO LESTE

O trabalho seminal que introduziu o novo "modelo" pluralista nos estudos ocidentais sobre as sociedades do Leste foi o texto de Gordon Skilling (1967), intitulado "Interest Groups and Communist Politics", apresentado no encontro da Associação Canadense de Ciência Política em 1965. Este trabalho efetuou dois cortes principais com as teorias do totalitarismo:

a) concebeu o Estado e o partido dominante nas sociedades de tipo soviético como entidades **não-monolíticas,** no interior das quais persistiam conflitos substanciais;

[27] Ver o argumento original em Mills (1956), e uma (re)apresentação mais atualizada do argumento no livro de Prewitt e Stone (1973).

[28] Ver, por exemplo, Janos (1971) e Odom (1976).

b) postulou a existência efetiva de processos de agregação de interesses individuais nessas sociedades, destacando a importância de seu impacto sobre a formulação de políticas oficiais.

Skilling não só identificou a existência de **grupos de interesse políticos** nos países do "bloco soviético", como argumentou que eles operavam basicamente no mesmo sentido de que os seus congêneres norte-americanos:

> *"Na URSS e nos demais Estados comunistas existem grupos de interesse políticos no sentido indicado por David Truman: nomeadamente, grupos que, 'na base de uma ou mais atitude em comum', encaminham suas reivindicações a outros grupos da sociedade e, mais especificamente, 'por dentro ou sobre qualquer uma das instituições do governo'."*
>
> (*Idem*:290)

É interessante notar que esse movimento para a "importação" da abordagem pluralista para o estudo das sociedades do Leste no Ocidente se deu, precisamente, em um momento em que a influência das teorias do pluralismo e dos grupos de interesse já começava a declinar na Ciência Política norte-americana — um processo paralelo (embora menos intenso e brusco) ao esvaziamento da perspectiva do "totalitarismo" nos estudos sobre as sociedades do Leste. A "importação" foi, portanto, um reflexo intelectual um tanto retardado e atrasado, mas logrou gerar um grande volume de ricas pesquisas empíricas sobre os processos de formação de políticas públicas nos países do "bloco soviético".[29] Em um veio mais teórico, ela inspirou Jerry Hough (1977) a formular o conceito de "pluralismo institucional" para caracterizar a URSS, bem como a elaboração do conceito de "pluralismo burocrático" por Darrell P. Hammer (1974).

A riqueza dos estudos empíricos inspirados pela perspectiva do pluralismo e dos grupos de interesse resultou em uma compreensão mais ampla da complexidade das estruturas sociais e das relações sociais nos países do Leste. Tais estudos revelaram a existência de interesses diferenciados e analisaram seu impacto sobre os processos de formação de políticas públicas. Isto ampliou enormemente sua autoridade e influência, ainda mais porque revelavam quão insustentáveis eram as premissas fundamentais das teorias do totalitarismo (o controle absoluto do Estado sobre massas inteiramente atomizadas). Nos anos '70, a perspectiva pluralista parecia destinada a substituir o totalitarismo como quadro teórico dominante dos estudos ocidentais sobre as sociedades de tipo soviético. Mas os problemas teóricos inerentes à nova abordagem não tardaram a aparecer.

[29] A lista de textos, trabalhos, artigos e livros publicados incorporando a perspectiva do pluralismo e dos grupos de interesse ao estudo das sociedades do Leste é imensa. A relação a seguir dá uma idéia da variedade e amplitude dos aspectos abordados: Skilling e Griffiths (1971); Friedgut (1976); Gustafson (1981); Kelley (1972 e 1976); Biddulph (1988); Solomon Jr. (1978); e Lowenhardt (1981).

PROBLEMAS DO ENFOQUE PLURALISTA

Desde o seu ressurgimento meteórico na Ciência Política norte-americana do pós-guerra, a perspectiva pluralista tem sido alvo de uma série de fortes críticas teóricas. Entre estas se destacam as seguintes:

a) Ao enfatizar, do ponto de vista metodológico, decisões e influências **observáveis** nos processos de formulação de políticas, a perspectiva pluralista seria incapaz de conceber o controle dos temas da agenda pública (via exclusão ou filtro) como uma forma fundamental e eficaz de poder (Bachrach e Baratz, 1962 e 1963). Isto a tornaria incapaz de identificar a existência de vieses sistemáticos e estruturais nos processos de formulação e implementação de políticas públicas (Schattschneider, 1960).

b) A própria redefinição do individualismo metodológico pela teoria pluralista, via "mediação grupal", foi vista como improcedente. Pela "direita", o argumento é o de que a associação em grupos entrava em contradição com a racionalidade econômica individual porque, baseada nesta, a melhor opção seria sempre agir como *free rider* (i.e., ganhar os benefícios da ação coletiva sem arcar com os custos de envolver-se nela) (Olson, 1965). Pela "esquerda", o argumento fundamental é o de que diferentes localizações de classe gerariam diferentes lógicas de associação e organização (invalidando, assim, a asserção pluralista de que a multiplicidade de filiações grupais anularia o viés de classe do sistema) (Offe e Weisenthal, 1984).

c) A ênfase analítica do pluralismo sobre as pressões grupais na fase da "alimentação" (*input*) do processo de formação de políticas públicas seria unilateral e reducionista. Essa concepção não apenas preservava o isolamento conceitual da política como esfera separada da sociedade, como construía um modelo global de desenvolvimento social e político sobre uma apreciação parcial e restrita do próprio processo de formação de políticas públicas, que não incorporava, por exemplo, a fase da "produção" (*output*) destas políticas ao modelo.[30]

d) A visão pluralista da política (ou, mais precisamente, do governo) como mera arena de entrechoque de grupos de pressão seria limitada e enganosa, pois não permitiria conceber a ação mais ou menos autônoma do Estado enquanto agente social ele próprio.[31]

[30] A validade dessa crítica é admitida pelo próprio Jerry Hough, um dos mais proeminentes *sovietólogos* pluralistas da academia norte-americana (Hough, 1983:43).

[31] Em face da obliteração teórica do Estado no pensamento pluralista, um forte movimento intelectual voltado para a recuperação conceitual do mesmo enquanto agente autônomo vem se desenvolvendo nas Ciências Sociais norte-americanas desde os anos '60. Ver, por exemplo, Lowi (1964); Nettl (1968); Salisbury (1968); Tufte (1978); e, especialmente, Evans *et alli.* (1985). Examinaremos as formulações deste movimento na Parte 2.

OS "GRUPOS DE INTERESSE" E A AUTONOMIA DO ESTADO NO LESTE

A "importação" da perspectiva pluralista pela *sovietologia* ocidental agravou os problemas teóricos acima listados. As duas limitações mais essenciais se referem à natureza da agregação de interesses e ao grau de autonomia do Estado nas sociedades do Leste. Com relação à agregação de interesses, o problema não era tanto a inconsistência empírica em si. Como vimos, os estudos inspirados na perspectiva pluralista conseguiram revelar bastante evidência de agregação de interesses nos países do "bloco soviético". O problema era a forma como esta foi concebida. De fato, a perspectiva pluralista projetou sobre os países do Leste o **mesmo tipo** de agregação de interesses que David Truman havia identificado na sociedade norte-americana. Isto é claramente problemático, já que os Estados do Leste não tinham como referência a dicotomia entre o "público" e o "privado", que fundamenta o discurso democrático-liberal dos Estados Unidos, e, portanto, não aceitavam como legítima a formação de grupos **autônomos** de interesse fora dos parâmetros das organizações de massa oficialmente reconhecidas. Assim, a generalização de "associações autônomas" só era introduzida nos seus sistemas políticos em períodos de "crise geral" da sua configuração estatal.[32]

A perspectiva pluralista procurou contornar essa limitação concentrando sua atenção na formação de "subsistemas informais" ou "grupos de opinião" no interior das instituições estatais e das organizações oficiais de massa dos países do Leste (Lehmbruch, 1983). Mas, mesmo assim, ela preservava na análise dessas sociedades o mesmo modelo de vetores formulado no estudo do sistema político norte-americano, localizando nos múltiplos e variados **grupos** a fonte e a origem do poder político que molda e determina a ação do governo (como no padrão clássico da democracia liberal, conforme a construção tipológica da Figura 1, vista anteriormente). Ou seja, essa abordagem insistia em caracterizar os Estados de tipo soviético como sistemas políticos pluralistas. Aqui, concordo inteiramente com as considerações de Archie Brown (1983:69) no sentido de que conceber o "pluralismo" como a simples existência de pressões e/ou influências sociais externas sobre as ações de uma liderança estatal ou partidária implica em uma "redução ao absurdo" (*reductio ad absurdum*) do próprio conceito de pluralismo.

Isso nos conduz à segunda limitação — a obliteração do Estado pelo quadro teórico do pluralismo. Se a negação de qualquer autonomia significativa para o Estado já é problemática no estudo dos sistemas democrático-liberais ocidentais, ela se tornava **fatal** no exame dos países socialistas do Leste, dada

[32] É nesse sentido que Archie Brown se refere à Checoslováquia de 1968 e à Polônia de 1980-81 como países pluralistas *de facto*. Ver Brown (1983:155).

a materialização administrativa do conceito de "partido de vanguarda" nestes e a decorrente fusão entre partido e Estado em uma estrutura altamente centralizada e hierarquizada. À luz dessa realidade, um quadro teórico que negava autonomia fundamental ao Estado nos países do "bloco soviético" claramente deixava de captar fatores cruciais do desenvolvimento político desses países.

Assim como vimos nas teorias do totalitarismo, essas limitações **teóricas** não podiam ser superadas ou desconsideradas com argumentos de que "a pesquisa empírica concreta tem sido muito mais proveitosa em avançar os estudos sobre grupos de interesse do que ficar discutindo sobre modelos relevantes" (Skilling, 1967:14). Pois, conforme já argumentei na Introdução, as descobertas empíricas têm de estar (e necessariamente estão, mesmo quando isso não é reconhecido) integradas em um quadro de referência teórico que situa a sua relevância para a realidade social em questão. A aplicação da perspectiva pluralista ao estudo das sociedades do Leste nos confronta com alguns questionamentos teóricos fundamentais:

- por que assumir os "grupos" como categoria analítica central do nosso estudo, se a premissa (que lhe é subjacente) da sobreposição de múltiplas filiações individuais é altamente problemática e questionável?
- por que adotar essa e não outras perspectivas teóricas sobre a agregação de interesses, como as da "estratificação social" ou da "estrutura de classes"?

Uma vez mais, as respostas a estas questões só podem ser dadas confrontando o poder explanatório de cada referência teórica diante do desenvolvimento objetivo da realidade social que ela examina. Neste terreno, a perspectiva teórica do pluralismo e dos grupos de interesse, assim como o seu predecessor totalitário, gerou um conhecimento unilateral com interpretações distorcidas e conclusões enganosas. Se o quadro teórico do totalitarismo tornava inconcebível o surgimento de qualquer agregação de interesses fora do controle do Estado, a perspectiva pluralista pressupunha um sistema político elástico, capaz de absorver as diferentes e contraditórias demandas da sociedade e transformá-las em políticas públicas. Ao dissolver conceitualmente o Estado, a leitura pluralista foi incapaz de dar conta dos processos sociais e políticos que culminaram com a ruptura de 1989-1991 e com a crise geral que se lhe seguiu no Leste.

Essas limitações teóricas foram agravadas, ainda, por problemas normativos. Além de preservar o mesmo viés idealizador dos regimes democrático-liberais do Ocidente que já identificamos nas teorias do totalitarismo, a perspectiva pluralista, quando aplicada aos antigos regimes do Leste, acabava por abrir mão de uma crítica mais profunda das limitações e deformações democráticas destes, pois o seu desenvolvimento político também era idealizado em termos pluralistas.

Mesmo antes dos dramáticos desenvolvimentos que sacudiram os países do "campo socialista" no final dos anos '80, já se fazia sentir na *sovietologia* ocidental uma forte e crescente insatisfação com as limitações teóricas da perspectiva pluralista. O pluralismo não conseguiu se consolidar como herdeiro do totalitarismo nesse campo. Ao final da década de '70, muitos autores e pesquisadores já começavam a procurar novas referências teóricas e conceituais. A candidata natural para a "vaga" era a abordagem teórica que então emergia na Ciência Política norte-americana como concorrente mais forte da perspectiva pluralista: o *corporativismo*.

TEORIAS DO CORPORATIVISMO E DO NEOCORPORATIVISMO

Como vimos, os principais problemas enfrentados pela utilização da perspectiva pluralista no estudo dos países socialistas do Leste foram a não-prevalência nestes do mesmo tipo de associação autônoma de interesses que a teoria dos grupos localizava no sistema político norte-americano e a prevalência marcante de Estados altamente ativos, diretivos e autônomos. Estes mesmos pontos estavam no cerne das críticas lançadas ao pluralismo pela perspectiva (re)emergente do corporativismo na Ciência Política ocidental dos anos '70.

ORIGENS TEÓRICAS DA ABORDAGEM CORPORATIVISTA

No artigo seminal que (re)lançou o "modelo" do corporativismo como alternativa explícita ao pluralismo em 1974, Phillippe Schmitter o definiu como:

> *"Um sistema de representação de interesses em que as unidades constitutivas são organizadas em um número limitado de categorias singulares, compulsórias, não-competitivas, hierarquicamente ordenadas e funcionalmente diferenciadas, reconhecidas ou licenciadas (quando não criadas) pelo Estado, que lhes confere um monopólio deliberado da representação dentro de suas respectivas categorias em troca da observância de determinados controles na seleção dos seus líderes e na articulação das suas demandas e dos seus apoios."*
>
> (Schmitter, 1979:13)[33]

Schmitter baseou-se nas experiências do corporativismo estatal da Europa Latina (Itália, Espanha e Portugal) e da América Latina (sobretudo o Brasil), no século XX, para compor o seu modelo.[34] As origens **intelectuais** dessas experiências, no entanto, remontam a um corpo de idéias políticas e econômicas baseadas

[33] No texto "Models of Interest Intermediation and Models of Societal Change in Western Europe", de 1977, ele substituiu a passagem referente à "representação de interesses" nesta definição por "intermediação de interesses", o que implica um papel mais ativo e diretivo do Estado (Schmitter, 1979).

[34] Ele próprio produziu um importante estudo sobre os arranjos corporativos no Brasil (Schmitter, 1971). Sobre as experiências históricas do corporativismo estatal ver Field (1938); Wiarda (1973); Anderson (1970); Malloy (1977); Stepan (1978).

em princípios católicos de solidariedade social desenvolvidos entre meados do século XIX e do século XX na Europa, como uma reação ao "individualismo, egoísmo e desarmonia social" cultivados pelo pensamento liberal (Manoelesco, 1934; Lucius, 1933; Murat, 1944). A grande inovação introduzida por Schmitter, em 1974, foi a identificação da emergência de novos arranjos e estruturas corporativas associados à expansão do Estado de Bem-Estar nos países desenvolvidos do Ocidente (sobretudo da Europa) no pós-guerra. Nas experiências anteriores de corporativismo autoritário, o Estado abolia qualquer "mercado de representação" e impunha uma representação funcionalmente segmentada via as corporações. Nas novas experiências corporativas, essa segmentação é fruto da monopolização dos mercados de representação (tanto eleitoral quanto de grupos de interesse). Esse processo pode ser apoiado e reforçado pelo Estado, porém não é mais imposto por ele. Baseado na monopolização dos mercados de representação, o Estado procura associar os seus próprios representantes aos líderes das "associações de pico" (*peak associations*) de interesses organizados para negociar e formular políticas públicas. É claro que isto só é possível se os atores reunidos nesses arranjos adotarem plataformas não-confrontacionais. O resultado é a emergência de novas estruturas corporativas combinadas com instituições tipicamente democrático-liberais. Schmitter batizou essas novas estruturas institucionais de corporativismo *liberal* ou *societal* (o neocorporativismo) em oposição às experiências anteriores de corporativismo *autoritário* ou *estatal* (o corporativismo). As diferenças básicas entre estes dois modelos de corporativismo podem ser vistas na Figura 2.

FIGURA 2: A ESTRUTURAÇÃO DO PODER POLÍTICO NO CORPORATIVISMO E NO NEOCORPORATIVISMO

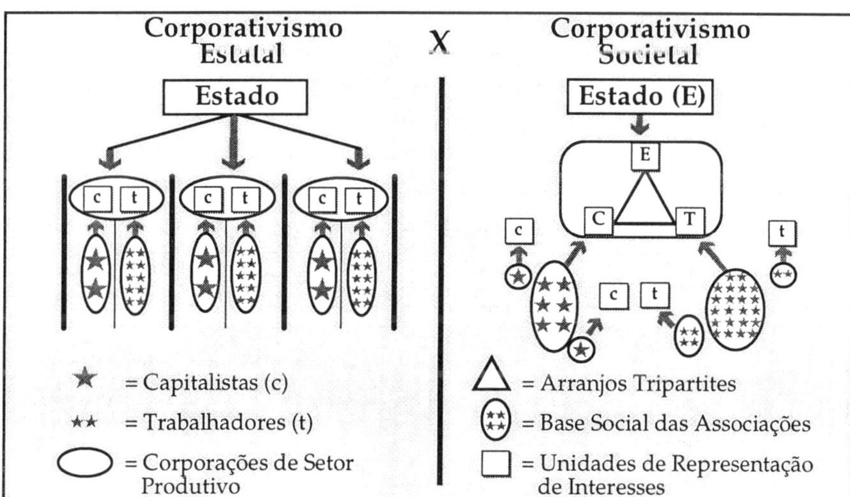

No padrão do corporativismo estatal (corporativismo) o Estado impõe uma estrutura de representação setorial/funcional segmentada que abarca o conjunto da sociedade. No padrão do corporativismo societal (neocorporativismo) é permitida a existência de uma pluralidade de associações de interesse autônomas, mas o Estado incorpora apenas as de maior representatividade social em estruturas e arranjos deliberativos tripartites (o que, naturalmente, reforça suas posições quase-monopolistas no "mercado" da representação de interesses). A perspectiva teórica do corporativismo consegue, assim, abarcar conceitualmente tanto a existência de um Estado ativo e autônomo quanto a não-prevalência de grupos de interesse múltiplos e fragmentados. Por isso mesmo, alguns autores ocidentais adotaram-na no início dos anos '80 como referência teórica ideal para superar as limitações da abordagem pluralista no estudo dos países do Leste, sem recair na falácia totalitária de negar a possibilidade da agregação de interesses nos mesmos.

VALERIE BUNCE E O CORPORATIVISMO NO LESTE

O primeiro trabalho a aplicar de forma mais sistemática a perspectiva teórica do corporativismo ao estudo dos Estados de tipo soviético foi publicado por Valerie Bunce e John M. Echols III (1980). Trata-se de um exame da evolução política soviética no período Brejnev, e o seu argumento fundamental é o de que esse dirigente havia inaugurado uma nova era no desenvolvimento político da URSS, caracterizada pela busca ativa de estabilidade política; pelo consenso social; pela cooperação; pela incorporação de grupos de interesse funcionais e especialistas ao processo de formulação de políticas públicas; pela expansão do Estado de Bem-Estar; e por um crescimento econômico contínuo. Segundo Bunce e Echols, todas essas características se encaixam perfeitamente nos elementos essenciais do corporativismo identificados por Schmitter. Nessa base, eles argumentam que a melhor maneira de conceber a sociedade soviética nesse período seria como uma mistura dos tipos estatal e societal de corporativismo (dada a combinação de restrições oficiais à associação autônoma e expansão do Estado de Bem-Estar) (Bunce e Echols, 1980:18-9), construída sobre a base de um "arranjo corporativo original leninista" (*Idem*:12).

Na primeira metade dos anos '80, foram surgindo uma série de trabalhos que procurava incorporar (com graus variados de sucesso e convicção) a perspectiva do corporativismo ao estudo dos países do Leste.[35] É interessante notar que o próprio Phillippe Schmitter nunca se convenceu da propriedade de estender o seu conceito de corporativismo ao sistema político soviético. Ele preferiu caracterizar a URSS como um protótipo de "monismo leninista" (Schmitter, 1979:96).

[35] Ver, por exemplo, Black (1982); Pravda (1983); McCain Jr. (1983); e, de forma mais cautelosa, Lehmbruch (1983).

Na sua opinião, o que diferenciava este do corporativismo era o papel central do partido único, que concentrava em suas mãos o poder de criar, subsidiar e controlar ideologicamente as unidades de representação de interesses no interior do sistema. Schmitter reconhecia, no entanto, a possibilidade de o "modelo" corporativo ser relevante para o estudo dos desenvolvimentos políticos em outros estados do Leste Europeu (*Idem*:99-100).

PROBLEMAS DO ENFOQUE DO CORPORATIVISMO

Apesar de admitir a autonomia de um Estado ativo e a prevalência de formas segmentadas e não inteiramente autônomas de agregação de interesses nos países do Leste, a perspectiva teórica do corporativismo acabou revelando limitações semelhantes às que já vinham afligindo o pluralismo:

a) no plano teórico mais geral, embora concebesse a existência de um Estado ativo, ela carecia de uma **teoria consistente do Estado**.[36] Isto a tornava incapaz de dar conta da própria emergência e evolução do Estado enquanto poder autônomo e independente na sociedade, acabando simplesmente por tomar como dadas as formas que ele assume hoje;

b) assim como o pluralismo, o corporativismo construiu um modelo geral de desenvolvimento político-social sobre uma apreciação parcial do processo de formulação de políticas públicas, centrada na dimensão da "alimentação" (*input*) de demandas; e

c) assim como o pluralismo, a perspectiva do corporativismo enfatizou metodologicamente decisões e arranjos **observáveis** nos processos de formulação de políticas públicas, ignorando a dimensão crucial (vista antes) do **controle das não-decisões**. Isto a tornou igualmente incapaz de conceber a materialização de um viés de classe nos arranjos e estruturas corporativos, para além das representações tripartites oficialmente sancionadas.

O CORPORATIVISMO E AS ESTRUTURAS DE PROPRIEDADE NO LESTE

Essas limitações teóricas, problemáticas já no contexto das experiências originais que inspiraram a formulação do "modelo" corporativo, foram ampliadas e agravadas com a sua projeção para o estudo dos países socialistas do Leste. Como vimos anteriormente, o conceito de corporativismo enfatiza o estabelecimento e reconhecimento, pelo Estado, de corpos intermediários segmentados estruturados sobre linhas funcionais. Mas, que "linhas funcionais" são estas? Elas envolvem, na verdade, "funções" de **produção**. O conceito de

[36] Isto é admitido até por defensores da perspectiva teórica do corporativismo. Ver, por exemplo, Grant (1981), Cawson (1982 e 1985) e Schmitter (1985).

corporativismo relaciona-se, fundamentalmente, à **política da produção**.[37] Aqui, a diferenciação funcional básica é a que opõe **proprietários privados de capital** (capitalistas) a **trabalhadores** dentro de cada setor da economia. A constituição de estruturas corporativas, portanto, depende do reconhecimento, pelo Estado, da legitimidade da existência desses interesses e da necessidade de incorporá-los ao processo de formulação de políticas oficiais. Trata-se, assim, de um processo de "atribuição de *status* público a grupos de interesse privados" (Offe, 1989) que **pressupõe** a existência na sociedade de esferas "públicas" e "privadas" significativas que têm de ser articuladas para garantir a reprodução do sistema. Em outras palavras, a constituição de estruturas corporativas tem como premissa a **predominância** de formas privadas de propriedade na produção, distintas e separadas do Estado, as quais este procura controlar por meio da incorporação dos seus representantes funcionais em estruturas deliberativas ampliadas.

As limitações conceituais da aplicação desse "modelo" aos Estados socialistas do Leste são óbvias. Onde estavam os proprietários privados de capital, separados do Estado, que deveriam predominar na produção? Onde estava a dominação econômica de uma burguesia privada? Os Estados de tipo soviético nunca reconheceram ou admitiram a legitimidade "funcional" da propriedade privada sobre meios fundamentais de produção[38] ; os dirigentes estatais tampouco precisavam ampliar o seu controle sobre a produção via a incorporação de diretores de empresas em estruturas deliberativas corporativas, porque essas empresas já faziam parte do aparelho de Estado e seus diretores já estavam submetidos à definição centralizada (e minuciosa) de metas produtivas. A tentativa de estabelecer uma analogia conceitual entre esses diretores e os capitalistas privados dos arranjos corporativos e neocorporativos no Ocidente é claramente problemática.

A incorporação da perspectiva do corporativismo ao estudo das sociedades do Leste tropeçou, assim, na mesma limitação fundamental das suas predecessoras: tentou encaixar no mesmo "modelo" e classificação realidades sociais, políticas e econômicas essencialmente distintas. O próprio colapso do "bloco soviético", em 1989-1991, indica que tanto sua dinâmica política quanto seus problemas e limites eram bastante diferentes dos existentes nos países de capitalismo avançado. Igualmente, a dinâmica da sua transição atual se mostra inteiramente diferente dos processos que varreram o mundo ibérico nos anos '70 e '80 (sobretudo por se tratar, no caso do Leste, de uma transformação **global** e **sistêmica**, e não apenas política). Uma vez mais, a ênfase teórica na convergên-

[37] A ênfase na produção é comum a todas as abordagens do corporativismo. Para uma discussão específica da centralidade da produção para o corporativismo e o seu impacto sobre os modos de representação de interesses, ver Cawson (1983).

[38] Mesmo nos países que mais experimentaram o "socialismo de mercado" nos anos 70 e 80 - a Polônia e a Hungria - a propriedade privada mais extensiva ficou basicamente confinada à agricultura, fragmentada em propriedades familiares que geralmente não empregavam trabalho assalariado alheio.

cia dos padrões de intermediação de interesses no Ocidente e no Leste (concebidos como a base de um mesmo "modelo" geral de desenvolvimento político-social) tornou a perspectiva do corporativismo incapaz de explicar o colapso singular do antigo "campo socialista" e a profunda crise geral que lhe seguiu.

Mas o desencanto com a perspectiva do corporativismo na *sovietologia* ocidental não esperou por esse colapso. Seu "reinado" foi ainda mais curto do que o do enfoque pluralista. Já em meados dos anos '80, o namoro com a abordagem corporativista parecia praticamente encerrado. Basta ver que, em 1983, apenas três anos depois de afirmar que "o corporativismo havia chegado à União Soviética para ficar" e que certamente "sobreviveria ao mandato do seu inaugurador [Brejnev - L.F.]", a própria Valerie Bunce já publicava outro artigo anunciando a queda do corporativismo na URSS (Bunce, 1983). Esta "queda" foi creditada a uma série de fatores: "custos do império", "escassez econômica", "crise fiscal" etc. Só não se apontou o fator mais fundamental e singelo: a inadequação do conceito (e do marco teórico no qual estava inscrito) para a realidade que pretendia descrever...

O período "áureo" da influência da teoria do totalitarismo nos estudos ocidentais a respeito dos Estados socialistas do Leste durou duas décadas, a do pluralismo uma década e a do corporativismo nem mesmo cinco anos. Isto não quer dizer que as três perspectivas tiveram a mesma predominância nas suas respectivas épocas. Embora tenham se sucedido do ponto de vista **cronológico**, o impacto de cada uma delas foi significativamente menor do que o da sua antecessora — algo como a ondulação decrescente provocada por uma pedra jogada na água. Quando a "queda" do corporativismo na URSS foi anunciada em meados dos anos '80, o estudo sobre os Estados e sociedades de tipo soviético nos meios acadêmicos ocidentais já se encontrava pulverizado em um grande número de perspectivas e interpretações concorrentes. Entre estas se encontrava a dos autores que traziam o conceito de **burocracia** para o centro das suas análises.[39]

LEITURAS CENTRADAS NA BUROCRACIA

ORIGENS TEÓRICAS DA ABORDAGEM BUROCRÁTICA

Embora as abordagens destes autores não fossem homogêneas entre si, elas tinham como matriz teórica comum as reflexões clássicas de Max Weber sobre a generalização da racionalidade burocrática no mundo moderno[40] e de

[39] Alguns dos trabalhos mais representativos desta abordagem são os de Alfred Meyer (1961, 1965 e 1969), Allen Kassoff (1964), John Armstrong (1965) e T. H. Rigby (1973, 1976, 1980 e 1990) e Maria Hirzowicz (1980).

[40] Ver a evolução das reflexões weberianas sobre este tema nos ensaios reunidos em Weber (1982).

Robert Michels sobre o impacto "oligarquizante" do imperativo organizacional na política moderna (Michels, 1982). Nesta base, esses autores identificaram como característica principal dos estados e sociedades de tipo soviético o fato de a administração estatal, coordenada e unificada pelo "partido único", substituir o mercado como mecanismo fundamental para o ordenamento das atividades sociais (Rigby, 1992b). O resultado (como já haviam previsto Weber e Michels) teria sido a expansão sem precedentes da lógica e das estruturas estatal-burocráticas, que passaram a dominar — de forma opressiva e alienante — todas as esferas da vida social. Assim, segundo o principal expoente desta abordagem nos meios acadêmicos ocidentais:

> *"Como a burocracia moderna, a dominação comunista é essencialmente uma tentativa de impor a administração racional à vida social, por meio de uma complexa organização."*
>
> (Meyer, 1969:190, tradução minha - L.F.)

O nome dado a esta gigantesca estrutura organizacional e burocrática por cada um dos autores citados era diferente. Meyer optou por uma denominação — *USSR Incorporated* — que marcava a analogia com as estruturas integradas das grandes corporações capitalistas (Meyer, 1961). Rigby optou pelo termo "sociedade *mono-organizacional*" (Rigby, 1976). A polonesa Maria Hirszovicz preferiu o título mais sugestivo de "Leviatã Burocrático" (Hirszovicz, 1980). Independentemente da nomenclatura (sem trocadilho...), todos apontavam para a generalização do mesmo tipo de fenômeno burocrático nos países do Leste.

PROBLEMAS DO ENFOQUE DA BUROCRACIA

A exemplo das demais leituras já resenhadas, a aplicação do enfoque da burocracia nos estudos sobre os estados de tipo soviético também se deparou com graves problemas teóricos e empíricos. O próprio conceito geral de **burocracia** está carregado de imprecisões, indefinições e ambigüidades, que não são facilmente resolvidas do ponto de vista teórico.[41] Aplicado aos estados e sociedades do Leste, este enfoque não conseguia precisar os contornos e as fronteiras daquilo que era a sua categoria-chave: para uns, a burocracia se limitava aos ocupantes de cargos-chaves de direção no Partido e no Estado; para outros, ela se materializava no conjunto do Partido dirigente; para outros, ainda, ela abarcava o conjunto das instituições do Partido e do Estado (o que significava que praticamente toda a sociedade a integrava, já que a quase totalidade das atividades econômicas, culturais e desportivas se desenvolvia em órgãos estatais!).

[41] Para uma discussão inteligente destes problemas, ver Deutscher (1984).

Quando definida no sentido weberiano estrito da lógica racional-legal, a transplantação do enfoque da burocracia se revelava ainda mais problemática. Em termos da sua construção conceitual, essa transplantação ignorava diferenças cruciais entre a racionalidade impessoal, rotinizada e formal, inscrita na definição da burocracia em Weber, e a lógica eminentemente política, improvisada e orientada para metas substantivas que imperava nos estados de tipo soviético (tendo ao centro a direção altamente centralizada dos "partidos únicos"). Em outras palavras, a lógica político-partidária predominante no Leste era fundamentalmente distinta das formas racionais-legais identificadas nos processos de burocratização do Ocidente.

Visto por este ângulo, como bem observou Alec Nove, o período da liderança de Stálin na URSS a partir do fim da NEP teria de ser qualificado como eminentemente **antiburocrático**, já que esse dirigente fez de tudo para impedir a consolidação de uma elite burocrática com interesses e visão próprios (Nove, 1975a:60). Na mesma linha, Stephen Cohen apontou a incoerência da posição que localiza o advento e a dominação de uma burocracia eminentemente conservadora e cautelosa na União Soviética precisamente no período em que se operavam as mais violentas e profundas rupturas e transformações em todos os campos da sua vida social: o cancelamento das concessões do NEP, o lançamento dos primeiros planos qüinqüenais, os acelerados processos de coletivização e industrialização, os expurgos, etc. (Cohen, 1977:26-27).

No final das contas, os enfoques centrados na burocracia acabaram por reproduzir alguns dos problemas fundamentais das demais leituras políticas já resenhadas. Como as teorias do totalitarismo, sua visão unitária, integrada e altamente hierarquizada do Partido/ Estado acabava reproduzindo uma concepção monista deste. Como o pluralismo e o corporativismo, sua ênfase num processo comum de burocratização no Leste e no Ocidente acabava obliterando diferenças sistêmicas fundamentais entre os dois grupos de países. O reconhecimento destas limitações fez com que mesmo os mais representativos expoentes do "enfoque burocrático" acabassem por tentar combinar sua abordagem com a de outras leituras para gerar uma interpretação mais consistente do desenvolvimento dos estados e sociedades de tipo soviético (examinaremos isto mais adiante)

LEITURAS CENTRADAS NA CULTURA POLÍTICA

ORIGENS TEÓRICAS DA ABORDAGEM CULTURALISTA

Outra abordagem alternativa é a que privilegiou explicações e interpretações baseadas na **cultura** (sobretudo na **cultura política**). O que este enfoque enfatizou foi a reemergência de valores políticos "tradicionais" como um elemento central do desenvolvimento dos países do Leste no período "socialista".

A ênfase, portanto, é na **continuidade** dos sistemas pré e pós-revolucionários. Não se trata de uma leitura propriamente nova. Do ponto de vista da teoria política, ela remete às reflexões clássicas dos franceses Barão de Montesquieu sobre o "espírito das leis" baseado nos "morais e costumes nacionais" (Montesquieu, 1950-61) e Alexis de Tocqueville sobre os hábitos e costumes que sustentavam as instituições democráticas norte-americanas (Tocqueville, 1945). Na teoria política contemporânea, ela se inspira nas formulações dos autores que procuraram examinar a relação entre a "cultura política" e o "desenvolvimento político".[42] Mais recentemente, essa perspectiva teórica ressurgiu com força nas reflexões de Samuel Huntington sobre as grandes linhas (culturais) divisórias do sistema internacional contemporâneo (Huntington, 1993).

CULTURA E RUPTURA POLÍTICAS NO LESTE

Os principais responsáveis pela incorporação do enfoque da cultura política aos "estudos da área soviética" no Ocidente foram Robert Tucker (1977a e 1987), Archie Brown e Jack Gray (1977) e Stephen White (1979). Dissidentes emigrados russos, no entanto, já vinham levantando o tema do "renascimento da Grande Rússia no âmbito da URSS" desde os anos '20.[43] Fora dos meios acadêmicos, trata-se de uma temática corrente e recorrente nos discursos jornalísticos, diplomáticos e políticos ocidentais ao longo do século XX.[44]

Esta abordagem cultural teve o grande mérito de trazer para exame dimensões da vida social nos países do Leste (sobretudo os valores culturais) que eram ignoradas ou obscurecidas pelas leituras centradas unicamente em análises político-institucionais. Ela ajudou a compreender melhor como elementos da cultura tradicional desses países se recompuseram e articularam com a nova ideologia oficial (marxista) de Estado, que se propunha a promover uma "revolução cultural" para formar o "homem novo" socialista. Ela chamou atenção para o fato de a montagem dos estados de tipo soviético não ter se dado no vazio, mas em condições históricas concretas, em que fatores como os valores e as imagens populares sobre a política, a experiência acumulada de relacionamento com o poder, etc. desempenhavam papel importante.

Mas isto marca, igualmente, as limitações da abordagem cultural. Justamente por enfatizar o tema da **continuidade**, ela é incapaz de explicar processos de mudança e transformação. Para usar uma conhecida imagem da teoria marxista, ela consegue explicar por que elementos do "velho" reaparecem no "novo", mas não o advento desse "novo". Ou seja, o enfoque da **cultura** não explica a

[42] Ver Almond (1956), Almond e Coleman (1960), Almond e Verba (1963), Pye e Verba (1965), Huntington (1968) e Kavanagh (1972 e 1983).

[43] Sobretudo Miliukov (1927), Timashev (1946) e Berdiaev (1937, 1948 e 1966).

[44] Ver, por exemplo, de Gaulle (1960:68-69) e Davies (1942:341-42).

mudança e, sobretudo, a **ruptura**. Por isto, se ela nos fornece elementos importantes para compor uma visão global dos fenômenos sociais, é inadequada para identificar a dinâmica interna básica desses mesmos fenômenos.

O enfoque "culturalista", portanto, nunca conseguiu gerar esquemas explanatórios ou interpretativos gerais sobre o desenvolvimento dos estados e sociedades de tipo soviético. Ele se mostrou inadequado, em particular, para dar conta das grandes transformações revolucionárias que marcaram o período inicial de formação dos estados do *socialismo real* e o seu colapso mais recente. Por fim, ao enfatizar sistematicamente o ressurgimento de "valores nacionais tradicionais" no Leste, o enfoque tendeu a resvalar para uma visão reificada da própria cultura (incluindo a identidade nacional), que deixou de ser concebida como **construção social** (e, portanto, mutável) para ser tratada como um dado natural, objetificado e permanente.

A CRÍTICA DA ECONOMIA DE COMANDO

HAYEK, VON MISES E O DEBATE SOBRE O CÁLCULO ECONÔMICO NO SOCIALISMO

Diferentemente das abordagens políticas e sociológicas que só se desenvolveram mais plenamente no pós-guerra, o pensamento econômico ocidental gerou importantes análises críticas da evolução dos estados socialistas já a partir dos anos '20. A tônica central desta produção foi a crítica ao advento da "economia de comando" e à "planificação centralizada" na URSS, feita a partir de um enfoque liberal ortodoxo. Os principais expoentes desta abordagem foram os mentores da chamada "Escola Austríaca" do pensamento econômico, Ludwig von Mises (1935, 1978, 1981a, 1981b e 1986) e Friedrich von Hayek (1935a, 1935b, 1940 e 1948). Seu argumento fundamental, desenvolvido originalmente por von Mises, era o de que a substituição da economia de mercado pela planificação centralizada era inviável, já que eliminava o único mecanismo capaz de gerar informações sobre a escassez relativa de recursos na economia (a formação de preços no mercado), o que tornava impossível qualquer planejamento eficaz ou racional. Para Mises, a "economia planificada" seria, em última análise, uma impossibilidade. A abolição da propriedade privada e a adoção do princípio do planejamento centralizado nos países do Leste gerariam, necessariamente, esbanjamento, ineficácia, desordem, estagnação e arbítrio.[45]

Estas formulações suscitaram uma viva resposta de autores socialistas nos anos '20, '30 e '40, no que ficou conhecido como o "debate do cálculo

[45] Para (re)apresentações mais contemporâneas desta abordagem, ver Kornai (1980, e 1990), Rydenfelt (1987) e Sorman (1991).

econômico".[46] Do ponto de vista da história econômica e social, ela instigou Karl Polanyi a escrever a sua obra clássica crítica da artificialidade da "sociedade de mercado" (Polanyi, 1980) e o conhecido economista marxista Maurice Dobb a produzir um volumoso estudo sobre o desenvolvimento econômico da URSS (Dobb, 1978). Do ponto de vista interpretativo, no entanto, Mises e Hayek nunca se preocuparam em desenvolver uma análise mais elaborada da natureza dos estados e sociedades de tipo soviético. Pela oposição destes ao mercado, eles tenderam a traçar analogias entre as experiências do Leste e formações políticas e sociais pré-capitalistas. Assim, enquanto para Hayek a "violação" das forças de mercado era o caminho seguro para a servidão[47], von Mises caracterizava o socialismo como a "transposição do regime militar a todo o sistema de produção" (Mises, 1986:27).

Os grandes sucessos dos planos de reconstrução e industrialização na URSS e nos demais integrantes do "campo socialista" no pós-guerra, no entanto, minaram a credibilidade destas teses sobre a suposta "inviabilidade das economias de comando". Estas certamente estavam equivocados ao argumentar, nos anos '20 e '30, que o binômio socialista estatização/planejamento seria incapaz de promover o desenvolvimento na União Soviética. Durante décadas, esse binômio se mostrou bem mais eficaz do que o automatismo do mercado para promover a acelerada recuperação de atrasos produtivos e tecnológicos nos países do "campo socialista". Mas a questão é que, uma vez completadas as tarefas fundamentais dessa industrialização extensiva recuperadora, esse binômio se mostrou incapaz de inaugurar e sustentar um novo ciclo de desenvolvimento **intensivo** (baseado na elevação da produtividade das unidades econômicas já instaladas, e não mais na montagem de novas unidades econômicas ou na simples agregação de fatores de produção). Nestas condições, as críticas de von Mises e Hayek à economia de comando recuperaram relevância, ao passo que a resposta originalmente dada a elas por Dobb no âmbito do "debate do cálculo econômico" (indicando que o aumento quantitativo dos recursos ao longo do tempo, via planejamento, era mais importante do que o aumento na eficiência da sua utilização em um contexto dado) perdeu sentido. De fato, ao não formular respostas históricas viáveis para este dilema, os regimes do antigo "bloco soviético" perderam dinamismo econômico-social (e político), abrindo caminho para o colapso de 1989-1991. As implicações teóricas e políticas disto serão retomadas no capítulo 8.

[46] Os principais expoentes desta resposta socialista foram Lange (1956) e Dobb (1955). Para uma retomada mais recente dessa resposta, ver Nove (1989) e Roemer (1994). Boas resenhas de todo o debate podem ser encontradas em Napoleoni (1979) e Steele (1992).

[47] Esse é o título dado por ele ao livro que acabou se transformando no texto fundador do credo neoliberal na segunda metade do século XX (Hayek, 1946).

Enquanto as críticas "neoliberais" ao intervencionismo das economias planificadas eram marginalizadas nas primeiras décadas do pós-guerra, duas outras abordagens econômicas sobre os estados e sociedades do Leste emergiram nos meios acadêmicos ocidentais: as leituras sobre a convergência de sociedades industriais e pós-industriais, e as leituras centradas nos desafios da modernização e do desenvolvimento.

TEORIAS DA CONVERGÊNCIA

A base fundamental das teorias da convergência é a noção de que a industrialização dos países capitalistas centrais e socialistas do Leste havia gerado um padrão comum ou análogo de desenvolvimento em ambos. Esta noção tem importantes pontos de contato com algumas das leituras resenhadas no início deste capítulo. Como vimos, tanto as abordagens pluralistas quanto as corporativistas apontavam para padrões convergentes nos processos de intermediação de interesses e formação de políticas públicas nos dois grupos de países. Já os enfoques referenciados no conceito weberiano de burocracia apontavam para a generalização e predominância, em ambos, da mesma lógica racional-legal-formal. Mesmo no âmbito das teorias do totalitarismo, como vimos, alguns autores ligados à chamada "Escola de Frankfurt" identificaram um processo global de "totalitarização" das sociedades industriais contemporâneas, com base na generalização da "racionalidade instrumental burguesa" (voltaremos a examinar essas formulações no Capítulo 5)

A origens intelectuais das teorias especificamente econômicas da convergência, no entanto, remetem a reflexões de James Burnham nos anos '40 (Burnham, 1941), cujas posições também serão analisadas mais de perto no Capítulo 5. Por ora, vou adiantar apenas alguns elementos básicos da sua abordagem. Partindo da concepção de Trotsky sobre a "degeneração burocrática" da URSS (que veremos no Capítulo 4), Burnham concluiu que a chave para a composição do poder de classe nas sociedades contemporâneas não era a **propriedade** dos meios de produção — como havia pensado Marx — mas o **controle** destes meios. Nesta base, ele indicou que os processos de industrialização estavam levando ao poder, tanto nos países capitalistas quanto na URSS, uma nova classe de administradores assalariados.[48]

Nos anos '50, esta tese da convergência crescente das sociedades industriais no Ocidente e no Leste foi retomada na França por Maurice Duverger (1956, 1964 e 1972). A convergência, no entanto, foi concebida por este em termos diferentes dos que haviam sido indicados anteriormente por Burnham.

[48] As analogias desta abordagem com as leituras centradas na temática da burocracia são óbvias.

Para Duverger, o advento das complexas sociedades industriais modernas gerava um processo de aproximação de mão dupla: no Ocidente, ele exigia uma intervenção cada vez maior do Estado na economia, evidenciada pela expansão dos estados de bem estar no pós-guerra; no Leste, ele exigia a superação de modelo político e econômico altamente centralizado erguido na fase inicial de industrialização, conforme atestavam as reformas econômicas e políticas deflagradas no "bloco soviético" a partir de meados dos anos '50. Estaria se verificando, assim, um forte movimento para a convergência baseado na crescente "socialização" do Ocidente e "liberalização" do Leste. Este mesmo enfoque pode ser encontrado nas reflexões de Raymond Aron sobre a sociedade industrial nos anos '50 e '60 (Aron, 1962 e 1964), embora ele viesse a se tornar um crítico áspero da perspectiva da convergência mais tarde (Aron, 1983).

Nos países anglo-saxões, outras versões de teorias da convergência também emergiram nos anos '60 e '70. Como vimos antes, algumas leituras centradas na burocracia continham um forte elemento de "convergência" nas suas abordagens.[49] Na perspectiva específica das sociedades industriais, esta convergência foi concebida de forma mais "branda" nos trabalhos de David Lane (1970 e 1978a). Para este, o advento da industrialização havia gerado os seguintes traços comuns nos países capitalistas e socialistas:

a) a difusão do poder e influência na sociedade, em função da elevação do nível educacional do conjunto da população e da importância crescente dos conhecimentos técnicos;

b) a emergência de uma divisão do trabalho mais complexa, pela qual a ocupação e o nível de instrução tornam-se os elementos-chaves para a obtenção de *status* na hierarquia social, aumentando a mobilidade dentro desta;

c) a geração de um sistema de valores comum, com ênfase na eficiência e produtividade em detrimento de ideais utópicos;

d) a consolidação de procedimentos legais normativos, em detrimento de processos improvisados e arbitrários;

e) o predomínio da organização em larga escala — seja ela pública ou privada — e do seu concomitante ordenamento burocrático;

f) a substituição, como resultado dos acelerados processos de urbanização, dos laços familiares tradicionais por formas mais impessoais de solidariedade e socialização, com destaque para os meios de comunicação de massa; e

g) a ampliação da intervenção estatal na sociedade.

Daniel Bell levou este enfoque ainda mais adiante e apontou, no início dos anos '70, para a crescente convergência de sociedades **pós**-industriais. Se-

[49] Ver, sobretudo, Meyer (1969).

gundo sua previsão, os Estados Unidos, o Japão, a Europa Ocidental e a União Soviética assumiriam no fim do século o aspecto de sociedades pós-industriais, e teriam de enfrentar a administração dessas novas dimensões (Bell, 1977:534). Esta evolução seria marcada por três componentes fundamentais:

a) em termos econômicos, o crescente deslocamento da indústria para os serviços;

b) em termos tecnológicos, a centralidade assumida pela ciência e tecnologia; e

c) em termos sociológicos, a ascensão de novas elites técnicas e o advento de novos princípios de estratificação.

A despeito das suas variações, o conjunto das abordagens que apontavam para a convergência de sociedades industriais e pós-industriais repousava sobre uma premissa teórica comum: a identificação da **tecnologia** como a base fundamental do ordenamento social, deslocando a preocupação prioritária com a propriedade comum tanto ao liberalismo quanto ao marxismo. Por isso, elas destacavam tendências convergentes na evolução dos países do Ocidente e do Leste (em função da semelhança das suas bases tecnológicas), ao invés de destacar as diferenças fundamentais nas suas estruturas de propriedade. Como já foi repetidamente argumentado anteriormente, a validade desta premissa (como a de qualquer outra) não pode ser julgada no abstrato, mas apenas confrontando a teoria que ela sustenta com o desenvolvimento do(s) fenômeno(s) que procura explicar. A reversão nas políticas de aproximação e *detente* ao final dos anos '70, e, sobretudo, a **derrota** dos antigos regimes do Leste pelas potências ocidentais ao final dos anos '80 (ao invés da sua convergência) sugerem que as diferenças sistêmicas entre os dois grupos de países eram muito mais profundas e fundamentais do que supunha a tese do determinismo tecnológico.

TEORIAS DA MODERNIZAÇÃO E DO DESENVOLVIMENTO

Um outro enfoque econômico surgido nos meios acadêmicos ocidentais nos anos '50 enfatizou a natureza "desenvolvimentista" dos estados e sociedades de tipo soviético. As leituras centradas nesta identificação guardam inúmeras afinidades com as teorias da convergência que acabamos de ver. Suas origens intelectuais mais diretas remetem às reflexões de Walt Rostow sobre as etapas do crescimento econômico (Rostow, 1953 e 1960). Mais remotamente, a perspectiva do desenvolvimento remete aos grandes debates sobre a relação entre estado, mercado, desenvolvimento e socialismo ocorridos na União Soviética nos anos '20.[50]

[50] Para a resenha, compilação e discussão destes debates, ver Erlich (1960) e Jones e Moskoff (1991).

ALEXANDER GERSCHENKRON

O principal marco na incorporação da "perspectiva do desenvolvimento" aos estudos ocidentais sobre os estados de tipo soviético foi um seminário interdisciplinar organizado em abril de 1958 em Nova Iorque. Os trabalhos apresentados neste seminário foram reunidos no livro editado por Cyril Black (1960). Um destes, intitulado "Problems and Patterns of Russian Economic Development", do historiador econômico Alexander Gerschenkron, viria a se transformar num livro clássico da literatura desenvolvimentista (Gerschenkron, 1973).

As reflexões de Gerschenkron partiam de uma crítica fundamental ao enfoque de Rostow, que concebia a reprodução das mesmas etapas de desenvolvimento econômico por todos os países. Para Gerschenkron, a industrialização tardia acarretava certas "vantagens do atraso" aos países que a empreendiam, entre as quais se destacava a capacidade de generalizar mais rapidamente nas suas economias inovações tecnológicas que haviam levado um longo tempo para maturar nos países mais adiantados. Como conseqüência, o padrão de desenvolvimento dos países atrasados não reproduzia as mesmas etapas de desenvolvimento dos países avançados. Baseado num estudo comparativo dos processos de industrialização tardia na Europa, Gerschenkron apontava para seis características comuns ao padrão de desenvolvimento dos países mais atrasados:

a) sua industrialização começava de forma descontínua e assumia a forma de um grande surto, com ritmos elevados de crescimento;

b) era dada prioridade, no esforço de industrialização, às fábricas e empresas de grande porte;

c) privilegiava-se a produção de bens de produção no processo industrial, em detrimento dos bens de consumo;

d) exercia-se uma forte pressão para conter o nível de consumo da população;

e) fatores institucionais especiais (como a intervenção ativa do Estado) desempenhavam papel decisivo na oferta de capital para as novas indústrias; e

f) a agricultura não desempenhava papel ativo no processo de industrialização, seja como mercado para a produção industrial ou como zona para a elevação da produtividade do trabalho.

Segundo Gerschenkron, estas mesmas características marcaram o desenvolvimento soviético, sobretudo a partir do lançamento dos primeiros planos qüinqüenais no final dos anos '20. O processo soviético de industrialização, assim, deveria ser visto como a continuidade dos dois surtos anteriores de industrialização propiciados pelo próprio tzarismo (na última década do século XIX e na década que precedeu a eclosão da Primeira Guerra Mundial). O seu caráter "socialista" seria, na verdade, irrelevante. Outros participantes do referido seminário de 1958 concordavam com Gerschenkron. Theodore von Laue, por exemplo, afirmava que o estado soviético havia aplicado, pela primeira vez, a lógica completa do sistema do famoso ministro de finanças tzarista Sergei Witte (Laue, 1960:223-25). O próprio Rostow indicava que a modernização soviética não havia tomado um caminho substancialmente diferente das fases anteriores de desenvolvimento russo. Também na sua opinião, Stálin não passava de um "sucessor de Witte" (Rostow, 1960:60).

Segundo as análises destes autores, a dinâmica econômica, política e social dos estados de tipo soviético não era determinada pela sua especificidade "totalitária" ou "socialista", mas pelas exigências da própria modernização. Neste sentido, essa dinâmica respondia a necessidades objetivas enfrentadas por todos os "países em desenvolvimento", independentemente da sua opção político-ideológica ou estrutura de propriedade. Ao reverter a contraposição conceitual entre democracia liberal e totalitarismo, o enfoque do "desenvolvimento" se inseriu, de uma maneira geral, na maré de revisão crítica do conceito de totalitarismo que varreu os estudos da "área soviética" nos meios acadêmicos ocidentais a partir dos anos '60.

Esta abordagem inspirou a produção de uma gama variada de estudos e trabalhos. Ela é desenvolvida na vasta obra de Alec Nove sobre a história econômica da URSS e fundamenta a sua caracterização da economia soviética em uma "economia de guerra" (Nove, 1964, 1975a, 1975b, 1984 e 1986). Ela se articula, igualmente, com a abordagem do "desenvolvimento político" (vista juntamente com as leituras centradas na cultura política) para conceber o desenvolvimento dos estados de tipo soviético como uma expressão da "política de industrialização" (Almond e Powell, 1966 e 1978; Kautsky, 1968; Benjamin e Kautsky, 1969; Triska e Cocks, 1977; e Hoffman e Laird, 1982). Ela se relaciona, ainda, com as versões mais "brandas" das leituras da convergência por David Lane e do pluralismo por Jerry Hough (ambas vistas anteriormente).

O enfoque do "desenvolvimento" teve o grande mérito de situar a evolução dos estados e sociedades de tipo soviético nos seus contextos e desafios histórico-concretos. Como as perspectivas do pluralismo, corporativismo, burocracia e sociedades industriais e pós-industriais resenhadas acima, no entanto, ela pecava por subestimar ou ignorar diferenças sistêmicas cruciais entre os países do Ocidente e do Leste (e também do Sul), em prol de uma suposta convergência para padrões idênticos ou análogos de desenvolvimento econômico, político e social.[51] Uma vez mais, esta perspectiva não ajudou a desvendar os processos que culminaram no colapso do antigo campo socialista em 1989-1991.

[51] Mesmo a análise desenvolvida por Gerschenkron - com base na sua crítica de Rostow - aponta para padrões diferentes de desenvolvimento entre países "adiantados" e "atrasados" apenas numa fase inicial, em que os últimos se defrontam com o seu atraso estrutural. Superada esta fase, eles tenderiam para um padrão comum e linear de desenvolvimento com os países avançados. Por isto mesmo, Gerschenkron apontava que a União Soviética seria incapaz de continuar sustentando altos índices de crescimento econômico e industrial nos anos '60, incapacidade esta agravada pela natureza "totalitária" do seu poder político.

Como vimos, a opção metodológica predominante nas leituras ocidentais resenhadas até aqui foi a de retalhar conceitualmente a realidade social dos países do Leste e privilegiar a análise isolada de uma das suas dimensões. Os estudos de história econômica produzidos no âmbito das teorias da convergência e do desenvolvimento começaram a romper com este "retalhamento conceitual", mas acabaram resvalando para um determinismo tecnológico igualmente limitado para dar conta do desenvolvimento das sociedades de tipo soviético. Outras tentativas de síntese teórica também emergiram nos meios acadêmicos ocidentais ao longo das três últimas décadas.

O ESTRUTURAL-FUNCIONALISMO

A procura de uma visão mais global e holista das sociedades do Leste marcou a incorporação da teoria dos sistemas do estrutural-funcionalismo aos "estudos da área soviética". A inspiração teórica desta abordagem remete ao modelo do processo de formulação de políticas públicas elaborado por David Easton (1965). Gabriel Almond foi o principal responsável pela sua ampliação e introdução aos "estudos da área soviética", na perspectiva da análise política comparada (Almond e Powell, 1966). Almond dividiu a dimensão da "alimentação" (*input*) do modelo de Easton em quatro funções: socialização política, recrutamento político, articulação de interesses e agregação de interesses. Já a dimensão da "produção" (*output*) foi dividida em três funções: a feitura de regras, a aplicação das regras e a adjudicação de regras. Estas funções do processo de formulação de políticas públicas, por sua vez, se articulariam com outras dimensões da vida social: as "capacidades políticas", o "desenvolvimento político", a "cultura política", a "cultura cívica", entre outros.

Justamente por sua abrangência sistêmica, as contribuições de Almond apareceram em diferentes leituras resenhadas até aqui (como as do corporativismo, da cultura política, da modernização e do desenvolvimento). Entre os autores que procuraram aplicar diretamente a teoria sistêmica de Almond ao estudo da evolução soviética se destacam Frederick Barghoorn (1966) e Michael Gehlen (1969). De uma forma menos rígida, a abordagem estrutural-funcionalista pode ser encontrada nos trabalhos de David Lane sobre o estado industrial socialista (Lane, 1970, 1978a e 1986), de James Oliver sobre a formulação de demandas dos cidadãos na URSS (Oliver, 1969), de Vernon Aspaturian sobre a formulação da política externa soviética (Aspaturian, 1971) e de Gerhard Lehmbruch sobre a intermediação de interesses nos sistemas capitalista e socialista (Lehmbruch, 1983).

A incorporação da teoria estrutural-funcionalista permitiu inserir os estudos sobre as sociedades do Leste em pesquisas e análises globais de política comparada, revertendo o "auto-isolamento" anterior gerado pela construção conceitual das teorias do totalitarismo. Para isto, ela procurou formular uma visão mais global da evolução dos estados de tipo soviético a partir da análise do seu processo de formulação de políticas públicas (o que, apesar de procurar preservar uma visão integrada da realidade social, resvalava para um certo "reducionismo político").

Ao mesmo tempo em que introduzia uma abordagem mais ampla aos estudos ocidentais sobre as sociedades do Leste, esta perspectiva sistêmica acarretava, também, uma forte conotação teleológica nas suas explicações. Ao destacar que as "funções" nos fornecem a "razão de ser" das estruturas (que as cumprem de forma manifesta ou latente), a teoria estrutural-funcionalista concebe como fim ou atribuição dessas estruturas o mero cumprimento de funções perenes a todos sistemas sociais. Como indica Sartori (1970), isto implica em conceber a relação estrutura-função como uma relação meio-fim, mediante a qual a problemática da funcionalidade sistêmica passa a ser a chave para qualquer explicação (ou seja, tudo se explica à luz das funções necessárias para a auto-reprodução do sistema).

Além de subestimar ou ignorar diferenças intra-sistêmicas de lógicas, funções e dinâmicas, o enfoque estrutural-funcionalista introduziu um viés de análise que imputa à intransigência das elites a responsabilidade por qualquer ruptura. Haveria embutido dentro dos sistemas sociais um potencial ilimitado para o equilíbrio, dependente unicamente da sensibilidade das suas elites para a promoção de reformas estruturais que evitassem a disfuncionalidade múltipla. Não há espaço, nesta construção, para a noção de antagonismos estruturais e/ou sistêmicos irreconciliáveis, tão cara à teoria de desenvolvimento social do marxismo. Aplicada ao Leste, este enfoque — assim como outros examinados anteriormente — não conseguiu explicar por que o colapso da maioria dos antigos regimes do *socialismo real* se deu, precisamente, na seqüência de significativos processos de reforma política, econômica e social promovidos por seus dirigentes, sobretudo a partir da *perestroika* de Gorbachev na URSS.

A SOCIOLOGIA HISTÓRICA E A HISTÓRIA SOCIAL

Uma segunda e importante tentativa de síntese teórica nos estudos ocidentais sobre os estados e sociedades de tipo soviético foi fornecida pela vertente da chamada "sociologia histórica", de inspiração predominantemente weberiana.

BARRINGTON MOORE

O precursor da aplicação do enfoque da sociologia histórica ao estudo das sociedades do Leste foi Barrington Moore Jr. (1954 e 1966). Moore estudou o desenvolvimento soviético pelo ângulo da análise comparada de processos macrohistóricos. Nesta base, ele diferenciou três vias históricas principais de transição para a moderna sociedade industrial: a liberal-burguesa, a das revoluções conservadoras e a das revoluções camponesas. A via liberal-burguesa se caracterizaria pela aliança do desenvolvimento capitalista com a democracia parlamentar, exemplificada pela experiência histórica inglesa, francesa e norte-americana. A via da revolução conservadora também teria gerado um desenvolvimento capitalista, mas associado a formas políticas reacionárias que culminaram no nazi-fascismo. Já a via das revoluções camponesas teria desembocado em um desenvolvimento não-capitalista, estruturado sobre regimes comunistas totalitários como o da URSS.

Segundo Barrington Moore, a chave para a diferenciação destas vias seria a composição e disposição das classes agrárias — senhores de terra e camponeses — no início da transição para a sociedade moderna. Nos países onde estas classes não efetuaram uma transição bem-sucedida para a agricultura comercial (processo este que levaria à "domesticação do setor agrário" pelos interesses urbanos), os grandes proprietários rurais puderam continuar subordinando os interesses urbanos e formar uma espécie de "coalizão reacionária" que enfrentou de forma não-democrática os desafios da modernização (é o caso das experiências de industrialização tardia na Europa Central, do Sul e do Leste). Nos países em que a organização social tradicional dos camponeses persistiu até os tempos modernos, o processo acabou desembocando em revoluções camponesas (como na Rússia).

O enfoque da Sociologia Histórica introduzido por Barrington Moore é marcado, assim, por um forte determinismo estrutural. Diferentemente do estrutural-funcionalismo, ele não concebe uma capacidade ilimitada das elites para gerar mudanças que recomponham o equilíbrio sistêmico em bases modernas. Pelo contrário, enfatiza a existência de limitações estruturais bastante rígidas para a ação das elites em cada período histórico. No que concerne à URSS, Moore inovou ao caracterizar a revolução soviética como uma via de modernização camponesa, que culmina com a subjugação do próprio campesinato por uma nova elite intelectual urbana modernizadora. Esta seria a gênese histórica do totalitarismo na URSS (conceito que ele incorpora acriticamente das abordagens então predominantes nos "estudos da área soviética" no Ocidente).

THEDA SKOCPOL

Inspirada, no fundamental, pelo enfoque de Barrington Moore, Theda Skocpol produziu um importante estudo comparativo macrohistórico sobre os estados e revoluções sociais na França, China e Rússia. Segundo a própria Skocpol, sua abordagem introduz três inovações centrais na análise destes processos:

1) Ela se apóia numa perspectiva estrutural estritamente não-voluntarista, formulando limites ainda mais estreitos para a margem de opções e manobras dos atores políticos do que os concebidos pelos enfoques de Barrington Moore ou Karl Marx. No seu esquema, os desenlaces revolucionários são fruto do

desenvolvimento estrutural da sociedade, e não de qualquer "ação consciente": as revoluções não são "feitas", elas "emergem" (Skocpol, 1979:18). E aqui, a exemplo de Moore, o fator decisivo são as estruturas agrárias.

2) Ela enfatiza a influência decisiva das estruturas internacionais e dos desenvolvimentos mundiais sobre os processos revolucionários "internos" a cada sociedade.

3) Ela concebe o Estado como uma força e organização autônoma dos interesses prevalecentes nas estruturas econômico-sociais, com os quais, inclusive, compete para a apropriação de recursos.

Com base nestas formulações, Skocpol identificou dois processos fundamentais que eram comuns às experiências revolucionárias francesa, russa e chinesa: a crise dos antigos regimes e o surgimento de insurreições camponesas a partir de estruturas agrárias. O esquema geral sugerido pela autora para explicar os fenômenos revolucionários está sintetizado na seguinte fórmula:

CONDIÇÕES PARA A CRISE POLÍTICA	+	CONDIÇÕES PARA INSURREIÇÕES CAMPONESAS	→	TRANSFORMAÇÕES SOCIAIS

As condições para as crises políticas se decomporiam, segundo Skocpol, em três elementos básicos: a relação entre a monarquia e a classe dominante; a economia agrária; e as pressões internacionais. Já as condições para as insurreições camponesas foram decompostas em dois elementos básicos: as estruturas de classes agrárias e as características do poder local. As diferentes condições das sociedades russa, francesa e chinesa no tocante a esses cinco elementos teriam determinado padrões distintos no desenvolvimento das suas respectivas revoluções.

Tanto Barrington Moore quanto Theda Skocpol desenvolveram teorias sofisticadas, integradas e globais para explicar a gênese da sociedade soviética, tomando como referência diferentes vias de transição para o mundo industrial moderno. Ao caracterizar o desenvolvimento específico do período soviético, no entanto, ambos se limitaram a recuperar o conceito de totalitarismo, sem procurar qualquer generalização alternativa. Sua leitura da modernização, por outro lado, é vulnerável às mesmas críticas já formuladas a respeito das teorias da convergência e da modernização no que tange à inadequação de se conceber a convergência para um único padrão de desenvolvimento no mundo industrial moderno a partir de diferentes vias de transição. Seu determinismo estrutural, por fim, tendeu a obliterar analiticamente a dimensão da subjetividade e da liberdade humanas nos processos históricos (ainda que situadas dentro de condições históricas dadas). Para todos efeitos, ele acaba eliminando a **política** da análise histórica.

E. H. CARR E O ENFOQUE DA HISTÓRIA SOCIAL

Este mesmo tipo de problema metodológico e conceitual pode ser identificado na maré de estudos sobre a história social dos estados do Leste surgida nos meios acadêmicos ocidentais nas últimas décadas, como reação aos estudos históricos estruturados sobre o conceito de totalitarismo.[52] Seu precursor foi, sem dúvida, a monumental obra de E. H. Carr sobre a história da Rússia soviética (Carr, 1978-1991, 1978, 1990a e 1990b; Carr e Davies, 1971-1974), embora esta estivesse, ainda, concentrada na história econômica e política *stricto sensu*. Nos anos '70, o enfoque da "história social" se expressou nos trabalhos inovadores de Sheila Fitzpatrick (1970 e 1979) e, em um enfoque mais próximo da teoria marxista, Moshe Lewin (1968, 1974, 1977, 1985 e 1988). A partir dos anos '80, houve uma autêntica "explosão" de estudos históricos sobre os estados e sociedades do Leste (sobretudo a URSS) referenciados nesta abordagem. Entre estes, destacam-se Getty (1985), Viola (1987), Kuromiya (1988), Benvenuti (1988), Rittersporn (1988), Koenker (1989), McAuley (1991) e Rosenberg e Siegelbaum (1993).

Baseados numa farta e minuciosa pesquisa de fontes primárias, estes estudos procuraram reconstruir a história das experiência do *socialismo real* vistas, agora, "a partir de baixo". Isto implicava em valorizar novas fontes e temas situados na sociedade mais ampla, e não apenas no núcleo dirigente do Partido/Estado. Estes novos estudos desmontaram a visão totalitária do Estado soviético como uma força integrada, compacta e monolítica, e revelaram um quadro de interação política e social altamente contraditório, complexo e desconexo. Por este novo ângulo social, inúmeras decisões e ações, que antes haviam sido atribuídas à "vontade totalitária do ditador", surgiam agora como respostas *ad hoc* a múltiplas e contraditórias pressões e tensões sociais. No seu esforço para corrigir o viés estatista/monista das leituras totalitárias, no entanto, as abordagens da história social tenderam a obliterar ou subsumir, assim como Barrington Moore e Theda Skocpol, a dimensão política nos processos históricos do Leste.[53] Aqui, parece-me especialmente pertinente e válida a observação metodológica de Perry Anderson no sentido de que, dada a centralidade do poder de Estado no ordenamento e na transformação sociais, a história "vista do alto" é tão essencial quanto a "vista de baixo" — e a opção exclusiva por qualquer uma destas perspectivas resulta em unilateralismo (Anderson, 1974a:11).

Dada a própria prevenção disciplinar a sistematizações generalizantes, tanto os autores ligados à tradição da sociologia histórica quanto os adeptos do

[52] Entre os historiadores ocidentais que estruturaram suas análises da URSS sobre o conceito de totalitarismo, destacam-se Leonard Schapiro (1955, 1960, 1965, 1972a e 1972b) e Robert Conquest (1960, 1971 e 1976).

[53] Para uma crítica neste sentido, ver Eley (1986).

enfoque da história social tenderam a evitar a formulação de conceitos totalizadores próprios sobre as sociedades de tipo soviético, limitando-se a relacionar (favorável ou negativamente) as suas análises históricas com as sistematizações desenvolvidas em outras disciplinas das Ciências Sociais. Se entre os historiadores sociais predominou, em geral, uma abordagem extremamente crítica das teorias do totalitarismo, os principais expoentes da sociologia histórica (Barrington Moore e Theda Skocpol) acabaram por incorporar, de forma acrítica, esse conceito às suas caracterizações da sociedade soviética.

A CRISE TEÓRICA DA *SOVIETOLOGIA* E O REFÚGIO NO ECLETISMO

Sob o peso conjunto das insuficiências destacadas ao longo deste capítulo, a *sovietologia* ocidental chegou ao final dos anos '80 inteiramente fragmentada e pulverizada em um grande número de perspectivas e interpretações concorrentes, evidenciando a sua própria crise teórica. No âmbito desta crise, o reconhecimento de graves limitações nas abordagens dominantes levou muitos autores (mesmo os mais rigorosos e perspicazes) a buscar refúgio teórico no ecletismo para compor um quadro "mais completo" da realidade multilateral das sociedades do Leste. Archie Brown, por exemplo, chegou à conclusão de que "a realidade soviética é por demais complexa, multifacética e contraditória para ser enquadrada em uma palavra ou frase" (Brown, 1983:95). Em outros trabalhos, ele já havia defendido a complementação da "abordagem marxista" por "outros modos de análise" e a integração do "modelo da sociedade industrial" ao "conceito de totalitarismo" (Brown, 1974:31 e 41). No mesmo veio, Almond e Roselle sustentaram que "uma estratégia que emprega teorias liberais e conservadoras em conjunto pode nos dar uma compreensão mais próxima de como o sistema [soviético] funciona" (Almond e Roselle,1990:104). T. H. Rigby, por sua vez, defendeu o refinamento e conjunção das abordagens "totalitária, classista e burocrática" (Rigby, 1992b).

Isto nos remete, uma vez mais, para as considerações epistemológicas apresentadas na Introdução. Insisto que o desafio crucial que se coloca para as Ciências Sociais não é o de procurar "nomes" ou "frases" para enquadrar a realidade social que examinamos, e sim o de gerar conceitos capazes de captar a sua dinâmica de desenvolvimento a partir de uma **sólida base teórica**. Por este ângulo, a combinação de elementos de teorias contraditórias (ou mesmo antagônicas) **não produz**, a princípio, uma melhor compreensão das complexidades do desenvolvimento social, mas tão somente confusão teórica, desmazelo metodológico e redução de capacidade explanatória. Em outras palavras, o "atalho" do ecletismo conduz a um beco sem saída — permanece sem solução o desafio crucial de gerar um quadro teórico coerente capaz de identificar, explicar e abarcar o desenvolvimento daquilo que estudamos.

Já vimos, na Introdução, como cada quadro teórico de referência enfatiza diferentes aspectos da realidade social. O seu "teste de validade", portanto, não pode se limitar ao exame da correspondência empírica da teoria com a dimensão particular da realidade social que ela destaca. Devemos ir além disso, e avaliar a sua capacidade de articular tal dimensão com uma explicação empiricamente consistente do desenvolvimento global da realidade social examinada. O balanço crítico feito neste capítulo indica que nenhum dos marcos teóricos adotados pela *sovietologia* ocidental logrou gerar um conceito totalizador capaz de abarcar a dinâmica da evolução dos estados do Leste, sobretudo os processos decisivos de descontinuidade/ruptura que marcaram a sua trajetória na segunda metade do século XX (com destaque para o colapso de 1989-91 e a crise geral que se lhe seguiu). Dois fatores principais parecem ter concorrido para isso:

1. O predomínio de uma concepção de ciência social alicerçada na procura de "leis" definidas como **padrões de regularidade entre variáveis observadas**. Segundo esta concepção, a **regularidade** é a chave para toda explicação. O problema é que isso engendra um ângulo analítico incapaz de enfocar e/ou conceber o entrechoque de forças e tendências contraditórias como promotor fundamental do desenvolvimento e da transformação de realidades sociais complexas. Ele é particularmente inadequado, portanto, para explicar processos de **ruptura social**.
2. O predomínio da opção teórico-metodológica pelo retalhamento da realidade social em esferas separadas e segmentadas, para privilegiar construção de interpretações centradas no exame isolado de uma determinada dimensão. Além de ignorar ou subestimar a inter-relação dos processos sociais, esta abordagem desconsidera e/ou subestima a integração sistêmica das sociedades, o que a incapacita para a apreensão de processos de **ruptura sistêmica**[54].

Isto não significa que as interpretações ocidentais tenham deixado de fornecer *insights* importantes e relevantes para o estudo das sociedades do Leste. As ricas pesquisas empíricas dos autores pluralistas e dos historiadores sociais nos permitem vislumbrar as formas variadas de agregação e expressão de interesses que se desenvolveram nessas sociedades, possibilitando uma compreensão mais ampla das suas estruturas sociais. As teorias do corporativismo e da burocracia nos fornecem elementos para enfocar a problemática da autonomia do estado nas experiências do *socialismo real*. O enfoque da cultura política possibilita identificar a recomposição de valores e relações tradicionais sob o manto da doutrina marxista oficial nos estados de tipo soviético. A abordagem

[54] Esta limitação não foi superada nem mesmo pela abordagem sistêmica do estrutural-funcionalismo, pois, como vimos, esta se assentava sobre a pressuposição de uma tendência inerente ao **equilíbrio** do sistema social.

da sociologia histórica nos ajuda a situar o impacto do sistema internacional sobre a evolução das sociedades do Leste, além de enfocar a estruturação histórica das relações sociais no seu interior. Os teóricos do desenvolvimento nos alertam para os imperativos políticos e estruturais impostos aos países do "bloco soviético" pelas condições de atraso que marcaram, em graus diversos, a sua gênese e evolução. Por fim, os críticos da economia de comando destacam os impasses e entraves embutidos na tentativa de estruturar economias industriais modernas sobre o binômio "coletivista" da estatização e do planejamento integrais.

Apesar de pertinentes, as contribuições indicadas acima são insuficientes para reverter as insuficiências "estruturais" das interpretações que as geraram, insuficiências estas já destacadas ao longo de todo o balanço crítico desenvolvido neste capítulo. Isto nos lega o desafio de tentar integrar os *insights* mais relevantes das interpretações ocidentais a um marco teórico mais sólido e consistente, tarefa que será desenvolvida na Parte 2 do livro. Antes, porém, vamos direcionar o nosso "crivo crítico" para o outro grande campo de teorização sobre o *socialismo real*, que se constituiu e desenvolveu quase que inteiramente em separado ao da *sovietologia* ocidental: o campo da teoria marxista.

Capítulo 3

AVENTURAS NO JARDIM DE ÉDEN: INTERPRETAÇÕES MARXISTAS CENTRADAS NO CONCEITO DE SOCIALISMO

Neste capítulo e nos seguintes, examino as principais interpretações sobre as sociedades do Leste geradas no âmbito do pensamento marxista. Dada a natureza simultaneamente interpretativa e transformadora deste pensamento, isso implica passar em revista seus variados desdobramentos no século XX, pois nenhuma corrente marxista pôde deixar de se posicionar teórica e politicamente diante de estados que anunciavam estar materializando historicamente o seu ideal socialista.

Como observei no Capítulo 2, a *sovietologia* surgiu no Ocidente na seqüência de um processo de institucionalização das Ciências Sociais que resultou no retalhamento do conhecimento em campos altamente segmentados, compartimentados e estanques. Por isso, esse capítulo foi estruturado sobre a dimensão analítica particular privilegiada pelas diferentes abordagens ocidentais (a política, a economia, a cultura e, ao final, alguns esforços de síntese). O marxismo clássico opôs a este retalhamento metodológico uma concepção de totalidade social, que identificou na evolução das formas de produção (e das contradições por ela geradas) a chave para desvendar o desenvolvimento social. Nas palavras do próprio Marx, "o modo de produção da vida material condiciona o processo de vida social, política e espiritual em geral" (Marx, 1976:301).

Coerente com este enfoque, o debate marxista sobre a natureza das sociedades de tipo soviético foi polarizado por conceituações alternativas do "modo de produção" que predominaria no seu interior. Neste capítulo, examino as interpretações marxistas que afirmaram a natureza socialista dos estados de tipo soviético. Inicio com uma discussão tópica e resumida da proposta socialista pelo marxismo clássico.

A TEORIZAÇÃO DO SOCIALISMO PELO MARXISMO CLÁSSICO

Marx e Engels nunca elaboraram um "anteprojeto" integrado sobre como deveria ser estruturada uma sociedade socialista. Sempre foram bastante críticos da insistência dos socialistas utópicos (sobretudo Saint Simon, Fourier e Owen) em elaborar intricados e detalhados modelos de "sociedades perfeitas" (Engels, 1977a). Em oposição a estes, eles conceberam o socialismo como movimento para a superação das contradições fundamentais do capitalismo. Por isso, seu esforço teórico fundamental se voltou, precisamente, para identificar essas contradições e o seu desenrolar. O resultado foi uma produção crítica muito vasta e sistematizada sobre o desenvolvimento do capitalismo, mas com indicações apenas esparsas e tópicas (e nem sempre coerentes entre si) sobre a sociedade socialista que deveria lhe suceder.

Algumas das indicações mais importantes encontram-se nas páginas do célebre ***Manifesto Comunista***. O projeto socialista do marxismo clássico foi resumido, ali, como a "abolição da propriedade privada" (Marx e Engels, 1976:32). A partir da constituição do proletariado (dos trabalhadores) em classe dominante, o desafio central do socialismo seria o de destruir "as antigas relações [capitalistas - L. F.] de produção" e, juntamente com elas, "as condições dos antagonismos entre as classes e as classes em geral" (*Idem*:38). Isto seria realizado, a princípio, "por uma violação despótica do direito à propriedade e das relações de produção burguesas", nos marcos da qual o proletariado "usaria a sua supremacia política para arrancar pouco a pouco todo o capital à burguesia, para centralizar todos os instrumentos de produção nas mãos do Estado" (*Idem*:37). Essas transformações, previa-se, resultariam em "uma associação onde o livre desenvolvimento de cada um é a condição para o livre desenvolvimento de todos" (*Idem*:38).

O Estado, nas indicações acima, foi definido como "o proletariado organizado como classe dominante" (*Idem*:37). Determinar exatamente o que isso quer dizer (e como pode e/ou deve ser materializado institucionalmente) é um desafio teórico mais sério e difícil do que pode parecer à primeira vista (e que retomaremos na Parte 2). Nem Marx, nem Engels chegaram a se debruçar mais detidamente sobre essa questão. As indicações mais concretas a este respeito constam de generalizações extraídas da experiência da Comuna de Paris (Marx, 1977a). Mas trata-se de indicações a partir de uma experiência efêmera (durou pouco mais de dois meses) que ficou confinada a uma única cidade (Paris). As análises de Marx e Engels, aqui, são interessantes enquanto indicação de rumos gerais para a formação de um estado socialista alternativo, apontando para a necessidade de se generalizar, neste, formas de democracia direta e participativa. Mas elas não chegam a abordar os desafios e dilemas que a consolidação de um novo poder revolucionário, com base na classe operária, teria necessariamente de enfrentar (como enfrentou) para se constituir e consolidar em países com dimensões mais amplas, populações mais numerosas e sociedades mais complexas.

À luz desta deficiência, Norberto Bobbio concluiu pela **inexistência** de uma Ciência Política (e de uma doutrina do Estado) marxista. A conclusão é um tanto precipitada e injusta. É sabido que Marx nunca chegou a produzir uma obra de sistematização das suas reflexões sobre o Estado, como o fez em relação às leis de desenvolvimento social do capitalismo em ***O Capital***. Essa obra estava nos seus planos, conforme revelado em correspondência (Marx e Engels, s.d.c:125 e 125), mas nunca chegou a ser produzida (na verdade, nem mesmo ***O Capital*** chegou a ser concluído). Apesar disto, podemos identificar uma linha clara, coerente, integrada e cumulativa na evolução das suas reflexões sobre o Estado, espalhadas por distintas obras. Já tive a oportunidade de abordar essa questão em um artigo que acompanhou a gestação e a evolução da teoria política marxista no século XIX, em suas distintas fases (Fernandes, 1990b). A Tabela 1, a seguir, apresenta um balanço condensado dos resultados desse levantamento.

TABELA 1:
A EVOLUÇÃO DA TEORIA POLÍTICA DO MARXISMO CLÁSSICO

PERÍODO	PRINCIPAIS OBRAS COM REFERÊNCIA AO ESTADO	PRINCIPAIS FORMULAÇÕES/INOVAÇÕES TEÓRICAS
1. 1841-1844	• **Crítica da Filosofia do Direito**, Marx. • **Crítica da Filosofia do Direito: Introdução**, Marx. • **A Questão Judaica**, Marx. • **Manuscritos Econômico-Filosóficos**, Marx.	• Identificação da propriedade privada como base da alienação humana. • Crítica da segmentação de esferas "pública" e "privada". • Crítica da subordinação da política ao dinheiro nas sociedades modernas. • Crítica do caráter limitado da emancipação política. • Defesa da emancipação humana (global/integral). • Identificação do proletariado como "coração" (base) da emancipação humana.
2. 1844-1850	• **Teses sobre Feuerbach**, Marx. • **A Ideologia Alemã**, Marx e Engels. • **Miséria da Filosofia**, Marx. • **Manifesto Comunista**, Marx e Engels.	• Afirmação da necessidade de se estudar as formas políticas a partir da evolução histórica das relações sociais. • Concepção do Estado como órgão de dominação de classe (marcado por viés de classe). • Identificação da burguesia como esteio da centralização política dos estados modernos. • Caracterização do governo representativo moderno como a forma particular assumida pela dominação política da burguesia. • Identificação da democracia com o advento, via revolução, da dominação política do proletariado. • Defesa da abolição da propriedade privada como base da emergência de uma sociedade sem classes e sem Estado.

PERÍODO	PRINCIPAIS OBRAS COM REFERÊNCIA AO ESTADO	PRINCIPAIS FORMULAÇÕES/INOVAÇÕES TEÓRICAS
3. 1850-1871	• **As Lutas de Classes na França de 1848 a 1850**, Marx. • **Revolução e Contra-Revolução na Alemanha**, Engels. • **Dezoito Brumário de Luís Bonaparte**, Marx. • **O Capital**, Marx.	• Constatação da impossibilidade de erguer o poder político do proletariado sobre as mesmas estruturas político-institucionais que materializam a dominação política da burguesia. • Formulação do conceito teórico da "ditadura do proletariado". • Valorização analítica das múltiplas mediações entre a estrutura de classes e o exercício do poder político nas sociedades modernas.
4. 1871-1883	• **A Guerra Civil na França**, Marx. • **Sobre o Princípio da Autoridade**, Engels. • **Resumo de "Estatismo e Anarquia" de Bakunin**, Marx. • **Crítica ao Programa de Gotha**, Marx. • **Do Socialismo Utópico ao Socialismo Científico**, Engels.	• Defesa dos mecanismos de democracia direta e participativa da Comuna de Paris como a forma particular assumida pelo dominação política do proletariado. • Defesa de um período de transição para a sociedade sem classes, durante o qual persiste a necessidade do poder de Estado (proletário). • Identificação da tendência crescente ao intervencionismo estatal no capitalismo avançado, sob a forma do "capitalismo de estado".
5. 1883-1895	• **A Origem da Família, da Propriedade Privada e do Estado**, Engels. • **Ludwig Feuerbach e o Fim da Filosofia Clássica Alemã**, Engels. • **O Papel da Violência na História**, Engels. • **Introdução a "As Lutas de Classes na França de 1848 a 1850"**, Engels	• Identificação da gênese histórica do poder de Estado a partir da emergência da propriedade privada e conseqüente dissolução das comunidades primitivas. • Defesa de uma nova estratégia revolucionária para o movimento operário, orientada para a acumulação de forças, via a atuação política legal, nos marcos do sufrágio universal.

Ao afirmar a inexistência de uma teoria política marxista, Bobbio criticava, na verdade, a ausência de uma teoria mais elaborada sobre a estruturação do Estado **socialista**. Tratava-se, segundo ele, de uma limitação inaceitável, já que a burguesia não teria esperado a sua revolução para começar a discutir as grandes linhas do novo estado (a separação de poderes, as relações entre o executivo e o legislativo, a questão das liberdades civis e políticas, etc.) (Bobbio, 1987b:24). A comparação, uma vez mais, não me parece inteiramente cabível, já que, no processo histórico de desenvolvimento do capitalismo na Europa, a burguesia se constituiu em classe economicamente dominante (e parceira subordinada do poder absolutista) muito antes de disputar a hegemonia política da sociedade — algo que não ocorre com os trabalhadores no capitalismo. De qualquer maneira, vale sua indicação de que a ausência de um exame mais profundo dos dilemas e impasses da configuração do estado socialista pela teoria marxista acabou sendo fatal para o desenvolvimento das próprias experiências socialistas no século XX.

Um outro texto marxiano fundamental para precisar a compreensão do socialismo é o ***Crítica ao Programa de Gotha*** (Marx, 1977b). Nele, Marx argumentou ser impossível, após o triunfo de uma revolução proletária, passar à imediata supressão de todas as diferenças de classe na sociedade. Isto porque não se trataria de "uma sociedade comunista que **se desenvolveu** sobre sua própria base, mas de uma que acaba de **sair** precisamente da sociedade capitalista e que, portanto, apresenta ainda em todos os seus aspectos, no econômico, no moral e no intelectual, o selo da velha sociedade de cujas entranhas procede" (*Idem*:231). Em função disto, Marx apontou para a necessidade de diferenciar duas fases distintas na construção da nova sociedade sem classes: uma primeira (a que a literatura marxista do século XX convencionou chamar de *socialismo*), em que, apesar de ter já abolido a propriedade privada, a sociedade se defrontaria ainda com prevalência de valores burgueses e pré-burgueses, além de diferenças sociais herdadas da divisão de classes anterior (como os contrastes entre o trabalho manual e o trabalho intelectual, entre o campo e as cidades, etc.); e uma segunda, em que estas diferenças de classe e as desigualdades sociais e políticas que delas emanam já teriam sido superadas, permitindo a consolidação de uma nova moral comunitária e o próprio definhamento do poder de Estado (o comunismo propriamente dito).

Gostaria de destacar alguns pontos que me parecem significativos na compreensão marxiana do socialismo vista até aqui:

a) O socialismo é concebido, nessa compreensão, não como um "modo de produção" próprio, mas como uma primeira etapa da transição histórica para uma sociedade sem classes (o comunismo).

b) No decorrer desta fase, embora o socialismo se proponha a eliminar a "exploração" de trabalho excedente, ainda predominam na sociedade relações humanas marcadas pela "alienação". O trabalho, assim, ainda não é concebido pela maioria como sua "primeira necessidade vital" (domínio da realização da sua própria humanidade) e sim como um "meio de vida" (forma de maximizar o acesso aos fundos de consumo). Por isto, as normas de distribuição do socialismo são reguladas pelo *direito burguês*: a noção de que cada um tem o direito a receber uma parcela do produto social proporcional ao trabalho que forneceu à sociedade (i.e., uma norma distributiva baseada no princípio do intercâmbio de mercadorias equivalentes). Se não fosse assim, a ética do trabalho se decomporia e a sociedade socialista não seria capaz de garantir a sua própria reprodução, quanto mais a passagem a uma fase superior.

c) Só na fase superior da construção da sociedade sem classes (o comunismo) seria possível superar os horizontes do *direito burguês* e adotar normas distributivas baseadas principalmente nas necessidades humanas. Mas isto requer, igualmente, a passagem de uma situação geral de escassez material na sociedade para outra de abundância. Por isto, é decisivo gerar, no próprio socialismo, mecanismos econômicos capazes de garantir a contínua elevação da produtividade social, sem o que a transição para relações sociais mais *humanizadas* seria inteiramente utópica e irrealizável.

A distinção, feita por Marx, destas duas fases no processo histórico de superação do capitalismo pode ser criticada por diversos ângulos. Até que ponto, por exemplo, não serão meramente utópicas (no sentido negativo) estas formulações sobre a "etapa superior do comunismo"? Se "escassez" e "abundância" são termos relativos, como conceber a possibilidade de uma sociedade produzir "abundância" de todos os seus produtos, ou mesmo dos seus produtos fundamentais? Se a sociedade socialista ainda está empregnada de valores burgueses e pré-burgueses, que forças motrizes podem impulsionar a transição para o comunismo? Será que a necessidade imperiosa da elevação da produtividade econômica no socialismo não entra em contradição com a perspectiva da progressiva superação das diferenças de classe, que é a sua própria razão de ser?[55] Esta problemática será retomada e desenvolvida na Parte 2 do livro. Por ora, vamos examinar como essa concepção de socialismo desenvolvida pelo marxismo clássico foi incorporada pelos dirigentes do jovem poder soviético ao enfrentar os desafios da sua revolução (e, em seguida, generalizada por todo o "campo socialista" no pós-guerra).

A INTERPRETAÇÃO "OFICIAL" DO MOVIMENTO COMUNISTA

LÊNIN E AS PERSPECTIVAS DO SOCIALISMO NA URSS

O fato é que as condições históricas da Rússia no período da revolução soviética diferiam enormemente das previsões originais de Marx e Engels. Estes, ao analisar as contradições fundamentais do desenvolvimento capitalista, indicavam que as primeiras rupturas revolucionárias com esse sistema tenderiam a surgir nos países onde ele estivesse mais desenvolvido, porque a contradição entre a "burguesia" e o "proletariado", ali, estaria mais aguçada. Nesta base, eles depositavam grandes esperanças na evolução dos processos revolucionários na Inglaterra, França e Alemanha (sobretudo nesta, ao final do século XIX). Justamente por se tratar dos países mais avançados do sistema, em pouco tempo o processo revolucionário tenderia a se desenvolver pelo resto do mundo, culminando com a substituição relativamente rápida do sistema capitalista mundial por um sistema socialista mundial.

As condições históricas do início do século, no entanto, permitiram o triunfo revolucionário na Rússia — um país que mantinha um acentuado atraso econômico, cultural e político em relação às principais potências capitalistas da época. Como se posicionar politicamente diante deste quadro? O debate em torno desta questão provocou profundas fissuras no movimento marxista russo e internacional. A opinião dominante dos partidos agrupados na II Internacional e entre os grupos *mencheviques* na Rússia era de que o país precisava passar

[55] Uma discussão inteligente destas (e outras) questões pode ser encontrada nos trabalhos de Stanley Moore (1980) e Alec Nove (1989).

por um período relativamente longo de desenvolvimento capitalista e consolidação democrática antes de poder colocar na ordem do dia a transformação socialista. Já os *bolcheviques* chegaram a uma compreensão distinta do problema, sobretudo a partir da elaboração das célebres "Teses de Abril" de Lênin em 1917 (Lênin, 1978a e 1978b).

Ao tomar o poder, em outubro de 1917, os *bolcheviques* concebiam a sua revolução como uma "ponte" para o triunfo de revoluções mais ou menos imediatas nos países capitalistas mais adiantados. Esperava-se, em particular, que a crise social provocada pela Primeira Guerra desembocasse numa onda de crises revolucionárias na Europa. Havia grandes expectativas por um desfecho favorável da crise revolucionária na Alemanha. O auxílio estatal de nações socialistas mais desenvolvidas poderia, então, compensar o atraso da Rússia e garantir sua transição ao socialismo. Desta forma, a perspectiva *bolchevique* combinava a disposição de tomar proveito da situação revolucionária criada na Rússia com a preservação de uma orientação estratégica referenciada nas expectativas do marxismo clássico quanto ao rápido desenvolvimento do sistema socialista no mundo.

Os dois pólos desta combinação não tardaram a entrar em contradição um com o outro, à medida que a onda revolucionária que se espalhou pela Europa no pós-guerra foi sendo **derrotada**. No início dos anos '20, o poder soviético se deparava, assim, com uma situação inusitada e inesperada. Seria possível proceder à construção do socialismo numa URSS isolada como experiência revolucionária única no sistema internacional e sem o apoio de estados socialistas mais adiantados? Como se sabe, o debate em torno destas questões voltou a produzir profundas fissuras no movimento marxista (agora, comunista) russo e mundial. Trotsky e outros dirigentes *bolcheviques* continuaram insistindo na impossibilidade da construção isolada do socialismo na União Soviética. A posição majoritária, no entanto, entendeu que as particularidades das condições russas (seu tamanho, a dimensão das suas riquezas naturais, a existência de indústrias altamente concentradas e desenvolvidas nas cidades, etc.) permitiam a construção do socialismo na URSS, sem o apoio de outros estados, desde que fosse consolidada — através do poder soviético — a aliança entre os trabalhadores das cidades e a grande massa de camponeses no campo. Essa posição foi defendida pelo próprio Lênin no período final da sua vida (ver Lênin, 1979e:657-8 e 1979f:665).[56]

No fundo desta compreensão estava uma reflexão sobre a composição da sociedade soviética no período pós-revolucionário, que viria a servir de base

[56] Na verdade, esta posição remonta a reflexões do próprio Marx sobre a necessidade do proletariado, na sua revolução, estabelecer uma sólida aliança com a massa de camponeses. Segundo ele, isto implicava na incorporação (e encaminhamento), pelo proletariado, das principais reivindicações do campesinato, sobretudo nos países em este formasse a maioria da população. Ver Marx (1977c:561).

teórica (nem sempre reconhecida) para a posterior caracterização da URSS como socialista. Em maio de 1918 (seis meses após a tomada do poder), numa crítica às posições dos "comunistas de esquerda" então encabeçados por Bukharin, Lênin caracterizou a Rússia como uma formação social "em transição" onde conviviam cinco tipos diferentes de estruturas econômico-sociais: 1) a economia camponesa natural, descolada do mercado; 2) a pequena produção mercantil; 3) o capitalismo privado; 4) o capitalismo de estado; e 5) o socialismo (Lênin, 1978f:599-600). Cada uma destas era caracterizada pela prevalência de determinada forma de propriedade e determinadas relações de produção. Deste ponto de vista, a denominação de "República Socialista Soviética", conferida à Rússia na época, não significava que ela já se assentasse sobre uma nova ordem econômica efetivamente socialista, e sim que o Poder Soviético dominante estava determinado a realizar a transição para o socialismo (*Idem*:599).

O que predominava na Rússia de então, segundo Lênin, era justamente a dispersão da pequena produção. Contra esta, ele defendeu, inclusive, o fortalecimento inicial do "capitalismo de estado", para criar as condições para uma socialização efetiva da sociedade russa em seguida.[57] A implementação desta política acabou sendo atropelada pelo desencadeamento da Guerra Civil e o recurso forçado às medidas do "Comunismo de Guerra". Ela foi retomada por Lênin, no entanto, em 1921, ao fundamentar a necessidade da Nova Política Econômica (NEP) diante do impacto combinado da destruição causada pela Guerra Civil e do isolamento internacional ocasionado pelo fracasso dos levantes revolucionários na Europa (Lênin, 1979g).

STÁLIN E A CONSTRUÇÃO DA BASE ECONÔMICA DO SOCIALISMO

Foi baseada nesta concepção que a direção do PCUS e do estado soviético anunciou haver completado a construção da base econômica do socialismo na URSS em meados de '30, após os massivos processos de industrialização e coletivização implementados no primeiro plano qüinqüenal. Stálin, no seu informe ao XVII Congresso do Partido em 1934, fundamentou essa conclusão a partir de uma referência explícita à formulação de Lênin: "A primeira, a terceira e a quarta estruturas econômico-sociais (a economia camponesa comunal, o capitalismo privado e o capitalismo de estado - L.F.) já não existem, a segunda (a pequena produção mercantil - L.F.) foi deslocada a posições de segunda ordem, e a quinta, a socialista, é a única força que rege toda a economia nacional" (Stálin, 1977c). O socialismo, assim, deixava de ser uma "perspectiva" de Es-

[57] Esta era a base da divergência entre Lênin e Bukharin, e não propriamente a definição do socialismo. Quanto a esta, Bukharin estava de acordo com Lênin ao identificar a propriedade comum (através do Estado) dos meios de produção e de troca como fundamento da primeira fase da sociedade comunista (Bukharin, 1980:46 e 54, 1979).

tado para se tornar a caracterização oficial do "modo de produção" efetivamente dominante na sociedade soviética, segundo os seus próprios dirigentes e os partidos marxistas a eles associados na III Internacional.

Com a expropriação completa das últimas "classes exploradoras", segundo o discurso oficial do PCUS, teriam deixado de existir "classes antagônicas" na URSS. Sua sociedade passava a ser constituída por uma estrutura social mais "simplificada", baseada em duas classes e um estrato social — o proletariado, o campesinato kolkhoziano (das fazendas coletivas) e a intelectualidade — que "vivem e trabalham sobre a base de princípios de colaboração fraternal" (Stálin, 1977d:931-2). Como o estado soviético era concebido como expressão política desta mesma composição social, toda oposição ou dissidência interna passou a ser identificada com a ação de "espiões" ou "conspiradores" a serviço de interesses imperialistas externos. Este procedimento atingiu o seu ápice nos processos que acompanharam os violentos expurgos do Partido e do Estado na segunda metade dos anos '30.

INTERPRETAÇÕES NÃO-COMUNISTAS NO ENTREGUERRAS

OTTO BAUER

A caracterização da URSS como socialista na década de '30, no entanto, não ficou confinada apenas aos marxistas do movimento comunista. Ela foi adotada, também, por diversos dirigentes marxistas do próprio movimento social-democrata (em geral, da ala esquerda deste). Destaca-se, aqui, a posição assumida pelo principal dirigente do *austro-marxismo*, Otto Bauer. Numa obra de 1936 intitulada ***Entre Duas Guerras Mundiais?***, ele confessou-se bastante impressionado com as realizações econômicas e sociais dos primeiros planos qüinqüenais na União Soviética. Na sua opinião, o caráter de "ditadura burocrático-militar" adquirido pelo poder soviético era decorrência das condições de brutal atraso que ele teve de enfrentar para construir o socialismo. Tratar-se-ia, assim, de uma espécie de "caminho oriental" para o socialismo, inadequado para os países capitalistas avançados, mas necessário nas condições russas. As próprias transformações econômico-sociais empreendidas, não obstante, estariam tornando esse poder ditatorial um freio para o posterior progresso do socialismo na URSS: "O processo de transformação da sociedade capitalista em socialista, que está se dando na União Soviética, só estará terminado quando a ditadura, que foi necessária colocar e manter em movimento neste processo, for desmantelada e substituída por uma democracia socialista" (Bauer *apud* Marramao, 1990:175). Bauer interpretou a adoção da nova Constituição da URSS, em 1936, como um passo importante nessa direção — e manteve essa avaliação mesmo após o recrudescimento dos expurgos e da repressão que se seguiu à sua aprovação (distintos aspectos dessa Constituição serão examinados na Parte 2).

OS MENCHEVIQUES DE ESQUERDA

As posições de Bauer tiveram forte repercussão entre as diversas correntes do *menchevismo* russo no exílio (Liebich, 1986). Como foi referido antes, os *mencheviques* consideravam a tomada do poder em outubro de 1917 uma trágica aventura, já que a construção do socialismo na Rússia era impossível em função do seu atraso. A adoção da NEP nos anos '20 foi vista como confirmação disto: não restaria ao poder soviético outra alternativa senão dar curso às tarefas de uma revolução burguesa e camponesa, permitindo o pleno desenvolvimento do capitalismo para preparar o terreno para o socialismo no futuro. No entanto, a "Grande Virada" de 1928 — com o lançamento do primeiro plano qüinqüenal e a opção pela industrialização socialista acelerada — claramente não se encaixava nessa perspectiva.

Procurando preservar a coerência do seu raciocínio, alguns setores *mencheviques* argumentaram que essa virada implicava na implantação de uma forma de capitalismo de estado na União Soviética (voltaremos a abordar esta formulação no Capítulo 6). Os principais expoentes dos grupos mais à esquerda entre os exilados *mencheviques* criticaram duramente essa caracterização. Influenciada pelas posições de Bauer, Olga Domanevskaia publicou, em 1934, um importante e denso artigo contra a tese da prevalência do capitalismo de estado na URSS, indicando que, ao liquidar a grande e média burguesia, a sociedade soviética havia ingressado, de fato, numa "fase inicial do socialismo", em que ainda persistiam no entanto, inúmeros aspectos negativos, sobretudo na esfera política (*Idem*:361-2). Num dos seus últimos escritos, publicado em 1946, Theodore Dan, presidente do Partido *Menchevique* no exílio de 1923 a 1940, também concluiu que, apesar das suas deformações antidemocráticas, o bolchevismo era "filho legítimo da social democracia russa" e havia se transformado em um "poderoso fator na realização prática da idéia socialista" (Dan, 1946).

As transformações empreendidas na URSS nos anos '30 tiveram forte repercussão, também, sobre correntes socialistas situadas fora do âmbito estrito da teoria marxista. É o caso dos socialistas *fabianos*, na Inglaterra. Cabe ressaltar, aqui, o livro de Sidney e Beatrice Webb, ***Soviet Communism: a New Civilisation***, publicado em 1935 após uma viagem de ambos à URSS. Como o título da obra já indica, eles avaliavam estar nascendo, na União Soviética da época, uma nova civilização **socialista** superior à do capitalismo (Webb e Webb, 1935).

AS POSIÇÕES DO MOVIMENTO COMUNISTA NO PÓS-GUERRA

Ao final dos anos '40, as mesmas políticas de industrialização acelerada e coletivização da agricultura que haviam sido implementadas pelos soviéticos nos anos '30 foram reproduzidas nos países aliados à URSS na Europa Central e do Leste.[58] Com isto, a mesma caracterização **socialista**, antes aplicada unicamente à União Soviética, foi estendida a esses estados. Estes passaram a se identificar como integrantes de um novo *sistema socialista mundial* que emergia no mundo, rompendo com o isolamento anterior da experiência socialista soviética.[59] No âmbito do movimento comunista, esta caracterização implicou, igualmente, na extensão para essas sociedades da mesma visão excessivamente simplista, generalizada e indiferenciada das suas respectivas estruturas sociais. A superioridade **democrática** desses estados em relação aos países capitalistas também foi (re)afirmada por definição, em função da sua natureza socialista.

KRUSCHEV E A CRÍTICA DO CULTO À PERSONALIDADE

Mesmo quando as práticas políticas do período anterior começaram a ser oficialmente criticadas no movimento comunista, a partir da década de '50, a caracterização **socialista** da URSS e dos estados que adotaram o seu modelo não foi colocada em questão. No seu famoso relatório secreto ao XX Congresso do PCUS, Kruschev teceu duras críticas às "deformações" e à repressão do período do *Culto à Personalidade* de Stálin, mas fez questão de reafirmar a validade da "grande obra de industrialização socialista do país, da coletivização da agricultura e da revolução cultural" empreendida a partir de 1928 (Kruschev, 1970:87). O dirigente comunista italiano Palmiro Togliatti, por sua vez, ao mesmo tempo em que criticava as limitações da análise de Kruschev (por este não identificar as bases sociais dos fenômenos que denunciava), insistia, em famosa entrevista de 1956, que, a despeito dos aspectos negativos da obra de Stálin, "a substância do regime socialista não foi perdida" (Togliatti, 1981:57).

SANTIAGO CARRILLO E A CRÍTICA EUROCOMUNISTA NOS ANOS '70

A crítica *eurocomunista* à URSS e aos estados de tipo soviético na década de '70 tampouco negou o caráter socialista destes. O ex-dirigente do PC espanhol, Santiago Carrillo, optou por uma formulação mais próxima à que fora defendida anteriormente por Otto Bauer, indicando que o Estado soviético

[58] Para uma descrição deste processo, ver Fejtö (1975).

[59] Ver, por exemplo, Revunenkov (1961), sobretudo a Parte III - "A formação do sistema socialista mundial".

havia assumido formas extremamente burocratizadas em função da necessidade de promover a "acumulação primitiva" para assegurar a industrialização socialista do país. Assim, apesar de haver criado as condições materiais para passar a um socialismo evoluído, o Estado soviético expressaria uma "fase intermediária entre o Estado capitalista e o Estado socialista autêntico, como o foram as monarquias centralistas entre a sociedade feudal e as democracias parlamentares capitalistas modernas" (Carrillo, 1978:151). As estruturas desse Estado, segundo Carrillo, já teriam se tornado um obstáculo à passagem para o socialismo desenvolvido. Uma abordagem análoga a essa foi desenvolvida, mais ou menos na mesma altura, pelo historiador "dissidente" Roy Medvedev na URSS (1971, 1974 e 1979).

INOVAÇÕES TEÓRICAS SOVIÉTICAS

Após a cisão entre o PC Soviético e o PC Chinês nos anos '60, as organizações comunistas que se alinharam com o último passaram a defender a tese de que o socialismo nos países do "bloco soviético" havia se degenerado e se transformado em uma espécie de capitalismo de estado (esta posição será examinada no Capítulo 6). Nesse mesmo período, os dirigentes soviéticos introduziram duas inovações na sua caracterização socialista da URSS. A primeira, adotada no novo programa do PCUS aprovado no seu XXII Congresso em 1961 (o mesmo que anunciou que a União Soviética "alcançaria e superaria" economicamente os Estados Unidos em dez anos...), foi o abandono da identificação do seu Estado com o conceito marxista clássico da "ditadura do proletariado", em favor da sua caracterização como um "Estado de Todo o Povo" (PCUS, 1971). A segunda, desenvolvida nos XXIV e XXV Congressos (em 1971 e 1976), indicou que a URSS havia ingressado numa nova fase — a do "socialismo desenvolvido" — que se distinguia pelo elevado nível de maturidade de todas as relações sociais, por uma poderosa base técnica e material; e por uma estrutura social marcada pela ausência de antagonismos entre classes e nações e por seu alto grau de unidade e homogeneidade (Chevstov, 1981; Dawisha, 1992; Keromov, 1979; e Petchenev, 1985). Ambas as inovações foram incorporadas à nova Constituição adotada no país em 1977 (o texto desta encontra-se em Unger, 1981). Ao mesmo tempo, a inquietação com algumas flagrantes contradições entre a realidade deste "socialismo desenvolvido" e o projeto socialista originalmente formulado por Marx e Engels levou os dirigentes soviéticos a cunhar o termo "socialismo real" (ou "socialismo realmente existente"), para diferenciar a materialização histórica/empírico-concreta do socialismo na URSS da sua concepção como projeto teórico-abstrato pelo marxismo clássico. Este conceito foi formulado explicitamente, pela primeira vez, em 1970, por ocasião de um discurso oficial do próprio dirigente soviético Leonid Brejnev em homenagem ao centenário do nascimento de Lênin (Brejnev, 1970:13).

As duas inovações referidas acima não alteraram a compreensão teórica subjacente à caracterização socialista dos estados de tipo soviético, originada nas reflexões de Lênin sobre as estruturas econômico-sociais no período de transição: a identificação do socialismo com o estabelecimento da propriedade social sobre os instrumentos e meios de produção fundamentais (o que suprimiria as fontes materiais da exploração na sociedade). Apesar do caráter fecundo e complexo da compreensão leninista sobre o entrelaçamento de distintas estruturas econômico-sociais na formação social soviética, sua incorporação mecânica e apriorística nas análises oficiais do movimento comunista acabou determinando o abandono de qualquer exame mais objetivo, multilateral e profundo das complexas estruturas sociais que emergiram nessas sociedades a partir dos seus processos de industrialização. Impôs-se o dogma da crescente e inexorável homogeneização social e política, determinada pela generalização do progresso técnico.

TEORIAS DO *SOCIALISMO DE ESTADO*

Fora do âmbito específico do movimento comunista, as análises que reconheciam o caráter socialista dos países do Leste pouco avançaram, do ponto de vista teórico-conceitual, para além da identificação marxiana do socialismo com a eliminação da propriedade privada. Alguns autores ocidentais resgataram um conceito originalmente formulado por autores iugoslavos nos anos '50 e passaram a identificar os países do "bloco soviético" com uma forma particular de socialismo: o "socialismo de Estado". Na França, esta caracterização foi incorporada sobretudo por economistas especializados no estudo das experiências do Leste (Lavigne, 1979; Lavigne e Andreff, 1985a e 1985b). Na Inglaterra, ela foi assumida por sociólogos que procuravam combinar referenciais teóricos do marxismo com o enfoque estrutural-funcionalista discutido no Capítulo 2 (Lane, 1978a, 1978b, 1981, 1986 e 1992; Davis e Scase, 1985). O qualificativo "de Estado" era anexado ao termo "socialismo" nessas abordagens para indicar tratar-se de uma espécie de deformação ditatorial e hipercentralista do socialismo "puro" (Davis e Scase, 1985:97). A viabilidade destas formas "puras", no entanto, não era posta em causa.

PIERRE NAVILLE

Uma abordagem mais sofisticada do conceito de "socialismo de estado" foi desenvolvida pelo diretor honorário de pesquisas do Centre National de la Recherche Scientifique (CNRS) na França, Pierre Naville, na sua volumosa obra ***O Novo Leviatã*** (Naville, 1967-74 e 1975). Naville foi membro ativo do movimento surrealista nos anos '20 e, posteriormente, destacado dirigente do movimento trotskista, do qual se afastou no início da Segunda Guerra. Sua análise sobre as sociedades do Leste foi fortemente influenciada pelas interpretações de Trotsky (que acompanharemos no capítulo seguinte). Diferentemente deste, no entanto, ele afirmou existir nos estados de tipo soviético uma forma específica de socialismo que batizou de *sistema socialista de exploração mútua*. O surgimento deste sistema teria se dado no contexto das condições de atraso enfrentadas pela revolução Russa, adquirindo, em seguida, uma lógica de reprodução própria. Esta se assentaria na combinação da propriedade estatal dos meios de produção com uma distribuição desigual dos seus frutos através da relação assalariada (o *salariato*). Sobre esta base, teria emergido na URSS uma poderosa burocracia de estado — ela mesma assalariada — que passou a controlar a distribuição do produto social. O poder desta burocracia é discutido por Naville em termos essencialmente weberianos, o que o aproxima das abordagens que identificaram a emergência de uma "nova dominação de classe" nos países do Leste estruturada a partir da burocracia (examinaremos estas abordagens no Capítulo 5).

A crítica ao *salariato*, central para a argumentação de Naville, esbarra em algumas das características fundamentais atribuídas originalmente ao socialismo por Marx e Engels. Como vimos, estes indicavam ser necessário adotar princípios distributivos baseados no "direito burguês" por um longo período histórico, até que as múltiplas heranças econômicas, sociais, culturais e políticas do capitalismo fossem superadas na transição do socialismo para o comunismo. Isto implica na persistência de **formas** salariais, para regular o acesso individual aos fundos de consumo em função do trabalho "fornecido" à sociedade por seus membros. Para Naville, a dominação burocrática interfere nesta regulação, impondo, em proveito próprio, desigualdades crescentes na distribuição do produto social. Segundo ele, numa formulação com fortes ecos de Trotsky, a alternativa a esta dominação seria uma revolução política "de baixo", que varresse de vez o sistema do *salariato* e o mercado. Mas isto, na ótica marxiana clássica, só resultaria na reposição do mesmo problema de novo — já que as condições históricas que determinam a persistência do "direito burguês" e das **formas** salariais continuariam presentes na sociedade. Predomina, assim, na análise de Naville (e dos demais teóricos do "socialismo de Estado"), uma concepção voluntarista e idealista do próprio socialismo, que ignora (ou subestima) os complexos e múltiplos problemas e contradições que marcam a transição socialista.

UM BALANÇO PARCIAL DAS TEORIAS DO SOCIALISMO NO LESTE

Concluo este capítulo com um breve balanço das interpretações marxistas que conceberam a natureza socialista das sociedades do Leste. O balanço, aqui, será bastante breve e tópico, já que o exame crítico mais detido e abrangente dos problemas envolvidos nessa caracterização será desenvolvido mais adiante. Por ora, gostaria de destacar apenas os seguintes pontos:

— Em primeiro lugar, o realismo com que o pensamento marxiano abordou a perspectiva da construção de uma sociedade sem classes, apontando a necessidade de uma fase de transição histórica relativamente longa (o socialismo), com múltiplas e complexas tarefas. Infelizmente, Marx não foi inteiramente coerente com esse realismo em outras dimensões da sua teorização, muito particularmente nas suas reflexões sobre as formas político-institucionais da transição socialista. Voltaremos a abordar esta questão na Parte 2 deste livro.

— Depois, a natureza objetiva da caracterização socialista proposta, capaz de ser referida a estudos empíricos sobre as estruturas de propriedade nas sociedades em questão, as relações de produção desenvolvidas no âmbito dessas estruturas, os padrões de interação social consolidados por essas relações, as mediações estabelecidas entre os interesses constituídos nessa interação e as formas de organização do poder político, etc. Infelizmente, como vimos, esse rico roteiro de investigação acabou sendo abandonado pelas forças dirigentes do *socialismo real*, na medida em que a teoria que o inspirou foi transformada em doutrina oficial de Estado e as conclusões a que ela havia chegado em fases preliminares de investigação passaram a ser encaradas como verdades incontestes auto-referidas.

— Por fim, a consistência empírica entre o reconhecimento da natureza socialista dessas sociedades (e, portanto, da não-subordinação de considerações de eqüidade social à lógica da acumulação privada no seu interior) e atributos sistêmicos fundamentais que distinguem o seu desenvolvimento do de sociedades capitalistas e pré-capitalistas. Os países do *socialismo real*, por exemplo, lograram sustentar seguidamente, ao longo da sua existência, indicadores sociais básicos (como índices de mortalidade infantil, expectativa de vida ao nascer, consumo calórico, acesso a serviços de saúde e educação básica, distribuição de renda, etc.) significativamente melhores do que os dos países capitalistas situados em níveis equivalentes de riqueza e desenvolvimento.[60] Isto é particularmente evidente no caso de Cuba, que, segundo a UNICEF, mantinha, mesmo em 1996, a mesma taxa de mortalidade infantil do que os Estados Unidos (10 por cada mil nascidos vivos).[61] Vale registrar, ainda, que, na maioria dos países do Leste, esses mesmos indicadores sociais despencaram junto com os processos de transição deflagrados a partir de

[60] Ver o ***Relatório de Desenvolvimento Mundial de 1990*** (Banco Mundial, 1990), especialmente as tabelas 1, 28, 29, 30, 32 e o *Box* A.2.

[61] Dados do ***Relatório Mundial da Infância - 1997*** da UNICEF reproduzidos pelo jornal ***Folha de São Paulo*** na sua edição de 12 de dezembro de 1996.

1989-91, o que reforça o entendimento de que esses processos constituem uma **profunda ruptura sistêmica**.[62]

Para inúmeros críticos marxistas, no entanto, estas considerações são insuficientes para afirmar a natureza socialista dos estados de tipo soviético. Passemos, então, a examinar a argumentação dos autores que preferiram caracterizá-los como sociedades estagnadas na transição **para** o socialismo.

[62] Segundo dados da ONU compilados pelo International Data Base do Burô do Censo dos Estados Unidos, dos 22 países que emergiram da URSS e do antigo "bloco soviético" na Europa (excetuada a Alemanha Oriental), 17 registraram significativa elevação nos índices de mortalidade infantil e queda na expectativa de vida entre 1989 e 1995, enquanto dois permaneceram basicamente estáveis (Romênia e Hungria) e apenas três apresentaram melhoras (República Checa, Eslováquia e Polônia). Na Rússia, a expectativa de vida dos homens caiu sete anos (de 64 para 57) e a das mulheres quatro (de 74 para 70). No mesmo período, quatro dos cinco países socialistas "sobreviventes" (China, Vietnan, Laos e Coréia do Norte) registraram melhoria dos seus indicadores sociais básicos, enquanto em Cuba eles permaneceram estáveis apesar do colapso das estreitas relações econômicas que ela mantinha com o antigo "bloco soviético" no Leste (a sua taxa de mortalidade infantil foi reduzida de 11 para 9 por cada mil nascidos, mas a expectativa de vida retrocedeu um ano, passando de 76 para 75 anos).

Capítulo 4

A EXPULSÃO DO PARAÍSO: INTERPRETAÇÕES MARXISTAS CENTRADAS NA DEGENERAÇÃO E/OU DEFORMAÇÃO BUROCRÁTICA DA TRANSIÇÃO AO SOCIALISMO

A principal referência desta linha interpretativa é, evidentemente, a caracterização da URSS, por Trotsky, como um *estado operário degenerado*. Inicio este capítulo, no entanto, com uma exposição resumida das célebres críticas dirigidas à Revolução Soviética por Rosa Luxemburgo (1972a). Cabe, aqui, uma nota de cautela. As observações desta dirigente marxista sobre a evolução do poder soviético na Rússia foram elaboradas na prisão, em 1918, a partir de relatos orais de visitantes e recortes de jornais russos e alemães contrabandeados para sua cela (ver Wolfe, 1972). O texto nunca chegou a ficar pronto para publicação. Rosa Luxemburgo foi libertada da prisão em novembro de 1918 e, tragicamente, assassinada dois meses depois, enquanto o jovem poder soviético ainda travava uma desesperada luta pela sobrevivência na Guerra Civil. Não é inteiramente claro em que direção as suas reflexões sobre a Revolução Russa evoluiriam caso tivesse sobrevivido. Mas dada a coincidência de pontos fundamentais da sua análise com elementos cruciais da interpretação desenvolvida por Trotsky, optei por inserir as suas reflexões na abertura deste capítulo.

ROSA LUXEMBURGO

O ponto de partida da análise de Rosa Luxemburgo é a sua defesa da ação dos *bolcheviques* em 1917, precisamente por ousar colocar na ordem do dia a efetivação da "revolução social" e da "ditadura do proletariado". A Revolução de Outubro foi saudada como uma refutação completa da "teoria doutrinária" de Kautsky e dos *mencheviques* russos, que consideravam possível na Rússia apenas uma revolução **burguesa**, em função do seu atraso econômico e caráter predominantemente agrário. Contra esta visão, Rosa Luxemburgo destacou a justeza da concepção internacional que presidiu a ação dos *bolcheviques* em 1917 (compreendendo a sua revolução como estopim para rupturas revolucionárias nos países capitalistas mais avançados, conforme vimos antes). A partir daí, segundo ela, o destino da revolução na Rússia dependeria inteiramente dos acontecimentos internacionais.

Vale destacar as premissas teóricas sobre as quais se assentava esta visão. Em primeiro lugar, referenciada nas expectativas do marxismo clássico no século XIX, Rosa Luxemburgo sustentou a impossibilidade da construção do socialismo em marcos nacionais: "Todos estamos sujeitos às leis da história, e é somente ao nível internacional que se pode efetivar o ordenamento socialista da sociedade" (Luxemburgo, 1972a:79, tradução minha - L. F.). Esta compreensão, por sua vez, se relaciona com a outra — a afirmação do caráter necessariamente contra-revolucionário do campesinato diante da transformação socialista. Nesta base, ela criticou duramente a política de reforma agrária adotada pelos *bolcheviques*, que teria criado uma massa numerosíssima de pequenos proprietários rurais que se voltariam de armas e dentes contra qualquer tentativa futura de socialização da produção impulsionada pelo proletariado urbano (*Idem*:44-5). Por fim, ela também condenou a defesa *bolchevique* do direito à autodeterminação (inclusive a ponto de secessão) das nações que compunham o antigo Império Russo. Na sua opinião, o mais correto seria defender a união e solidariedade das forças sociais revolucionárias no âmbito das próprias fronteiras imperiais, contra os "nacionalismos" e "separatismos" burgueses (*Idem*:53).

As posições expostas acima indicam um posicionamento político e estratégico mais estreito, sectário e fechado do que era preconizado e adotado pelo Partido *Bolchevique* na Rússia. Sua crítica ao ordenamento político do poder soviético, no entanto, apontava justamente na direção oposta. Rosa Luxemburgo teceu duras críticas a Lênin e Trotsky por reproduzir teórica e politicamente a mesma oposição abstrata entre "democracia" e "ditadura do proletariado" formulada por Kautsky. A diferença entre eles nesta oposição era que enquanto o dirigente social-democrata alemão optava pela primeira opção, os dirigentes revolucionários russos ficavam com a segunda.[63] Contra essa polarização, Rosa Luxemburgo argumentava que a ditadura do proletariado (enquanto ditadura **de classe**, e não de partido ou *clique*) só poderia ser realizada como a democracia mais ilimitada (*Idem*:76-77). Nesta base, ela condenou o fechamento da Assembléia Nacional Constituinte pelos *bolcheviques*, bem como a sua substituição do princípio do sufrágio universal por um sufrágio seletivo e qualificado em favor da classe operária, e também o seu recurso a formas ditatoriais para preservar o poder. Na sua opinião, a característica essencial da liberdade seria, precisamente, garanti-la para quem pensa diferente: sem eleições gerais, sem li-

[63] A aguda polêmica travada entre Lênin e Kautsky depois da elaboração destas observações por Rosa Luxemburgo indicam que esta era uma apreciação simplista e inadequada da posição de ambos sobre esta questão. Ver os principais textos desta polêmica em Kautsky (1979) e Lênin (1979i).

berdade irrestrita de imprensa e associação, sem o livre confronto de opiniões, restaria apenas a burocracia como elemento ativo na sociedade (*Idem*:69 e 71).

A aparente incongruência entre as duas linhas de crítica ao poder soviético desenvolvidas por Rosa Luxemburgo tem, na verdade, um denominador comum: a compreensão de que a Revolução Russa só poderia ser "salva" (tanto das suas concessões indevidas à pequena burguesia rural e ao nacionalismo burguês, quanto das suas deformações antidemocráticas) pelo triunfo da revolução social em algum país avançado. A distorção da política socialista na Rússia seria decorrência da terrível compulsão da Primeira Guerra, da ocupação alemã e das extraordinárias dificuldades relacionadas a estes fatores. O erro dos *bolcheviques* teria sido o de querer transformar necessidade em virtude (i.e., ter erigido em sistema teórico o que não passava de políticas impostas por condições extremamente adversas). Deste ponto de vista, contra as opiniões de Kautsky, os desenvolvimentos na Rússia teriam provado não a "imaturidade" desta para a revolução, e sim a "imaturidade" do proletariado alemão para "cumprir suas tarefas históricas" (*Idem*:27).

O assassinato de Rosa Luxemburgo em 1919 foi parte integrante da derrota da vaga revolucionária que se espalhou pela Europa (e, particularmente, pela Alemanha) ao término da Primeira Guerra. As suas observações sugerem que o isolamento internacional decorrente desta derrota condenaria o poder soviético a alguma forma de deformação burocrática. Esta avaliação tem importantes pontos em comum com a posição que viria a ser desenvolvida, em seguida, por Trotsky (embora este preferisse indicar a **degeneração** burocrática de um poder que **não** era "deformado" no seu início). Como se trata de uma das interpretações mais sofisticadas e abrangentes (e, em muitos sentidos, inconsistentes) desenvolvidas sobre o tema no âmbito da teoria marxista, vamos examinar a sua evolução de forma um pouco mais detida.

LEON TROTSKY

Trotsky, como se sabe, desempenhou papel central na Revolução Russa, tendo sido presidente do *Soviete* de Petrogrado e principal dirigente e organizador do Exército Vermelho na Guerra Civil. Neste período, ele não só defendeu como teorizou a necessidade das medidas consideradas "ditatoriais" e "antidemocráticas" por Rosa Luxemburgo (e também por Kautsky, como veremos mais adiante). Respondendo às críticas de Kautsky sobre a substituição da ditadura dos *sovietes* pela ditadura do Partido *Bolchevique* na Rússia, por exemplo, Trotsky argumentava em 1920 que:

> *"Pode ser dito com inteira justiça que a ditadura dos sovietes só tornou-se possível através da ditadura do partido... Não há nada de acidental nesta 'substituição' do poder da classe operária pelo poder do partido, e na rea-*

lidade não há substituição alguma. Os comunistas expressam os interesses fundamentais da classe operária."

(Trotsky, 1963:109, tradução minha - L. F.)

Neste mesmo texto, ele defende a adoção do **trabalho compulsório** e da **militarização do trabalho** como fundamentos da ação estatal do poder soviético, sem os quais "a substituição da economia capitalista pela socialista permanecerá para sempre um ruído vazio" (*Idem*:141). A organização da força de trabalho na economia deveria, assim, acompanhar as práticas do serviço militar obrigatório. Nesta perspectiva, o aparato do Departamento de Guerra deveria se tornar a instituição responsável pela mobilização do trabalho em larga escala na sociedade. Esta concepção fundamentou a defesa, por Trotsky, da **estatização** dos sindicatos (i.e., da eliminação da prática da eleição dos seus dirigentes em troca da sua **nomeação** pelo poder central) às vésperas do VIII Congresso dos *Sovietes* no final de 1920. Esta posição foi duramente criticada por Lênin (1979h e 1979j), embora este, na época, também concebesse como necessário e inevitável o exercício da "ditadura do proletariado" por sua "vanguarda" (o partido revolucionário), tanto na Rússia quanto nos países mais adiantados (Lênin, 1979j:381).

No período do afastamento de Lênin por motivos de doença, em 1923, e após a sua morte, em 1924, no entanto, Trotsky se tornou cada vez mais crítico da **burocratização** do Partido Comunista (*bolchevique*) e ajudou a constituir a chamada *oposição de esquerda*. Sua crítica, então, se dirigia sobretudo contra a prática generalizada da indicação centralizada dos secretários provinciais do Partido, em vez da sua eleição local (Trotsky, 1975a:56). Segundo Trotsky, dado o seu papel crucial no próprio ordenamento do poder soviético, a burocratização do Partido alimentava a (e se realimentava da) burocratização do Estado. Numa evidente analogia com Rosa Luxemburgo, ele indicava que a fonte essencial desta espiral de burocratização era a necessidade de manter, em condições de extremo atraso econômico, a harmonia entre os interesses contraditórios do proletariado e do campesinato no Estado (Trotsky, 1975b:91-92). Se não fosse adequadamente identificado e combatido, esse processo poderia colocar a revolução em perigo. As medidas de enfrentamento defendidas pela *oposição de esquerda* neste período se limitavam, no entanto, a propor mudanças na política de organização do Partido, sobretudo o fim da proibição da formação de facções adotada no seu X Congresso em 1921 (Trotsky *et alli*, 1975).

O tema da "deformação burocrática" já havia sido levantada, anteriormente, pelo próprio Lênin. Na sua polêmica com Trotsky e Bukharin sobre os sindicatos, ele já havia caracterizado o poder soviético como um "Estado operário com uma deformação burocrática" (Lênin, 1979j:385). Justamente por isto, ele defendeu a contínua importância dos sindicatos como instrumentos de defesa dos interesses materiais e espirituais dos trabalhadores contra as deformações burocráticas. O Programa do Partido *Bolchevique*, adotado em 1919, fundamentava esta caracterização ao indicar um "renascimento parcial da burocracia no interior do sistema soviético" em função do baixo nível cultural das massas e da conseqüente necessidade de empregar quadros e especialistas da máquina burocrática do antigo regime tzarista (Bellis, 1979:57). Trotsky, no entanto, apontava não para uma "deformação" causada pela incorporação de elementos da velha burocracia, mas para um processo de **degeneração** a partir do próprio Partido Comunista, em função do crescente distanciamento dos seus dirigentes das "massas trabalhadoras" e do estabelecimento de relações cada vez mais "promíscuas" com os *kulaks* (a burguesia rural), os comerciantes, os atravessadores, os investidores privados, etc. (i.e., com os setores abastados **não-proletários** que floresceram no âmbito da NEP).

Ao formar a *Oposição Unificada* com Zinoviev e Kamenev (antigos companheiros de Stálin no *triunvirato* que assumiu a direção do Partido após o afastamento de Lênin) em 1926, Trotsky já indicava a plena constituição de uma burocracia estatal-partidária inteiramente destacada dos trabalhadores na URSS. Suas reflexões sobre a situação soviética caminharam para a busca de analogias com fenômenos da Revolução Francesa de 1789 e seus desdobramentos, particularmente o *Thermidor* e o *Bonapartismo*. Estas analogias indicavam que a "degeneração burocrática" na URSS constituía um retrocesso no processo revolucionário, que abria caminho para a autonomização do poder de Estado diante das forças sociais que lhe haviam dado origem. (Trotsky, 1973a). Tratar-se-ia de uma situação excepcional, de equilíbrio necessariamente tênue, instável e temporário.

Apesar desta autonomização da burocracia estatal-partidária soviética, Trotsky insistia que a URSS continuava sendo um "Estado operário", em função da predominância de formas estatais de propriedade no seu interior. Este argumento era sustentado em bases teóricas fortemente economicistas e reducionistas, que definiam a natureza do **Estado** a partir da identificação das estruturas de **propriedade** predominantes na sociedade:

> *"O caráter de um regime social é determinado em primeiro lugar pelas relações de propriedade... As relações de propriedade, que estão na base das relações de classe, determinam para nós a natureza da União Soviética como Estado proletário."*
>
> (Trotsky, 1973b:204)

Até 1933, esta caracterização se traduzia numa orientação política voltada para a **reforma** do Partido e do Estado na URSS (e não sua derrubada). A partir desse ano, no entanto, Trotsky passou a defender a necessidade de uma "nova revolução política"[64] (e, conseqüentemente, de um novo partido revo-

[64] Ela seria **política** e não **social**, justamente porque as bases econômico-sociais da transição para o socialismo ainda continuavam de pé.

lucionário) para pôr fim à dominação da burocracia. É apenas nesta época que ele começa a preconizar a adoção de um sistema **multipartidário** na URSS (Bellis, 1979:43).

Ao final dos anos '30, Trotsky já indicava que, após haver "expropriado politicamente o proletariado", a burocracia soviética passara a desempenhar um "duplo papel" no mundo, sustentada num precário equilíbrio das forças de classe internas e externas. No plano **interno**, enquanto produto da própria Revolução de Outubro, ela preservaria, ainda, um certo papel progressista, enquanto guardiã de relações sociais de produção produzidas por essa revolução. Já a nível **externo**, enquanto estrato conservador movido pela lógica da autopreservação, ela teria um papel abertamente contra-revolucionário, abandonando toda e qualquer veleidade revolucionária em favor de políticas de boa vizinhança com o imperialismo (Trotsky, 1970). A União Soviética teria se tornado, assim, um *Estado operário contra-revolucionário*. Esta compreensão fundamentou a decisão de criar a IV Internacional, em 1938, dois anos antes do assassinato de Trotsky no México. Neste período final da sua vida, abundam nos seus escritos referências ao totalitarismo na URSS e analogias entre o desenvolvimento desta e o da Alemanha nazista, embora ambos fossem considerados "regimes transitórios e excepcionais" no desenvolvimento respectivo do socialismo e do capitalismo (Trotsky, 1969).

O trabalho que sistematiza de forma mais completa a avaliação do fundador da IV Internacional sobre o desenvolvimento da sociedade soviética é o livro ***A Revolução Traída***, escrito em 1936 (Trotsky, 1980). Nele, a URSS é caracterizada como uma sociedade intermédia entre o capitalismo e o socialismo marcada pelos seguintes traços:

a) as forças produtivas são ainda insuficientes para conferir à propriedade do estado um caráter socialista;

b) a propensão para a acumulação primitiva, nascida da necessidade, manifesta-se por todos os poros da economia planificada;

c) as normas de repartição, de natureza burguesa, se encontram na base da diferenciação social;

d) o desenvolvimento econômico, melhorando lentamente as condições dos trabalhadores, contribui para a rápida formação de uma camada de privilegiados;

e) a burocracia, explorando os antagonismos sociais, tornou-se uma casta incontrolável, estranha ao socialismo;

f) a revolução social, traída pelo governo dominante, vive ainda nas relações de propriedade e na consciência dos trabalhadores;

g) a evolução das contradições acumuladas pode conduzir a sociedade para o socialismo, ou fazer recuar a sociedade para o capitalismo;

h) a contra-revolução em marcha para o capitalismo deverá quebrar a resistência dos operários;

i) os operários, dirigindo-se para o socialismo, deverão derrubar a burocracia.

(Trotsky, 1980:176)

UM BALANÇO PARCIAL DA INTERPRETAÇÃO DE TROTSKY

Apesar de extremamente atraente, a caracterização da URSS desenvolvida por Trotsky, quando examinada mais detida e profundamente, gera mais dúvidas e questionamentos do que respostas. Destaco, a seguir, o que me parecem ser algumas das suas premissas e postulados mais problemáticos:

1) Sua abordagem do socialismo revela uma forte dose de determinismo tecnológico, subjacente ao economicismo a que já me referi anteriormente. Na concepção formulada por Trotsky, uma vez estabelecida a predominância da propriedade estatal, é a **base técnica** (as forças produtivas) que **determina** o caráter socialista (ou não) dessa propriedade, e, por decorrência, do próprio regime social (item 1 acima). Assim, na sua visão, enquanto as formas soviéticas de propriedade fundadas sobre a técnica americana poderiam ser consideradas socialistas, essas mesmas formas nas condições do baixo rendimento do trabalho da URSS não significariam mais do que "um regime transitório cujos destinos não estão ainda definitivamente pesados pela história" (*Idem*:46). A crítica ao enfoque técnico-determinista desta interpretação levou alguns dos colaboradores mais próximos de Trotsky a romperem com este, insistindo na necessidade de desenvolver uma análise centrada no desenvolvimento das **relações reais de produção** na URSS, e não apenas nas formas jurídicas de propriedade ou na base tecnológica prevalecentes no seu interior (veremos isto no Capítulo 5).

2) Associado à sua base tecnológica atrasada, o caráter não-socialista da URSS seria determinado, segundo Trotsky, pela predominância de normas burguesas na repartição do produto social. Isto teria gerado uma contradição entre o caráter socialista incipiente da produção e o caráter capitalista da distribuição na sociedade soviética. O processo de burocratização estatal-partidária seria, precisamente, fruto desta contradição. Acontece que, como vimos antes, Marx concebeu o princípio da remuneração segundo o trabalho (o "direito burguês") como norma distributiva básica **do socialismo** (i.e., de toda a primeira fase do comunismo), sem o qual a elevação da produtividade econômica (condição para superar as diferenças de classe na sociedade) seria impossível. A análise de Trotsky acaba confundindo e misturando, assim, padrões de relacionamento econômico-social que, segundo o marxismo clássico, pertencem a fases distin-

tas do processo de construção de uma sociedade sem classes. Isto torna o seu esquema analítico particularmente inadequado para examinar (ou sequer formular) a problemática da autonomização do Estado **no próprio socialismo**.

3) Na análise de Trotsky, a "degeneração burocrática" do "regime de transição", referido mais acima, seria decorrência do isolamento internacional da revolução em uma sociedade atrasada, onde o proletariado era minoritário e pouco desenvolvido. A premissa teórica subjacente a este argumento é a de que processos revolucionários em sociedades onde o proletariado for majoritário tendem "naturalmente" a generalizar práticas de democracia direta e participativa, subordinando (e, em seguida, dissolvendo) a burocracia nos processos de formação dos novos estados socialistas. Por isso, Trotsky sempre procurou identificar as origens do *bonapartismo* soviético no "equilíbrio" de forças entre o proletariado e algum setor **não-proletário** dentro ou fora da União Soviética: a burguesia e a pequena burguesia no NEP, o campesinato hostil, a burguesia internacional, etc. Oscilavam os ingredientes, mas a receita permanecia a mesma (extraída de analogias com o ciclo político da Revolução Francesa no final do século XVIII). Mas se a "deformação burocrática" é explicada pelo caráter atrasado e não proletário da sociedade, como explicar que a URSS tenha passado de país camponês-agrário para proletário-industrial em poucas décadas sem que se tenha verificado um processo correspondente de democratização do seu poder político (quer por "reformas pelo alto" ou "revoltas de baixo")? E ainda, quando finalmente se gestou algo semelhante a uma "crise revolucionária" na sua sociedade (entre 1989 e 1991), como explicar que o desfecho desta tenha se encaminhado não para "adequação do regime político às formas socialistas de propriedade", mas para o **desmantelamento** destas através de programas massivos de privatização? Será, enfim, que não devemos considerar teoricamente a possibilidade de a autonomização ("burocratização") do poder político ter se originado em características estruturais **do próprio socialismo** (incluindo aí diferenciações e contradições no seio dos próprios trabalhadores)?

4) Assim como Rosa Luxemburgo, Trotsky identificou o campesinato como uma força essencialmente hostil à transformação socialista na URSS. Diferentemente dela, no entanto, ele considerou este posicionamento não como decorrência inevitável de uma "natureza camponesa inerente", mas como conseqüência, uma vez mais, do atraso das forças produtivas. Assim, mesmo após o seu agrupamento em fazendas coletivas, o campesinato *kolkhoziano* continuaria nutrindo "um forte ódio, um ódio plebeu" para com o Estado operário, dada a incapacidade deste em prover instrumentos de produção em grande escala para a terra coletivizada. Em função disto — e da hostilidade da "imensa maioria dos operários" para com a burocracia dominante — Trotsky foi categórico ao afirmar, em 1936, que a URSS seria inapelavelmente derrotada numa futura guerra com a Alemanha ou qualquer outra potência imperialista, a não ser que houvesse uma nova revolução social vitoriosa no Ocidente (*Idem*:157). Os acon-

tecimentos não tardaram a revelar que esta apreciação subestimou enormemente as bases sociais, a capacidade de comando e a própria legitimidade interna que o regime soviético ainda preservava.

5) Também como Rosa Luxemburgo (e Marx no século XIX), Trotsky considerava impossível a construção isolada do socialismo nos marcos nacionais. Na sua avaliação, a divisão mundial do trabalho, a dependência da indústria soviética em relação à técnica estrangeira, a dependência das forças produtivas dos países avançados em relação às matérias-primas asiáticas, etc., tornavam impossível a construção de uma sociedade socialista autônoma em qualquer parte do mundo (Trotsky, 1977:207). Esta era a base da sua teoria da "revolução permanente" e marcava a sua oposição à tese da possibilidade da construção do socialismo na URSS sem a ajuda de estados socialistas mais desenvolvidos (tese esta que, como vimos, foi formulada inicialmente pelo próprio Lênin diante das evidências da derrota da vaga revolucionária no Ocidente entre 1918 e 1923, e se tornou, em seguida, orientação oficial do Partido e do Estado soviéticos).[65] Do ponto de vista político, no entanto, a lógica teórica de Trotsky resultava num impasse: se a União Soviética, em função do seu atraso, dependia do apoio de estados socialistas tecnicamente mais adiantados para poder completar a sua própria transição ao socialismo, na ausência desses estados (cuja existência independia da vontade dos dirigentes da URSS) a nova "revolução política" preconizada por Trotsky não estaria fadada a enveredar pelo mesmo processo de "degeneração burocrática"? Já do ponto de vista empírico, a subordinação da União Soviética à divisão internacional do trabalho na economia capitalista mundial se mostrou bem menos incondicional do que supunha o teórico da "revolução permanente". Baseada na combinação de medidas "socializadoras" internas (como a industrialização e a coletivização da agricultura) com mecanismos relativamente eficazes de defesa contra as flutuações e iniquidades do mercado mundial (como o estabelecimento do monopólio estatal do comércio exterior, a não-conversibilidade do rublo nos mercados monetários internacionais e a restrição de fluxos financeiros com o Ocidente), a URSS logrou sustentar índices de elevação da produtividade da sua economia **superiores** às de todos os países capitalistas durante pelo menos três décadas.[66] Ou seja, ela conseguiu, durante esse período, escapar dos limites da divisão internacional do trabalho da economia capitalista mundial e suplantar pesadas heranças do atraso **sem** a ajuda estatal de estados socialistas mais desenvolvidos.

6) Ao erigir a "burocracia" em conceito crucial da sua caracterização, Trotsky se enredou nos mesmos problemas de ambigüidade, imprecisão e

[65] Para um apanhado geral da polêmica no interior do Partido *Bolchevique* sobre a "construção do socialismo em um só país", ver Medvedev (1981).

[66] Examino isto no meu livro ***URSS - Ascensão e Queda*** (Fernandes, 1992).

inadequação enfrentados pelos autores ocidentais que também centraram suas leituras dos estados de tipo soviético no conceito de burocracia (vistos no Capítulo 2). Em primeiro lugar, como já foi visto, a prática eminentemente política, improvisada e orientada para metas substantivas do aparato partidário-estatal soviético claramente não se encaixava na racionalidade impessoal, rotinizada e formal definidora da burocracia (pelo menos na abordagem clássica do tema por Weber[67]). Um outro problema se refere aos contornos da "casta burocrática" dominante. A análise desenvolvida por Trotsky sobre esta questão (crucial para toda a sua interpretação) é, na verdade, eivada de inconsistências. Assim, enquanto num artigo de 1935 ele caracterizava a burocracia como "pequeno-burguesa tanto na sua composição quanto no seu espírito" (Trotsky, 1973c), na última obra que escreveu antes de morrer, ele contrapôs a "burocracia" à "pequena burguesia" como forças sociais adversárias e concorrentes no processo de cristalização de um novo estrato privilegiado na URSS (Trotsky, 1941:408). Já no livro ***Revolução Traída*** (Trotsky, 1980:97), ele identificou como integrantes da "burocracia privilegiada soviética" cinco ou seis milhões de pessoas que, sem fornecer um trabalho produtivo direto, comandavam, administravam, dirigiam e distribuíam os castigos e as recompensas na sociedade soviética (exceção feita para os professores...). A estes e a seus familiares, segundo Trotsky, deveriam se juntar igual número de componentes da "aristocracia operária e kolkhoziana" e seus familiares, perfazendo um universo total de 20 a 25 milhões de pessoas (numa população de 170 milhões). Convenhamos que se trata de uma camada social tão ampla, que a própria noção de "dominação" perde sentido — ainda mais se lembrarmos que o nível de vida desta "burocracia privilegiada" (nos termos propostos) caiu a níveis **inferiores** à da média dos operários no desenvolvimento posterior da sociedade soviética (Yanowitch, 1977:30-1).

As idas e vindas na caracterização da "burocracia dominante" por Trotsky refletiam a inadequação básica do seu esquema interpretativo para dar conta do desenvolvimento histórico-concreto da URSS. Entre as inconsistências analíticas mais relevantes, eu destacaria as seguintes:

1) Vimos, anteriormente, como Trotsky identificava na relação cada vez mais "promíscua" dos quadros do Partido e do Estado com setores burgueses e pequeno-burgueses gerados no âmbito da NEP a base da degeneração burocrática do poder soviético nos anos '20. Como explicar, então, que essa mesma casta burocrática "conservadora e contra-revolucionária" tenha partido, em seguida, para a **liquidação** desses setores não-socialistas, a partir das políticas de industri-

[67] Ver a sua obra clássica ***Economia e Sociedade***, sobretudo o terceiro capítulo da parte um no primeiro volume e o décimo primeiro capítulo no segundo volume (Weber, 1978).

alização e coletivização aceleradas adotadas na chamada "revolução pelo alto"? Vale lembrar que a "Grande Virada" de 1928 fez vários colaboradores próximos de Trotsky, como o célebre economista Preobrazhenski (1965, 1973 e 1980), se recomporem com o poder soviético, já que este parecia estar adotando justamente as políticas que a oposição vinha cobrando há algum tempo (o que não impediu que muitos deles — inclusive o próprio Preobrazhenski — fossem fuzilados pelo regime em seguida...).[68]

2) Da mesma forma, se o poder estatal-partidário soviético era expressão da dominação da "burocracia", como explicar que os violentos expurgos da segunda metade dos anos '30 tenham se dirigido justamente contra esta mesma burocracia? Como o próprio biógrafo de Trotsky, Isaac Deutscher, reconheceu: "Um dos efeitos dos expurgos foi impedir a consolidação dos grupos gerenciais como estrato social" (Deutscher, 1963:306, tradução minha - L. F.). Mas, então, como conceber o poder soviético, na época, como expressão da dominação política, precisamente, desse estrato social (a burocracia)? Será que esta caracterização não se fundamentava num essencialismo apriorístico desprovido de fundamentação empírica?[69]

3) Por fim, a caracterização da União Soviética como uma força conservadora e contra-revolucionária do ponto de vista externo, e híbrida do ponto de vista interno, também se mostrou incongruente e inadequada.[70] Afinal, se, como afirmava Trotsky, a "burocracia" soviética havia abandonado por completo as perspectivas anticapitalista e antiimperialista na sua ação internacional (estando preocupada, apenas, com a garantia da sua autopreservação através de compromissos com o imperialismo), como explicar o apoio muito real e concreto dado pela URSS a movimentos e processos de transformação revolucionária no mundo (sobretudos movimentos anticolonialistas e antiimperialistas), mesmo quando

[68] Para um relato da comoção teórica e política provocada pela guinada contra NEP entre diversos grupos de oposicionistas presos na URSS, ver Ciliga (1951).

[69] Num contato com o falecido Ralph Miliband em que levantei esta questão, ele relatou que havia conversado com o próprio Deutscher a respeito. Este teria insistido que os expurgos dos anos '30 atacaram "os burocratas", mas não a "burocracia". Da mesma forma, era a "burocracia" (mas não necessariamente os "burocratas") que dominava o poder soviético na época. Confesso que não fiquei satisfeito com essa abordagem do problema. Não consigo entender, teórica e conceitualmente, dominação da "burocracia" a não ser como dominação "dos burocratas". É um problema análogo ao do célebre debate entre Poulantzas e Miliband sobre o caráter de classe do estado (Poulantzas, 1969; Miliband, 1970 e 1973). Para o primeiro (pelo menos inicialmente), este caráter era determinado pelas relações sociais de produção predominantes na sociedade, e prescindia de uma análise empírico-concreta da institucionalidade estatal. Miliband criticou o estruturalismo estreito desta abordagem e insistiu na necessidade de examinar as formas concretas de materialização da dominação de classe no Estado. A mesma postura teórico-metodológica me parece válida para a apreciação da relação entre o poder político e a burocracia na URSS. Voltaremos a examinar o debate teórico entre Miliband e Poulantzas na Parte 2.

[70] Este ponto é levantado, também, por Perry Anderson (1983).

interesses de defesa nacional soviéticos não estavam diretamente envolvidos (Cuba, por exemplo)? Como dar conta, com base neste esquema analítico, da pressão exercida pela União Soviética sobre os estados da Europa Central e do Leste no pós-guerra para que estes empreendessem transformações anticapitalistas nas suas respectivas economias e sociedades?[71]

VARIAÇÕES NAS INTERPRETAÇÕES INSPIRADAS POR TROTSKY NO PÓS-GUERRA

Após a morte de Trotsky, sobretudo no pós-guerra, os defensores da sua interpretação acabaram por se fragmentar em múltiplas e variadas abordagens centradas em **diferentes** aspectos do pensamento original do fundador da IV Internacional. Isaac Deutscher, por exemplo, destacou o legado progressista e revolucionário das transformações nas relações de propriedade na URSS, apostando na possibilidade da sua "regeneração pelo alto". Ele reconheceu até mesmo méritos históricos genuínos na obra de Stálin, que "encontrou uma Rússia trabalhando com arado de madeira, e a deixou equipada com pilhas atômicas" (Deutscher, 1969:55, tradução minha - L. F.). Sua *heterodoxia* lhe valeu críticas iradas por parte de outros autores trotskistas.[72] Ernest Mandel se destacou por tentar resgatar, defender e refinar a interpretação trotskista *ortodoxa*, adaptando-a aos desenvolvimentos da segunda metade do século XX (Mandel, 1972, 1974, 1980, 1989 e 1992). Já em sentido oposto, Hillel Ticktin optou por enfatizar o caráter "contra-revolucionário" do Estado Soviético, contrapondo a predominância de uma "economia administrada" no seu interior à visão trotskista original de uma "economia planificada" (Ticktin, 1973 e 1992). Nenhum destes autores, no entanto, negou a validade da apreciação básica da sociedade soviética desenvolvida por Trotsky.

Antes das formulações destes autores, ainda nos anos '30, vários dos principais colaboradores de Trotsky haviam se distanciado política e teoricamente deste, por não concordar com sua caracterização da URSS como uma "sociedade presa na transição, nem socialista, nem capitalista". Para eles, era

[71] Esta incongruência se expressou nas vacilações dos herdeiros de Trotsky na IV Internacional diante da constituição do "campo socialista" nos países do Leste libertados pelo Exército Vermelho. Inicialmente, os governos de coalizão lá montados foram denunciados como exemplo do conluio do poder soviético com as burguesias locais. Após a ruptura destas coalizões e a adoção generalizada de medidas de nacionalização e coletivização em 1947-8, eles passaram a ser caracterizados como "estados operários deformados" - estados que não tinham passado por processos revolucionários endógenos e já nasciam com deformações burocráticas, por incorporarem o "modelo socialista" imposto pela URSS (fruto da degeneração de um processo revolucionário anterior). Para avaliações distintas deste posicionamento oscilante da IV Internacional, ver McNeal (1977), Bellis (1979) e Coggiola (1990).

[72] Ver, por exemplo, Jacobson (1972).

forçoso reconhecer haver surgido **um novo modo de produção** com **novas formas de dominação e exploração de classe** na União Soviética (o que tinha implicações profundas para o tipo de posicionamento político que deveria ser mantido em relação a ela). O Capítulo 5, a seguir, examina as origens e os desdobramentos principais desta caracterização marxista alternativa.

Capítulo 5

A JAULA DE FERRO: INTERPRETAÇÕES MARXISTAS CENTRADAS NA EMERGÊNCIA DE UM NOVO MODO DE PRODUÇÃO E DE UMA NOVA DOMINAÇÃO DE CLASSE

Dos conceitos totalizantes rivais sobre as sociedades do Leste surgidos no âmbito do pensamento marxista, o que identificou a emergência, nesses estados, de "um novo modo de produção, nem socialista e nem capitalista" foi o que reuniu o maior número e a maior variedade de abordagens e enfoques. Antes de proceder à análise específica destes, vamos começar examinando alguns dos seus precursores teóricos no movimento socialista e no pensamento de inspiração marxista.

AS PRIMEIRAS CRÍTICAS ANARQUISTAS, SINDICALISTAS E NEOWEBERIANAS AO "SOCIALISMO AUTORITÁRIO"

MICHAEL BAKUNIN

Fora do âmbito próprio do marxismo — mas nos marcos do movimento operário do século passado — cabe destacar, em primeiro lugar, as críticas anarquistas (sobretudo as de Michael Bakunin) ao "socialismo autoritário" de Marx.[73] As divergências entre os adeptos das duas correntes culminaram na expulsão de Bakunin da I Internacional em 1872. O líder anarquista russo considerava que um projeto emancipador centrado na conquista do poder político, como o proposto pela teoria marxista, só poderia resultar na emergência de um novo

[73] Ver Bakunin (1989) e os textos agrupados nos capítulos "Polêmica com Marx" e "Bakunin e Marx sobre a Comuna" em Bakunin (1983).

despotismo, já que "quem diz Estado, diz automaticamente dominação e, conseqüentemente, escravidão" (Bakunin, 1983:96). Assim:

> "[No Estado Popular do Sr. Marx] *haverá um governo excessivamente complicado, que não se contentará em governar e administrar as massas politicamente, como fazem todos os governos hoje, mas que ainda as administrará economicamente, concentrando em suas mãos a produção e a* ***justa*** *repartição das riquezas, a cultura da terra, o estabelecimento e o desenvolvimento das fábricas, a organização e a direção do comércio, enfim, a aplicação do capital à produção pelo único banqueiro, o Estado. Tudo isso exigirá uma ciência imensa e muitas cabeças transbordantes de cérebro nesse governo. Será o reino da* ***inteligência científica****, o mais aristocrático, o mais despótico, o mais arrogante e o mais desprezível de todos os regimes. Haverá uma nova classe, uma nova hierarquia de doutos reais e fictícios, e o mundo se dividirá em uma minoria dominando em nome da ciência, e uma imensa maioria ignorante.*"
>
> (Bakunin, 1989:95-6)

Para Bakunin, a verdadeira liberdade e emancipação só poderiam advir da imediata abolição do Estado e sua substituição pela formação livre e pela livre federação de associações operárias baseadas na propriedade coletiva da terra, dos capitais, das matérias-primas e dos instrumentos de trabalho (Bakunin, 1983:117).

VACLAV MACHAJSKI E GEORGE SOREL

Há uma forte coincidência entre estas posições bakuninistas e as defendidas pelo polonês Vaclav Machajski no início do século XX (Machajski, 1937). Machajski caracterizava o "socialismo" da social-democracia como a ideologia de uma nova classe de intelectuais e técnicos que explorava as lutas dos operários manuais para chegar ao poder e impor a sua dominação. Ecos desta interpretação ainda podiam ser identificados nas reflexões de autores dissidentes poloneses nos anos '70 e '80 (Konrád e Szelényi, 1979). Concepções antiintelectualistas análogas podem ser encontradas, ainda, nos escritos da fase *sindicalista* de George Sorel (1919 e 1972), sobretudo na sua crítica aos partidos políticos (que, segundo ele, subordinavam o proletariado a políticos profissionais). Para Sorel, processos de nacionalização dos meios de produção conduzidos por partidos políticos resultariam não na emancipação dos trabalhadores, mas no aumento do poder dos políticos sobre os produtores. A alternativa, para ele, residiria na deflagração de uma greve geral (insurrecional) que restaurasse o controle da produção para os homens livres, sem qualquer necessidade de mestres. Esta revolução seria ao mesmo tempo social e moral, e significaria "a recusa do proletariado em ver novas hierarquias montadas sobre si" (Sorel, 1919:59-60).

ROBERT MICHELS E A "LEI DE BRONZE DA OLIGARQUIA"

Há importantes pontos de contato entre estas idéias de Sorel e as posições desenvolvidas por Robert Michels no seu célebre estudo sobre as conseqüências oligárquicas do imperativo organizacional nas sociedades de massas contemporâneas — a chamada *lei de bronze da oligarquia* (Michels, 1982).[74] Embora sua análise se concentrasse na evolução dos partidos social-democratas fora do poder (enquanto protótipos do Partido Democrático Moderno), o pensamento micheliano se sustentava numa singular combinação das perspectivas teóricas de Marx e Weber, que viria a servir de base para praticamente todas as abordagens posteriores que identificaram a emergência de uma "nova classe dominante" nos marcos da "burocracia reinante" nos estados de tipo soviético.

Michels indicava que toda organização implica em divisão de trabalho — e que qualquer órgão da coletividade, nascido da divisão do trabalho, cria para si, logo que estiver consolidado, um interesse especial em oposição ao interesse geral. Por isso, na sua opinião, a perspectiva marxista da construção de uma sociedade sem classes era inviável. O socialismo pereceria no próprio momento do triunfo dos seus partidários (*Idem*:235). Esta impossibilidade do socialismo seria determinada não só por motivos técnicos, como também por fatores psicológicos — o mesmo instinto que leva os proprietários nas sociedades capitalistas a deixarem de herança para seus filhos as riquezas que acumularam em vida levaria os administradores da fortuna e dos bens públicos no Estado socialista a se beneficiarem do seu imenso poder para assegurar a seus filhos a sucessão nos cargos que ocupam. De posse dos instrumentos do poder coletivo, este grupo social faria de tudo para preservá-los. Em decorrência, a revolução social simplesmente substituiria uma classe dominante visível e tangível por uma oligarquia demagógica operando sob a falsa máscara da igualdade (*Idem*:231).

Poucos autores marxistas se preocuparam em responder a esta crítica micheliana. No seu livro ***Tratado de Materialismo Histórico***, de 1921, Bukharin comenta as posições de Michels (e Pareto) e admite poder haver uma **tendência** à formação de uma camada dirigente como classe embrionária durante o período de transição, mas reitera que esta tendência não se constitui em "lei inexorável" e pode ser combatida e revertida (Bukharin, 1970). Já Gramsci criticou Michels, entre outras coisas, por confundir a divisão **técnica** do trabalho com a divisão **social** (de classe). Enquanto a primeira era inevitável, mas podia ser controlada, a segunda não (Gramsci, 1984:109).

[74] A radicalização da crítica ao caráter ilusório e elitista da democracia nos países ocidentais, por sinal, fez com que ambos chegassem a simpatizar com o movimento fascista na sua fase inicial. Esta aproximação com o fascismo foi muito mais séria e duradoura em Michels do que Sorel. Este último morreu, em 1922, entusiasmado com Lênin e o triunfo da revolução soviética, que ele erradamente identificou como um movimento "antiintelectual" (ver o pós-escrito ao prefácio de Sorel, 1919).

AS PRIMEIRAS CRÍTICAS ANARQUISTAS AO ESTADO SOVIÉTICO

Os autores anarquistas foram os primeiros a apontar, sobretudo após o esmagamento da rebelião de Kronstadt e do movimento *Makhnovista*, a emergência de uma "nova classe" opressora na Rússia soviética — a *comissariocracia* — segundo a expressão cunhada por Rocker em 1921 (Rocker, 1977:18). Isto, segundo eles, confirmava tragicamente a validade da crítica fundamental dirigida ao "socialismo autoritário" de Marx já no século XIX. A experiência da revolução soviética teria comprovado, mais do que nunca, que o Estado é, pela sua própria essência, um órgão gerador e perpetuador de diferenças de classe, que não pode ser transformado em instrumento de libertação do povo (Rocker, 1977; Voline, 1990).

KARL KAUTSKY E A CRÍTICA SOCIAL-DEMOCRATA

A crítica mais dura e sistemática à constituição de uma nova classe dominante na URSS, no entanto, viria do quadrante político oposto ao do anarquismo no movimento operário: o dos dirigentes principais da II Internacional (social-democrata), sobretudo Kautsky, Hilferding e os líderes da ala direita dos *mencheviques* russos (ou seja, precisamente os "mais estatistas" dos "socialistas estatistas"), a quem Rosa Luxemburgo se referia sarcasticamente como "os 'sábios' oficiais do marxismo" (Luxemburgo, 1983:434-5). Como vimos antes, os dirigentes social-democratas haviam se oposto à tomada do poder pelos *bolcheviques* por considerar a Rússia demasiado atrasada para proceder à construção do socialismo, enquanto Rosa Luxemburgo e Trotsky (conforme a orientação estratégica inicial do Partido *Bolchevique*) destacavam que a revolução soviética poderia ser uma força catalisadora de revoluções sociais nos países mais adiantados, que "resgatariam", em seguida, a URSS do seu próprio subdesenvolvimento.

A primeira reação dos dirigentes social-democratas à revolução soviética foi de total descrença em relação às suas possibilidades de sobrevivência. Kautsky, por exemplo, na condição de assessor do Ministério das Relações Exteriores da Alemanha após a derrubada do governo do *kaiser*, aconselhou o governo alemão, no final de 1918, a **não** estabelecer relações diplomáticas com o poder soviético, já que este não se seguraria no poder por muito tempo (Steenson, 1991:201). Na sua principal obra sobre a URSS escrita nesse mesmo ano, esta inviabilidade do poder soviético era explicada em função do caráter burguês da revolução russa, o que por sua vez era determinado pela preponderância do campesinato na sua sociedade (Kautsky, 1979:73). Apesar da sua retórica socialista, portanto, a revolução soviética não passaria de uma revolução camponesa-agrária.

Adviriam disto dois cursos alternativos de desenvolvimento possível para o poder soviético: ou este reconhecia o caráter social da revolução que dirigia e abria o caminho para o desenvolvimento do capitalismo (o que implicaria numa abertura política correspondente, através de nova convocação ou eleição da Assembléia Nacional Constituinte, que suplantaria, assim, os próprios *sovietes*); ou ele se aferraria a métodos ditatoriais para explorar e expropriar o campesinato (o que acarretaria a alienação da sua base social principal e, conseqüentemente, a sua derrubada devido ao isolamento político interno e externo). Esta mesma compreensão fundamentou a oposição dos *mencheviques* remanescentes na Rússia às políticas do "comunismo de guerra" adotadas pelos *bolcheviques* entre 1918 e 1921.[75]

Quando o poder soviético mostrou-se capaz de superar as suas primeiras provas na Guerra Civil, as reflexões de Kautsky caminharam no sentido de identificar a emergência de uma forma de "capitalismo de estado" na Rússia soviética (falaremos mais sobre isto no Capítulo 6). Nos marcos deste, estaria surgindo uma nova classe dominante, com base na fusão da burocracia estatal com a burocracia do capital (uma "burguesia burocrática"? - L. F.). O seu texto ***Terrorismo e Comunismo*** de 1919 (que provocou uma resposta irada homônima de Trotsky) fundamentou esta perspectiva a partir de uma transcrição quase que literal das reflexões contemporâneas de Weber sobre a burocracia (Kautsky, 1973). Assim, Kautsky simplesmente transferiu para os *bolcheviques* a crítica weberiana ao socialismo, indicando que eles teriam potenciado exponencialmente o processo de burocratização ao unificar duas burocracias (a pública e a privada) que antes se apresentavam separadas e em concorrência na sociedade. Isto só tornaria ainda mais limitadas e difíceis as condições da resistência dos trabalhadores.

Com base nesta compreensão francamente hostil ao poder soviético, Kautsky enviou, em 1924, um memorando sobre a situação soviética à Internacional Operária Socialista (IOS - a articulação internacional remanescente do movimento social-democrata na época), exigindo que esta desenvolvesse uma luta contra o *bolchevismo* não menos enérgica do que havia travado antes de 1917 contra o tzarismo (Kautsky, 1925). Este memorando foi duramente criticado, na época, pelos próprios *mencheviques*, que se recusaram a assumir a responsabilidade histórica de comandar a derrota do regime surgido da revolução russa (Liebich, 1986:355). Os *mencheviques* haviam interpretado a adoção da NEP, em 1921, como o reconhecimento do "caráter burguês" da revolução pelo poder soviético e o seu encaminhamento para um desenvolvimento capitalista clássico. Os social-democratas russos, nesta época, chegaram até mesmo a criticar o Partido *Bolchevique* por **fazer concessões em demasia** ao capital

[75] Ver, por exemplo, o conteúdo do discurso de Dan ao VIII Congresso dos *Sovietes* em dezembro de 1920, reproduzido em Liebich (1986:347).

estrangeiro e aos "novos ricos" internos.[76] A reversão nas políticas da NEP a partir da "Grande Virada" de 1928, e a subseqüente "revolução pelo alto", no entanto, deitaram por terra esta avaliação e recolocaram para os dirigentes social-democratas (e o conjunto das forças oposicionistas) a problemática teórica e política da natureza da URSS.

Neste período, Kautsky resgatou a tese anarquista da emergência de um "novo modo de produção" distinto tanto do capitalismo quanto do socialismo na União Soviética. Contra Otto Bauer (cujas opiniões vimos no Capítulo 3), ele afirmava que a ideologia socialista tinha valor apenas instrumental para o regime soviético. Este era dominado, na verdade, por uma "nova aristocracia" que controlava os meios de produção não-privados e os explorava em benefício próprio:

> *"Não a abolição de todas as classes, mas a substituição das velhas classes por novas foi a culminação da revolução bolchevique de 1917... A economia militarizada, altamente concentrada, do Estado soviético difere radicalmente, por certo, da economia do capitalismo privado, mas não está menos distante do objetivo da emancipação da classe trabalhadora do que qualquer forma de exploração e servidão."*
>
> (Kautsky *apud* Salvadori, 1986:291)

Diferentemente dos anarquistas, no entanto, Kautsky considerava a emergência desta nova classe dominante na URSS uma decorrência não das "concepções socialistas autoritárias" de Marx, mas do voluntarismo dos *bolcheviques* que teimaram em passar por cima das condições objetivas existentes na sua sociedade e tentaram eliminar por decreto as etapas necessárias ao desenvolvimento do socialismo. Contra Trotsky, ele argumentava que a "ditadura do proletariado" já havia nascido deformada como "ditadura de partido" na Rússia. As origens do processo de formação da "nova classe" remontariam, portanto, ao monolitismo político instituído por Lênin (e pelo próprio Trotsky), não fazendo sentido falar em uma "degeneração" posterior.

Embora não fossem aceitas unanimemente, estas posições de Kautsky tiveram forte ressonância no movimento social-democrata nos anos '30. Em 1931, o economista do PS francês, Lucien Laurat, publicou um importante livro sobre a economia soviética, caracterizando a "oligarquia burocrática da URSS" como "uma classe que deriva sua renda da exploração da população" (Laurat, 1931:193, tradução minha - L. F.). As alas de direita e de centro do Partido *Menchevique* russo, sobretudo seus dirigentes Bóris Nicolaievski e Rafael Abramovitch, também acompanharam as concepções de Kautsky, afastando-se das posições da ala esquerda liderada pelo então presidente do Partido, Theodore Dan (Nicolaievski, 1965; Abramovitch, 1962; e Liebich, 1986).

[76] Ver, por exemplo, os editoriais de 4 de maio de 1921 e 17 de dezembro de 1923 da revista ***Socialistitcheski Vestnik***, porta-voz dos *mencheviques*, citados em Liebich (1986:348).

TEÓRICOS MARXISTAS DO TOTALITARISMO

RUDOLF HILFERDING

Bóris Nicolaievski viria a convidar o célebre economista austríaco Rudolf Hilferding, amigo e colaborador próximo de Kautsky, para publicar um artigo na revista dos *mencheviques* russos, refutando o resgate da tese do "capitalismo de Estado" na URSS pelo trotskista "dissidente" R. Worrall. A resposta de Hilferding foi publicada em 1940 (Hilferding, 1977), um ano antes de ele ser morto pela *GESTAPO* na França ocupada. As suas críticas à tese do "capitalismo de Estado" basicamente reeditaram os argumentos já levantados em 1934 pela *menchevique* de esquerda Olga Domanevskaia (citada mais acima). Ele apontou o contra-senso de se caracterizar como "capitalista" uma sociedade onde não existia propriedade privada dos meios de produção, as leis de mercado não atuavam autonomamente e a maximização do lucro não constituía a motivação central da produção. Criticou, igualmente, a inadequação de se conceber a "burocracia" como detentora independente do poder na União Soviética.

A principal inovação teórica introduzida no artigo por Hilferding, no entanto, foi a identificação do surgimento de um novo sistema social na URSS — a "economia totalitária de Estado" — ao qual estariam se aproximando, também, a Alemanha nazista e a Itália fascista. Neste sistema, as relações entre política e economia seriam alteradas por completo, com a primeira tornando-se independente e determinante da segunda. Para Hilferding, isto subvertia a compreensão original do marxismo sobre a relação entre economia e Estado. Por isto, seria necessário abandonar a pretensão de caracterizar **economicamente** a sociedade soviética como capitalista ou socialista, e reconhecer que a evolução da sua sociedade era determinada sobretudo pela natureza **totalitária** do seu poder político (*Idem*:96).

A abordagem teórica do fenômeno totalitário por Hilferding rompia, assim, com o enfoque centrado na emergência de um "novo modo de produção" especificamente soviético de Kautsky. Essa abordagem do economista austríaco tinha evidentes pontos de contato com reflexões de outros renomados autores contemporâneos, influenciados em menor ou maior grau (e de diferentes formas) pelo pensamento marxista. Entre estes, destaca-se Karl Polanyi. Embora sua abordagem não fosse centrada no conceito de totalitarismo, Polanyi identificou na industrialização e coletivização da URSS ao final dos anos '20 o marco precursor da "grande transformação" que varreria o mundo em seguida nos anos '30. Esta "transformação universal" teria levado à suplantação da auto-regulação liberal do mercado (e a separação institucional das esferas econômica e política dela decorrente) por esforços massivos de regulação consciente da vida social, como os planos qüinqüenais soviéticos, o *New Deal* norte-americano, o nazismo alemão, o retorno a impérios autárquicos, etc.

(Polanyi, 1980). Polemizando com Trotsky, Simone Weil já havia chegado a conclusões semelhantes em 1933 (Weil, 1977).

BÓRIS SOUVARINE E VICTOR SERGE

Diferentes autores marxistas já haviam incorporado o totalitarismo como conceito central das suas caracterizações da URSS nos anos '30. No seu livro biográfico sobre Stálin publicado em 1935 (duramente criticado por Otto Bauer, por sinal), o historiador francês Bóris Souvarine apontou um "parentesco histórico profundo" entre o totalitarismo na Alemanha e na União Soviética (Souvarine, 1935). Souvarine (que foi fundador do PCF e integrante do Secretariado da III Internacional até ser expulso em 1924) concluiu que o totalitarismo político da URSS fundava-se em um novo tipo de exploração técnico-burocrática desenvolvida nos marcos da economia estatizada. Ele chegou mesmo a classificar este novo tipo de exploração como um "feudalismo burocrático" (o que me parece uma evidente contradição de termos, já que a primeira parte do nome composto se refere à fragmentação do poder em unidades locais, enquanto a segunda denota a centralização do poder numa estrutura única e integrada). Dois anos depois, o dissidente *bolchevique* refugiado na França, Victor Serge, chegava a conclusões análogas em importante obra sobre a história da revolução russa (Serge, 1937). Mais recentemente, na seqüência do colapso da URSS, essa mesma caracterização foi resgatada por diversos autores russos que passaram a qualificar a sociedade soviética anterior como um "socialismo feudal de aparelho" que tinha no totalitarismo o seu principal atributo (Tsukânov, 1995).

HERBERT MARCUSE E O LEGADO DA ESCOLA DE FRANKFURT

No pós-guerra, a crítica da racionalidade da civilização industrial moderna pelos principais pensadores da chamada Escola de Frankfurt incorporou e ampliou a sistematização teórica do totalitarismo desenvolvida por Hannah Arendt (que vimos no Capítulo 2).[77] Marcuse, em particular, argumentou que, ao impor um tipo de controle e centralização da produção que negou aos produtores imediatos o papel de sujeitos autônomos, a nacionalização e a abolição da propriedade privada na URSS teriam resultado no **aperfeiçoamento** da dominação, em vez de terem se constituído em pré-requisito para a sua abolição (Marcuse, 1969:80). O fenômeno do totalitarismo, nesta perspectiva, se fundaria na generalização, em todas as sociedades industriais, de uma única e limitada racionalidade instrumental **burguesa**, que padroniza e atomiza os indivíduos, sufocando a sua espontaneidade e autonomia.

[77] Sobre a evolução geral da Escola de Frankfurt no âmbito do marxismo ocidental, ver Anderson (1976), Merquior (1987), McLellan (1987), Howard (1988), Assoun (1989), Therborn (1995) e o Volume 3 de Kolakowski (1985). Para a discussão específica de autores dessa escola sobre o totalitarismo e o estado soviético, ver Horkheimer (1973) e, sobretudo, Marcuse (1964, 1969 e 1978).

Como as sociedades de tipo soviético não só incorporaram como passaram a reproduzir esta mesma racionalidade, suas diferenças fundamentais com a sociedade ocidental estariam sendo esmaecidas por uma forte tendência à assimilação. Em ambas as sociedades, segundo Marcuse, a centralização e a regimentação superavam a empresa individual e a autonomia; a competição se tornava cada vez mais organizada e "racionalizada"; as burocracias econômicas e políticas eram unificadas sob um governo de comando; e a massa do povo era coordenada e mobilizada através da *mídia* e dos meios massificados de diversão e educação (*Idem*:79-80). Enfim, o processo de burocratização monolítica, que Weber imputava ao socialismo e Kautsky ao *bolchevismo*, estaria tomando conta de toda civilização industrial moderna.

Este enfoque marcuseano teve forte influência sobre as "teorias da convergência" desenvolvidas no Ocidente entre os anos '50 e '70 (vistas no Capítulo 2). Ele se entrelaça, também, com algumas das leituras marxistas que identificaram a prevalência do capitalismo de Estado e/ou burocrático nos países do Leste (que examinaremos no próximo capítulo). No Brasil, ele influenciou as reflexões de Luiz Carlos Bresser Perereira sobre a emergência de um "modo tecnoburocrático ou estatal de produção" nos países soviéticos, nos países subdesenvolvidos e nos países capitalistas desenvolvidos (embora ele já se teria tornado dominante apenas nos primeiros) (Bresser Pereira, 1981). Há fortes ecos de Marcuse, ainda, nas reflexões de Giddens sobre o potencial totalitário de todos os estados modernos, em função da maximização do seu poder de vigilância sobre o conjunto da vida social (Giddens, 1985). Os verdadeiros precursores desta linha de interpretação, no entanto, foram os colaboradores e seguidores de Trotsky que romperam com este no final dos anos '30, por não concordarem com sua caracterização da URSS como um "estado operário degenerado".

OS TROTSKISTAS DISSIDENTES I

BRUNO RIZZI

O trabalho precursor desta "dissidência trotskista" foi o livro ***O Coletivismo Burocrático*** do italiano Bruno Rizzi, publicado em 1939 (Rizzi, 1977). Nele, Rizzi argumenta que a burocracia soviética havia se cristalizado em uma nova classe dominante na URSS, nos marcos da constituição de um novo sistema de exploração que ele chama de "coletivismo burocrático". Neste, o controle do Estado dava à nova classe dominante (a burocracia) a propriedade efetiva dos meios de produção, embora ela não dispusesse dos títulos jurídicos de propriedade da velha burguesia. Já os trabalhadores seriam reduzidos à condição de escravos. Rizzi introduz, aqui, uma distinção teórica entre a "propriedade formal" e o "controle real" dos meios de produção, que se tornaria peça central na argumentação de inúmeros autores contrários à caracterização dos estados de tipo soviético como socialistas.

Para o ex-trotskista italiano, no entanto, a emergência deste "coletivismo burocrático" não seria um desenvolvimento específico soviético. Ele o interpretava como fruto das contradições da socialização da produção no mundo industrial moderno: por um lado, a classe operária havia se revelado incapaz de cumprir o papel previsto originalmente para ela na teoria marxista — assumir o controle da indústria moderna através da revolução; por outro, o capitalismo também se mostrava incapaz de funcionar e sobreviver, em função do alto grau de concentração e centralização alcançado pela produção. Como resultado, a burocracia emergiu como o agente social da superação do capitalismo, constituindo uma nova forma de economia coletivista (burocrática), mais adequada ao caráter social da produção no mundo moderno. Assim como Polanyi, Rizzi concebia este desenvolvimento como uma transformação universal materializada em múltiplos desenvolvimentos mundiais no decorrer dos anos '30 (na URSS, na Alemanha, na Itália, nos Estados Unidos, etc.).

JAMES BURNHAM E MAX SCHACHTMAN

Entre 1939 e 1940, houve uma cisão importante no Partido Socialista dos Trabalhadores, seção da IV Internacional nos Estados Unidos, opondo dois de seus principais dirigentes, James Burnham e Max Schachtman, às posições "ortodoxas" de Trotsky. No centro da polêmica estava a caracterização do regime social existente na URSS que, segundo os dois dissidentes, não podia ser considerado nem um estado operário, nem um estado burguês. Fundamentando esta posição, Burnham publicou em 1941 o livro ***The Managerial Revolution*** (Burnham, 1941), que viria a ter grande influência sobre os defensores da teoria da convergência no pós-guerra (vistos no Capítulo 2). Como Rizzi, Burnham situou a emergência de um "novo modo de produção" na União Soviética nos marcos da ascensão mundial de uma nova classe dominante — a dos administradores tecnocratas — que teria substituído as funções e o poder das antigas classes proprietárias. Todo o mundo desenvolvido estaria convergindo para o mesmo tipo de transformação nos processos produtivos (a "revolução dos administradores"), que resultava na conformação de um modo de produção historicamente novo (a "sociedade dos administradores"). Cabe registrar que tanto Rizzi quanto Burnham sustentaram metodologicamente suas análises numa radicalização do determinismo tecnicista presente no próprio pensamento de Trotsky (vista no capítulo anterior).

Já as posições de Schachtman (1962) se sustentavam sobre bases diferentes. Sua crítica teórica fundamental de Trotsky se dirigiu contra a separação conceitual, feita por este, dos poderes político e econômico do estado operário. Segundo Schachtman, esta separação conceitual e institucional só seria concebível em sociedades capitalistas, onde a burguesia se vale da sua supremacia econômica (i.e., da sua propriedade privada sobre os meios de produção fundamentais) para conformar o seu poder social em uma esfera política estruturada separadamente. Como os trabalhadores não possuem propriedade própria sobre os meios de produção **antes** da tomada do poder, eles se apropriam das forças produtivas (via revolução) **através da esfera política** (o Estado operário). Seu poder social, portanto, é inseparável do seu poder político. Por isso, a tese de Trotsky de que o proletariado foi "politicamente expropriado" pela burocracia em um Estado que continuaria sendo operário (em função da predominância de formas sociais de propriedade) não faria sentido: para que um Estado seja concebido como "operário", seria necessário o exercício efetivo do poder político na sociedade pelos trabalhadores (*Idem*:43-4). Schachtman, assim, enfatizava (em termos próximos aos de Rizzi) a necessidade de se distinguir teórica e conceitualmente as "formas de propriedade" das "relações de produção", destacando que, no caso do Estado operário, as formas de estruturação da esfera política são **determinantes** das relações de produção.

Com base neste raciocínio teórico, Schachtman concluiu pela inexistência de um "Estado operário" na URSS, caracterizando-a como um "estado burocrático coletivista". Este "coletivismo burocrático", no entanto, era concebido em termos diferentes de Rizzi e Burnham. Para Schachtman, tratar-se-ia de um fenômeno limitado à União Soviética, fruto de uma conjuntura histórica única (*Idem*:81). Os expurgos do final dos anos '30 teriam coroado um processo de contra-revolução que alterou o caráter de classe do estado soviético, consolidando a burocracia como nova classe dominante. O marco político deste coroamento teria sido a "liquidação" dos *sovietes* na Constituição de 1936 (que reintroduziu o princípio do sufrágio universal na URSS). A conquista definitiva do poder pela burocracia teria, portanto, dissipado as relações de propriedade estabelecidas pela revolução *bolchevique*.

Segundo Schachtman, o reconhecimento da necessidade de uma nova revolução **política** na URSS por Trotsky, a partir de 1933, indicaria que ele também intuiu essa alteração fundamental, mas não ousou levar essa intuição às últimas conseqüências (ficando preso, portanto, a uma formulação contraditória). Para o dissidente trotskista, o que se impunha para os trabalhadores soviéticos era uma nova revolução tanto **política** quanto **social** contra a classe burocrática dominante. Sua evolução posterior, no entanto, foi marcada por um progressivo afastamento de posições marxistas e um crescente alinhamento com a política externa norte-americana no âmbito da Guerra Fria — a ponto de apoiar, antes de morrer em 1972, a participação dos Estados Unidos na invasão da Baía dos Porcos em Cuba e na Guerra do Vietnan. (Bellis, 1979:111).

LEITURAS MARXISTAS DISSIDENTES NO LESTE

MILOVAN DJILAS E AS INTERPRETAÇÕES IUGOSLAVAS

Possivelmente marcados pela singularidade das suas experiências pessoais, a tese da emergência de um novo modo de produção **específico** nas sociedades de tipo soviético foi incorporada, no pós-guerra, pela maior parte dos círculos marxistas dissidentes no Leste. O trabalho precursor desta incorporação foi, sem dúvida, o famoso livro ***A Nova Classe*** do recém falecido ex-dirigente da Liga dos Comunistas da Iugoslávia, Milovan Djilas (1958). Do ponto de vista teórico, sua análise não traz inovações importantes em relação às reflexões de Rizzi e Schachtman que acabamos de ver. Do primeiro, ele incorporou a distinção conceitual entre formas jurídicas de propriedade e controle efetivo da produção. Assim, para Djilas:

> *"O direito à propriedade é o direito ao lucro e ao controle. Definindo-se as vantagens de classe segundo esse direito, os Estados comunistas terão visto, em última análise, a origem de uma nova forma de propriedade ou de uma nova classe governante e exploradora... Em contraste com as antigas revoluções, a comunista, feita em nome da extinção das classes, resultou na mais completa autoridade de uma única e nova classe. O resto é logro e ilusão."*
> (*Idem*:58-9)

De Schachtman, o dissidente iugoslavo manteve a identificação da Constituição de 1936 como o marco político da formação de uma nova classe exploradora baseada na burocracia política (*Idem*:62), bem como a preocupação central com as formas assumidas pelo Estado nos países do Leste (*Idem*:104-47). Ao contrário dos dissidentes trotskistas, no entanto, Djilas localizou o germe da "nova classe" na concepção de partido desenvolvida por Lênin e praticada pelos *bolcheviques*, concepção esta que transformaria inevitavelmente esse tipo de partido no alicerce de um estado totalitário após a tomada do poder (*Idem*:63). No caso específico da União Soviética, berço deste fenômeno, a interpretação de Djilas inspirou um estudo detalhado sobre a composição da suposta "nova classe dominante" pelo historiador Michael Voslensky, após o seu refúgio no Ocidente (Voslensky, 1980).

Se a obra de Djilas carece de qualquer contribuição teórica original mais substantiva, resta perguntar: por que ela teve tamanha repercussão? Parece-me que a resposta reside no próprio perfil pessoal do autor: um dos mais altos dirigentes do Partido e do Estado da Iugoslávia, presidente do Parlamento Nacional desse país até a sua expulsão da Liga dos Comunistas em 1954 e posterior prisão. Ou seja, alguém que referenciava a sua caracterização teórica em uma rica e intensa experiência pessoal na direção dos fenômenos que analisava, o que conferia a essa caracterização maior credibilidade e legitimidade. O fato é que a sua análise teórica não era propriamente inovadora nem mesmo dentro do seu país. Após a cisão com a URSS nos anos '50, vários autores de círculos políticos e acadêmicos "oficiais" (ou tolerados) da Iugoslávia passaram a identificar a existência de um "novo modo de produção estatista" nos países do "bloco soviético" (entre outros, Popovic, 1963; Vranicki, 1972 e 1974; Stojanovic, 1972 e1973; Markovic, 1977). O "crime" de Djilas parece ter sido o de aplicar esse enfoque **à própria Iugoslávia**...

RUDOLF BAHRO: DO DESPOTISMO ORIENTAL AO DESPOTISMO INDUSTRIAL

Os anos '70 testemunharam o surgimento de outras interpretações mais sofisticadas (embora menos difundidas no Ocidente) entre autores marxistas dissidentes nos países do Leste. Uma das mais interessantes foi desenvolvida pelo alemão-oriental Rudolf Bahro (1980). Este fundamentou a sua caracterização das sociedades de tipo soviético em uma analogia com os processos históricos de transição de sociedades primitivas para as primeiras sociedades de classe (processos marcados pelo predomínio do "despotismo agrário" ou do "modo de produção asiático"). Esta transição teria coberto um vasto período histórico, nos marcos do qual sociedades com uma divisão de trabalho embrionária e quase natural, sem produto excedente estável, transformaram-se em sociedades com uma crescente divisão social do trabalho e um produto excedente estável o suficiente para eximir do trabalho produtivo uma parte de seus membros (Gilly, 1985:9).

A referência a estas sociedades "asiáticas" remonta a reflexões esparsas e não-sistematizadas do próprio Marx sobre o tema. No célebre "Prefácio" de 1859, em que resume o seu método de investigação da sociedade, Marx identificou o "modo de produção asiático" como uma das grandes épocas do desenvolvimento histórico humano, sucedido pelo "antigo", o "feudal" e o "moderno burguês" (Marx, 1976:302). Este modo de produção seria caracterizado pela coexistência simultânea da propriedade comunal da terra (**ausência** de propriedade privada) e do poder de Estado (agente estratégico na montagem e administração dos sistemas de irrigação que viabilizavam a produção agrícola). Esta combinação, no entanto, entrava em contradição com a compreensão originalmente desenvolvida por Marx e Engels (s.d.a) e posteriormente sistematizada pelo último (Engels, 1979) de que o poder de Estado só emergira historicamente a partir da clivagem das antigas comunidades primitivas em classes antagônicas (i.e., como **conseqüência** do advento da propriedade privada).

As implicações teóricas e políticas desta contradição são claras. Se a emergência do Estado no "modo de produção asiático" **precede** o surgimento da propriedade privada, não será utópico e infundado o projeto marxista de superar o poder de Estado a partir da socialização da produção e da eliminação das diferenças de classe nas sociedades modernas? A abolição da propriedade privada não poderá resultar, ao contrário, numa nova forma de despotismo? Segundo o historiador ocidental Karl Wittfogel, Marx não foi fiel ao seu método e deixou inexplorado o tema do "modo de produção asiático" precisamente por ter percebido as suas implicações negativas para a opção socialista (Wittfogel, 1957). O próprio Wittfogel fez questão de resgatar o tema, destacando precisamente a sua relevância para a crítica dos estados socialistas modernos.

Bahro também procurou resgatar essa temática, mas sem cair no viés anti-socialista de Wittfogel. Para o alemão-oriental, a chave para a compreensão das sociedades de tipo soviético residia em compreendê-las como sociedades marcadas por uma transição histórica análoga à do "modo de produção asiático", mas operando em direção oposta: da sociedade de classes para a sociedade sem classes. Nesta transição, embora a propriedade privada dos meios de produção já tivesse sido abolida, persistia a divisão entre o trabalho manual e intelectual, porque o baixo nível de desenvolvimento das forças produtivas ainda não permitia a absorção do trabalho excedente pelo trabalho necessário. Do ponto de vista político, isto resultava num "despotismo industrial" análogo ao "despotismo agrário" das sociedades primitivas asiáticas.

Os ecos de Trotsky nesta formulação são evidentes. Mas há diferenças importantes. A mais crucial é que Bahro concebe a "sociedade de transição" como um vasto processo histórico que se auto-reproduz, e não como um período necessariamente curto, instável, temporário e sem dinâmica própria. Na sua visão, este tipo de transição é fruto do bloqueio, pelos países capitalistas centrais, de qualquer possibilidade de industrialização dos países dependentes e "subdesenvolvidos" na economia mundial. Por causa disto, o impulso para a industrialização tomou corpo em movimentos revolucionários que procuraram vias **não-capitalistas** para a sociedade industrial. Este seria o verdadeiro sentido da Revolução de Outubro na Rússia (país classificado genericamente por Bahro como "pré-capitalista" até a tomada do poder pelos *bolcheviques*) embora Lênin e seus companheiros não tivessem consciência disso (há evidentes pontos de contato entre esta abordagem e a dos adeptos das teorias da modernização e do desenvolvimento, resenhadas no Capítulo 2).

A tentativa de construir o socialismo nestas condições de atraso teria resultado numa espécie de "despotismo industrial": a socialização da produção assumiu "a forma alienada de uma estatização baseada numa superação frustrada da antiga divisão do trabalho" (Bahro, 1980:16). Entre os traços centrais deste despotismo industrial estariam a organização burocrático-centralista de toda a sociedade; o caráter estratificado desta; a impotência dos que participam diretamente da produção; a relativa debilidade dos impulsos produtivos; e uma organização político-ideológica típica de um Estado teocrático. A "exploração" que persistiria neste tipo de sociedade seria um fenômeno essencialmente político (i.e., reflexo da distribuição [desigual] do poder político) (*Idem*:94). Para Bahro, a revolução soviética estaria condenada a este tipo de desfecho desde o seu início, dadas as condições estruturais sobre as quais se desenvolveu (enfoque análogo ao determinismo estrutural da Sociologia Histórica ocidental, discutida no Capítulo 2).

As formulações de Wittfogel e Bahro influenciaram duas das análises mais trabalhadas sobre as sociedades de tipo soviético já desenvolvidas no Brasil. Seguindo a trilha aberta pelo autor alemão oriental, Angelo Segrillo concluiu que o baixo nível das forças produtivas na URSS combinado com sua posição dependente na Economia Mundial cristalizou na sociedade soviética um modo de produção caracterizado como um "proto-socialismo de características fordistas" (Segrillo, 2000:116). Já Fernando Haddad preferiu recuperar a interpretação de Wittfogel (enriquecida com "pitadas" da análise de Rudolf Bahro) para caracterizar o sistema soviético como "um modelo (anticapitalista) de acumulação primitiva de capital adotado por algumas sociedades asiáticas (ou semi-asiáticas) no curso da transição ... para o modo capitalista de produção" (Haddad, 1992:10). Resta explicar como um processo de acumulação **anticapitalista** pode desembocar, por sua própria lógica, no capitalismo. Ou então, mais concretamente, como esta tese pode ser sustentada diante da prolongada crise econômica vivida pelos países do Leste nos anos '90 **justamente pela inexistência de capital privado endógeno acumulado em proporções suficientes para sustentar a transição ao capitalismo**

AGNES HELLER E A ESCOLA DE BUDAPESTE

O tema da alienação também ocupou lugar central na caracterização das sociedades de tipo soviético pelos ex-colaboradores e alunos de György Lukács agrupados na chamada *Escola de Budapeste*.[78] A principal inovação teórica introduzida por estes foi a identificação de uma nova formação econômico-social nos países do Leste, marcada pela monopolização de todos os meios de organização e intercâmbio social pelo aparelho estatal. Esta nova sociedade, distinta tanto do capitalismo quanto do socialismo e com elevada capacidade de auto-reprodução, foi batizada por eles de "ditadura sobre as necessidades" (Fehér *et alli*, 1983).

Cabe ressaltar que esta nova sociedade não era concebida por esses autores como um "modo de produção". Num enfoque próximo ao de Hilferding, eles argumentavam que a estatização da propriedade era apenas a faceta econômica de um sistema total de dominação social (*Idem*:70). Curiosamente, esta dominação tampouco era identificada com a emergência de uma nova classe dominante (já que, referenciados em Weber [1982:214], eles sustentavam

[78] Entre estes, destacam-se Ferenc Feher, Agnes Heller, György Márkus e Mihaly Vajda.

que o conceito de "classe" só faria sentido em sociedades reguladas pelo mercado). Ela expressaria, isto sim, o controle do estamento superior da burocracia estatal-partidária sobre toda a vida social (Fehér *et alli*, 1983:131). Assim como Weber e Michels, os pensadores da Escola de Budapeste localizaram a origem desta nova forma de dominação em impasses do próprio projeto socialista, e não nas condições históricas de atraso enfrentadas pelas experiências revolucionárias ou numa suposta "traição" de princípios socialistas originais.

As reflexões de Agnes Heller sobre as necessidades humanas foram basilares para o desenvolvimento desta interpretação (Heller, 1976). Para ela, os *bolcheviques* herdaram do romantismo da Revolução Francesa, via Marx, a identificação conceitual da *liberdade* com a *igualdade* (e a compreensão do socialismo como priorização da última). No poder, estes revolucionários buscaram erguer uma sociedade onde todos fossem iguais, e as bases do conflito social (inclusive entre as classes) fossem superadas. Mas isto teria implicado deslocar a compreensão das necessidades como expressão do sujeito individual, em favor de uma visão globalizante da "necessidade social" que deveria comandar a organização de toda a sociedade (passando por cima de "necessidades individuais particulares"). O problema crucial, aqui, é que as necessidades humanas são **historicamente produzidas**, e não podem ser determinadas a partir de uma identificação, em separado, da "natureza humana" ou das "leis do desenvolvimento social". Os revolucionários russos (assim como seus predecessores franceses) teriam se arvorado em **árbitros** da necessidade social, impondo sobre a sua sociedade plural um modelo único e ideal de necessidades. O resultado foi o estabelecimento de uma "ditadura sobre as necessidades", onde a estrutura política totalizadora só permitia a satisfação de necessidades por ela reconhecida como "reais", e reprimia as demais. Ao insistir na regulação (e eventual eliminação) da vida privada conforme o ideal oficial de necessidade social, o sistema se tornava totalitário. Em suma, a ênfase socialista na **igualdade** teria sido progenitora do **despotismo** nos estados de tipo soviético.

NOVAS INTERPRETAÇÕES MARXISTAS NO OCIDENTE

PAUL SWEEZY E O LEGADO DE '68

No âmbito da esquerda ocidental, o duplo impacto da cisão sino-soviética e das rebeliões estudantis-juvenis nos anos '60 também reavivou a identificação de uma "nova classe dominante" nos países do Leste. Entre os líderes da rebelião de maio de '68 na França, esta identificação se materializou na recuperação de antigas posições anarquistas e sindicalistas, e na transcrição quase que literal da análise de Burnham sobre a generalização do fenômeno burocrático e a emergência de uma nova classe dominante de administradores no mundo

(Cohn-Bendit e Cohn-Bendit, 1969). Mas a tese do "novo modo de produção" ganhou adeptos mesmo entre expoentes mais tradicionais do pensamento marxista no Ocidente, como o renomado economista norte-americano Paul Sweezy.

Após a grande cisão do movimento comunista no início dos anos '60, a questão da natureza das sociedades pós-revolucionárias no Leste tornou-se uma preocupação teórica central para Sweezy. Suas reflexões sobre o tema começaram pela defesa inicial da natureza socialista da URSS, para em seguida se aproximar da interpretação trotskista clássica, até concluir pela inconsistência destas leituras e formular a tese do surgimento de um novo modo de produção na sociedade soviética. A evolução do seu pensamento entre 1967 e 1980 pode ser acompanhada nos artigos reunidos no livro ***A Sociedade Pós-Revolucionária*** (Sweezy, 1981).

Em 1967, Sweezy não admitia a existência de uma nova classe dominante nos países do Leste, mas apenas de um "estrato dirigente". Ele garantia, na época, que só várias gerações de transmissão hereditária de privilégios e soerguimento de barreiras à mobilidade ascendente poderiam transformar esse "estrato" numa "classe" (*Idem*:23). No início dos anos '70, no entanto, ele já identificava essa classe nos escalões superiores dos aparelhos do Partido, do Estado e militar. No caso da URSS, ela teria se moldado gradualmente a partir da década de '30, até se constituir em uma classe dominante consciente de si mesma e essencialmente auto-reprodutora (*Idem*:125) Sua formação teria conduzido a sociedade soviética (e a dos demais estados que a adotaram como modelo) para um novo modo de produção, nem socialista, nem capitalista. Segundo Sweezy, esta formação social não poderia ser concebida como uma "sociedade de transição" porque mantinha suas próprias leis específicas de desenvolvimento e era capaz de auto-reprodução autônoma. Nos anos ´80 e ´90, outros autores marxistas no Ocidente desenvolveram análises nesta mesma linha de raciocínio, entre os quais eu destacaria as caracterizações da sociedade soviética como "um novo modo estatista de produção" por Samir Amin (s.d., 1983 e 1992) e uma "forma *sui generis* de dominação de classe" por Simon Clarke (Clarke *et alli*, 1993:7).

UM BALANÇO PARCIAL DAS TEORIAS DA "NOVA CLASSE"

Numa passagem em que busca apresentar de forma bastante resumida e sintética o seu argumento, Sweezy revela a lógica fundamental que sustentou praticamente todas as interpretações resenhadas neste capítulo: as sociedades de tipo soviético não se comportavam da maneira prevista para o socialismo por Marx; elas tampouco conformavam o padrão de funcionamento próprio do capitalismo; logo, só podiam ser um novo tipo de sociedade fundada em um modo de produção não previsto originalmente pela teoria marxista (Sweezy, 1981:118). A simplicidade do argumento o torna bastante sedutor. Ao cogitar possibilidades de desenvolvimento para a civilização moderna além da tradicional dicotomia entre capitalismo e socialismo (o marxismo clássico só concebia como terceira alternativa a **barbárie** [i.e., a negação da própria civilização]), ele também estimula a nossa "imaginação sociológica"[79] a ousar vôos mais criativos. Mas tudo isso é insuficiente para superar limitações cruciais do argumento — tanto no que se refere à sua construção teórico-metodológica quanto à sua consistência empírica e conceitual.

Do ponto de vista teórico-metodológico, o conjunto das interpretações resenhadas neste capítulo se apoiou no que poderíamos chamar de "tipo ideal weberiano negativo". Compreendendo o socialismo como alternativa às mazelas e contradições fundamentais do capitalismo, os autores projetaram as características mais negativas deste num tipo ideal e conceberam o socialismo como o seu oposto. Se o tipo ideal capitalista é marcado por relações sociais desiguais e hierarquizadas, pelo despotismo da propriedade privada na produção, pela subordinação da humanidade à ação incontrolável do mercado, por formas meramente formais de democracia representativa, pela prevalência de valores individualistas guiados por uma racionalidade instrumental, etc.; o tipo ideal socialista é caracterizado por relações sociais igualitárias e horizontais, pela associação livre dos produtores em unidades coletivas de produção, pela substituição do mercado pela regulação planificada e consciente de toda a vida social, por formas substantivas de democracia direta e participativa, pelo predomínio de valores solidários voltados para o bem comum, etc. Na medida em que os estados do Leste não correspondem a este tipo ideal — mas tampouco reproduzem características básicas do capitalismo, como a predominância da propriedade privada e a economia de mercado — eles são concebidos como um novo tipo de sociedade cujos contornos básicos tem de ser melhor definidos.

O problema com esta abordagem é o seu utopismo idealista. Não estou me referindo, aqui, à "utopia" no sentido positivo — o de vislumbrar alternativas políticas, econômicas e sociais para além das instituições, estruturas e relações em existência. Refiro-me à "utopia" no seu sentido negativo, de "lugar nenhum" (i.e., à desconsideração dos problemas e impasses que a materialização de tais alternativas acarreta). O pensamento de Marx não está isento deste utopismo/voluntarismo, mas sua discussão do socialismo (como primeira fase do comunismo) pelo menos procura confrontar realisticamente alguns dos condicionantes e limitações que constrangeriam a construção de uma sociedade sem classes alternativa ao capitalismo no mundo moderno. Esta é a base da sua divergência com Bakunin e os anarquistas de uma maneira geral. Isso no século passado, antes de qualquer tentativa mais séria de materialização histórica da alternativa socialista. Mais de cem anos depois, não é o caso de ficarmos presos à **letra** das suas for-

[79] Referência ao texto em que C. Wright Mills critica a cegueira metodológica das Ciências Sociais norte-americanas (Mills, 1959).

mulações, e sim de confrontarmos os novos problemas e impasses revelados pelas tentativas de construção do socialismo no século XX.

A base teórico-metodológica adotada pela maior parte dos autores resenhadas neste capítulo, no entanto, dá um passo **atrás** em direção a Bakunin. Tomemos, por exemplo, a distinção conceitual feita por estes autores entre a "nacionalização" e a "socialização" dos meios de produção. É certo que a "efetiva socialização" não pode ser confundida com simples estatização das forças produtivas. Mas, segundo o enfoque de Marx, a eliminação das relações hierárquicas na divisão técnica do trabalho (a "socialização plena") depende da **superação** das diferenças entre trabalho manual e trabalho intelectual na sociedade que fundamentam a distinção entre tarefas de direção e tarefas de execução no processo produtivo. Ou seja, a "socialização efetiva" só se verificaria ao término da transição histórica entre a primeira e segunda fases da construção de uma sociedade sem classes. Nesta visão, a "centralização progressiva de todos os meios de produção nas mãos do Estado" (Marx e Engels, 1976:37) — ou seja, a **nacionalização/estatização** — constitui a **base inicial** para a efetiva socialização dos processos de produção ao longo da transição socialista. Conceber esta socialização como precondição do socialismo é, portanto, negar a sua própria essência e, em última instância, torná-lo tão impossível quanto a utopia anarquista de Bakunin.

Problemas teóricos análogos podem ser vistos na discussão das formas democráticas de estruturação do estado e da produção no socialismo. Voltemos, uma vez mais, às reflexões de Marx sobre as fases da construção de uma sociedade sem classes. Já vimos como, para ele, o processo histórico de superação da alienação compõe a própria essência do socialismo enquanto etapa de transição. Dada a continuada predominância de relações "alienadas" na sociedade, as normas de repartição do produto social no socialismo ainda teriam de ser baseadas no "direito burguês". Sem isto, a ética do trabalho se decomporia e a sociedade socialista não seria capaz de criar as condições materiais para a sua passagem a uma fase superior. Nestas condições, a simples generalização de mecanismos de democracia direta e participativa no Estado e na produção tenderia a afirmar interesses locais e individuais (movidos por uma lógica **corporativa** de maximização de benefícios particulares) contra o interesse da coletividade — o que também determinaria, no limite, a própria impossibilidade da auto-reprodução ampliada da sociedade socialista. A discussão destas questões será retomada e ampliada na Parte 2 do livro.

O resultado da opção teórico-metodológica pelo "tipo ideal negativo", adotada pela maior parte dos autores resenhados neste capítulo, foi, assim, o não-confronto teórico e político com problemas e impasses cruciais do próprio projeto socialista. Isto não se aplica, evidentemente, às análises de Michels/Pareto e dos autores agrupados na chamada Escola de Budapeste. Os primeiros, como vimos, negavam a própria viabilidade do socialismo. Suas formulações merecem, hoje, um reexame mais profundo, à luz do colapso dos estados de tipo soviético no Leste. Os segundos não estavam inteiramente isentos do idealismo criticado acima.

Numa abordagem muito influenciada pelo enfoque dos comunistas *conselhistas* (que analisaremos no próximo capítulo), Agnes Heller apresentava como solução para o dilema indicado acima a montagem de uma espécie de "Estado dual": por um lado, deveria se erguer um aparelho democrático de deliberação e ação executiva, capaz de maximizar o controle da vida social; por outro, deveria se generalizar a montagem de cooperativas independentes e participativas, dispondo do capital necessário para assegurar sua viabilidade e estabilidade (Heller, 1985). Mas o problema, como vimos, é que, nas condições próprias do socialismo, um lado deste Estado entra em contradição com o outro. Agnes Heller argumentava que o segundo poderia ser subordinado legitimamente ao primeiro apenas se este se fundamentasse racionalmente sobre valores éticos universalmente aceitos. Mas isto implica que, na sua ação, o aparelho político deve distinguir as necessidades sociais que conformam com estes valores dos que não conformam. Só que isto reintroduz, precisamente, a "metafísica da discriminação de necessidades" que, na sua análise, estava na origem do totalitarismo no Leste. Ou seja. voltamos, nesta base, ao ponto de partida, sem solução...

Os problemas empíricos e conceituais enfrentados pela tese do "novo modo de produção" no Leste são ainda mais evidentes. Alguns agravam observações críticas já feitas em relação a Trotsky, como a inaplicabilidade do conceito tradicional (weberiano) de burocracia nos estados de tipo soviético; a imprecisão das fronteiras da "nova classe dominante" no âmbito da burocracia; e a inadequação de se identificar a constituição desta dominação de classe estruturada na burocracia no exato período em que esta é violentamente reprimida e expurgada. Mais fundamental, no entanto, é a inadequação revelada pelos próprios acontecimentos pós-'89: o colapso rápido e fulminante das sociedades de tipo soviético no Leste revelou que estas **não estavam estruturadas sobre um modo de produção capaz de prolongada auto-reprodução histórica**. A facilidade com que os governantes desses estados abriram mão do poder (com a exceção da Romênia) revela, igualmente, que a sua caracterização como uma "nova classe dominante" era inadequada — afinal, que classe abriria mão da sua "dominação" e privilégios tão facilmente? Por fim, o colapso do "bloco soviético" no Leste e a profunda crise econômica, política e social que se lhe seguiu mostram que a sua evolução fundamental não vinha operando no sentido da **convergência** com o Ocidente. Pelo contrário, o que houve foi a **derrota** dos estados do Leste diante de um sistema internacional dominado e hegemonizado pelas principais potências ocidentais, a que se seguiu o desmantelamento dos pilares fundamentais de seu sistema econômico-social em nome da integração com o Ocidente.

Estes desenvolvimentos minaram também a credibilidade das interpretações marxistas que classificavam as sociedades de tipo soviético como já capitalistas **antes** do colapso, como veremos no Capítulo 6, a seguir.

Capítulo 6

A REVOLUÇÃO DE COPÉRNICO: INTERPRETAÇÕES MARXISTAS CENTRADAS NO CONCEITO DE CAPITALISMO DE ESTADO E/OU BUROCRÁTICO

Assim como fizemos nos capítulos anteriores, antes de proceder à análise específica dos autores que identificaram a persistência do capitalismo do Leste, vamos começar examinando as origens teóricas desse conceito no âmbito do pensamento marxista.

AS ORIGENS TEÓRICAS DO CONCEITO DE CAPITALISMO DE ESTADO

FRIEDRICH ENGELS

O debate marxista sobre o conceito de "capitalismo de Estado" remonta a observações de Engels sobre a transformação de certas grandes empresas (sobretudo as de transporte e comunicações) em propriedade de Estado nos principais países capitalistas no final do século passado (Engels, 1977a:53-5). Este desenvolvimento era explicado por ele em função do elevado grau de centralização e concentração alcançado pela produção nos países capitalistas centrais. Tratar-se-ia de uma tentativa de harmonizar o modo de produção, de apropriação e de troca com o caráter cada vez mais social (i.e., baseado em trabalho humano coletivo) dos meios de produção. Mas como o Estado em questão não era mais do que "uma organização criada pela sociedade burguesa para defender as condições exteriores gerais do modo capitalista de produção contra os atentados tanto dos operários quanto dos capitalistas isolados", a relação capitalista na sociedade não era abolida, mas aguçada (*Idem*:54-55). Seria, enfim, uma forma de "capitalismo de Estado".

VLADIMIR I. LÊNIN

No início deste século, a abordagem de Engels referida acima foi retomada e desenvolvida por Hilferding para fundamentar sua teoria do "capitalismo organizado", cujos rudimentos podem ser encontrados na sua célebre obra ***O Capital Financeiro*** (Hilferding, 1985). Mas seria Lênin o autor marxista a dar maior destaque ao conceito de "capitalismo de Estado", desde as vésperas da revolução de 1917 até a sua morte em 1924. Em setembro de '17, ele indicava que a "dialética da história" havia levado a Primeira Guerra a acelerar extraordinariamente o processo de transformação de capitalismo monopolista em capitalismo monopolista de Estado (Lênin, 1978b:195). Em ***O Estado e a Revolução***, escrito na mesma altura, ele indicou a transformação do capitalismo monopolista em capitalismo monopolista de Estado como um dos traços principais da "época do imperialismo", resultando no reforço inaudito da máquina do Estado nos países capitalistas centrais (Lênin, 1978c:243).

Após o triunfo da revolução soviética, Lênin continuou insistindo na necessidade de aprender com o capitalismo de Estado alemão (já que este seria a "última palavra" da grande técnica capitalista moderna e da organização planificada) e transplantá-lo a qualquer custo para a Rússia, no sentido de criar as condições necessárias para o socialismo (Lênin, 1978f: 602-3). Já vimos antes como ele identificava no capitalismo de estado uma das cinco estruturas econômico-sociais fundamentais existentes na Rússia da época. Ao lançar a NEP em 1921, ele defendeu o alargamento do capitalismo de Estado na Rússia soviética nos seguintes termos:

> *"Voltamos freqüentemente a cair ainda neste raciocínio: 'o capitalismo é um mal, o socialismo é um bem'. Mas este raciocínio é errado, porque esquece todo o conjunto de estruturas econômico-sociais existentes, abarcando apenas duas delas. O capitalismo é um mal em relação ao socialismo. O capitalismo é um bem em relação ao medievalismo, em relação à pequena produção, em relação ao burocratismo ligado à dispersão dos pequenos produtores. Uma vez que ainda não temos forças para realizar a passagem direta da pequena produção ao socialismo, o capitalismo é em certa medida inevitável, como o produto espontâneo da pequena produção e da troca, e portanto devemos aproveitar o capitalismo (principalmente dirigindo-o para a via do capitalismo de Estado) como elo intermédio entre a pequena produção e o socialismo, como meio, via, processo ou método de elevação das forças produtivas."*
>
> (Lênin, 1979g:508-9)

Em diferentes trabalhos deste período, Lênin identificou cinco componentes fundamentais deste capitalismo de Estado a ser desenvolvido pelo poder soviético:

1) o estabelecimento de concessões, mediante as quais forças produtivas eram alocadas a grupos capitalistas privados russos ou estrangeiros por um prazo determinado;

2) o arrendamento (aluguel) de forças produtivas a grupos capitalistas privados, também por prazo determinado;

3) a montagem de empresas mistas, associando empresas capitalistas estrangeiras e empresas estatais soviéticas;

4) o pagamento de comissões do Estado a comerciantes privados para comercializar mercadorias;

5) a formação de cooperativas de pequenos produtores com liberdade para comercializar seus excedentes de produção.

Lênin considerava tratar-se de um "capitalismo de Estado" original e diferente do praticado nos países ocidentais, precisamente por se tratar de um capitalismo controlado e regulado pelo Estado operário (Lênin, 1979c:625). Isto permitiria ao poder soviético controlar as concessões, mantendo o capitalismo de estado dentro de determinados limites e eliminando-o assim que as condições para isso estivessem criadas. Apesar disso, houve muita polêmica na direção do Partido *Bolchevique* em relação à caracterização desses componentes.[80]

A POLÊMICA COM TROTSKY, BUKHARIN E ZINOVIEV

Bukharin inicialmente se opôs à aplicação do conceito de capitalismo de Estado para qualquer setor da sociedade soviética, argumentando que ele só seria válido para a coalizão do Estado burguês com os *trustes* capitalistas (Bukharin, 1979:133-4). Trotsky também manifestou repetidas vezes as suas reservas quanto à aplicabilidade desse conceito para a realidade da URSS (Trotsky, 1975c e 1987). Em posição diametralmente oposta, Zinoviev e Kamenev argumentaram, após a morte de Lênin, que, enquanto persistissem as diferenças entre os trabalhadores e a direção técnica, **todas** as empresas estatais na União Soviética (inclusive as do chamado "setor socialista") deveriam ser consideradas como integrantes do capitalismo de Estado (vimos os problemas teóricos com este tipo de enfoque no final do capítulo anterior).[81] A questão foi discutida no XIV Congresso do Partido *Bolchevique*, no final de 1925, e concluiu-se que o conceito de capitalismo de Estado era aplicável à realidade então vivida pela URSS, mas apenas para as relações estabelecidas entre o poder soviético e os setores não-socialistas com base nos cinco componentes indicados acima.

O fato é que relações estabelecidas com grupos capitalistas privados não chegaram a alcançar maiores proporções na sociedade soviética no decorrer

[80] Para uma discussão dessa polêmica ver Gerratana (1987).

[81] Ver resumo do argumento de Zinoviev e Kamenev em Fischer (1948:487).

dos anos '20. Já no início da aplicação da NEP, isto provocou o comentário bem-humorado de Lênin de que, em relação ao capitalismo de Estado, "as discussões são abundantes, mas as concessões poucas"[82]. O setor da pequena produção cooperativizada acabou estabelecendo relações principais com o setor socialista, e não com os demais componentes identificados como pertencentes ao capitalismo de Estado. A maior parte deste setor cooperativizado não empregava trabalho assalariado alheio (não era, portanto, em si capitalista). Nestas condições, o peso efetivo do capitalismo de Estado na URSS manteve-se limitado, não correspondendo às expectativas iniciais do próprio Lênin.

AVALIAÇÕES SOCIAL-DEMOCRATAS NOS ANOS '20

KARL KAUTSKY

No capítulo 5, vimos como Kautsky e os *mencheviques* consideraram inicialmente a revolução soviética como uma revolução burguesa sustentada pelo campesinato, que só poderia resultar em alguma forma de desenvolvimento capitalista (via transmutação espontânea ou derrota política). Em 1919, Kautsky interpretava as políticas do período do "Comunismo de Guerra" como o estabelecimento, através da "ditadura burocrática", de um sistema econômico que poderia ser caracterizado como "capitalismo de Estado" (Kautsky, 1973). Para o dirigente da social-democracia alemã, as formas ditatoriais assumidas pelo poder soviético, tanto na política quanto na produção, colocavam os trabalhadores russos na mesma situação em relação aos meios de produção do que os trabalhadores dos países capitalistas. Por isso (numa abordagem precursora dos argumentos que viriam a ser adotados por Zinoviev e Kamenev mais tarde) todo o setor estatal da Rússia soviética deveria ser caracterizado como "capitalista de Estado". A mudança para a NEP no início dos anos '20 foi interpretada por Kautsky como o reconhecimento do caráter burguês da revolução russa pelos *bolcheviques* e o seu encaminhamento para formas "clássicas" de capitalismo privado. Assim, numa carta enviada ao dirigente *menchevique* Rafael Abramovitch em 1925, ele comentava que "quanto aos desenvolvimentos na Rússia, quase se poderia crer que 'os rapazes' [os *bolcheviques*] se sentem diretamente obrigados a se comportar de forma que nós, em nossa análise, enquanto marxistas, acabamos por ter perfeitamente razão" (Kautsky *apud* Liebich, 1986:353).

[82] Citado em Trotsky (1987:297). Segundo Alec Nove, a produção total das 68 empresas estrangeiras "concessionárias" na URSS não passava de 0,6% da produção industrial global da URSS (Nove, 1984:89)

A PERSPECTIVA DOS MENCHEVIQUES

Os *mencheviques*, por sua vez, nunca aceitaram a caracterização do período do "Comunismo de Guerra" como uma forma de capitalismo de Estado. Eles tenderam a caracterizar o poder soviético como um regime utópico que teimava em querer construir o socialismo em um país que não reunia as mínimas condições para isso. Por isso, suas críticas ao poder soviético, na época, insistiam precisamente na necessidade deste suspender a guerra civil contra os camponeses e reconstruir a indústria capitalista na Rússia, que havia sido destruída pela guerra e pela própria irresponsabilidade do governo *bolchevique* (Liebich, 1986:347). Eles interpretaram a adoção da NEP como a aceitação envergonhada e não-assumida destas críticas, que abriria, assim, caminho para um caminho mais ou menos longo de desenvolvimento capitalista clássico (fundado na propriedade privada) na URSS. A caracterização geral desse período como capitalismo de Estado não era aceito por eles, já que a parte estatal da economia soviética era por demais insignificante para poder definir a formação econômico-social existente (Dallin, 1923). Tanto Kautsky quanto as distintas alas dos *mencheviques* viriam a alterar fundamentalmente estas interpretações à luz da "Grande Virada" de 1928, com a deflagração da industrialização e da coletivização aceleradas na União Soviética. Já acompanhamos a evolução do seu pensamento nos Capítulos 3 e 5.

A CRÍTICA DOS COMUNISTAS CONSELHISTAS

Entre os setores anarquistas, alguns autores também associaram a "emergência de uma nova classe dominante" na URSS ao capitalismo de Estado. O escritor e poeta anarquista Voline, que havia participado do movimento *Makhnovista* na Ucrânia, por exemplo, protestava que a União Soviética deveria se chamar *União das Repúblicas do Capitalismo de Estado* (URCS) em vez de União das Repúblicas Socialistas Soviéticas (URSS), dado o predomínio do "capitalismo de Estado integral" no seu interior (Voline, 1990:358). Mas a principal teorização do caráter capitalista da URSS na época foi produzida pela corrente dos *comunistas conselhistas*, estruturada sobretudo na Alemanha e na Holanda no período do entreguerras.

A corrente *conselhista* ficou mais conhecida pela crítica dirigida a ela por Lênin, no seu famoso livro ***O Esquerdismo, Doença Infantil do Comunismo*** (Lênin, 1979d), do que pelas suas próprias formulações. Embora composta por diferentes organizações e concepções, essa corrente tinha como fundamento comum a visão da revolução socialista como obra de conselhos operários formados nas fábricas em oposição ao Estado. Na sua concepção, estes conselhos deveriam servir de base para o novo poder político e a nova administração econômica a serem instituídos após o triunfo revolucionário. Por este enfoque, os *conselhistas* eram extremamente críticos da ação político-parlamentar, o que os aproximava dos anarquistas e sindicalistas. Mas por outro lado, eram asperamente críticos dos sindicatos, aos quais concebiam como instrumentos do Estado burguês para dividir os trabalhadores e semear uma mentalidade corporativa. Cabe registrar que o próprio Gramsci foi influenciado por estas idéias no início da sua formação política e teórica, através de reflexões correlatas desenvolvidas por Sorel e Croce, mas sobretudo da experiência do movimento dos conselhos operários em Turim entre 1917 e 1920 (Gramsci, 1977[a] e 1977b).

HERMAN GORTER E ANTON PANNEKOEK

A origem da corrente *conselhista* remonta aos marxistas holandeses Herman Gorter e Anton Pannekoek. Estes pertenciam ao Partido Operário Social-Democrata (SDAP) da Holanda, que manteve, originalmente, relações bastante próximas com o movimento anarquista (a ponto do próprio fundador do Partido, Romela Nieuwenhuis, ter se convertido, posteriormente, em líder anarquista). Descontentes com a evolução "direitista" do partido, que culminou no seu apoio à participação holandesa na Primeira Guerra, Pannekoek e Gorter abandonaram o SDAP e formaram um novo Partido Social-Democrata holandês. Pannekoek viveu, ainda, na Alemanha entre 1906 e 1914, tendo se tornado importante líder da ala esquerda do Partido Social-Democrata alemão.

Pannekoek aclamou inicialmente a revolução russa como realização histórica do projeto *conselhista*, criticando duramente as posições de Kautsky e dos demais dirigentes social-democratas que se posicionaram contra o poder soviético. Mas não tardou em mudar a sua apreciação da obra dos *bolcheviques*. A centralização do poder de Estado na Rússia e a progressiva subordinação dos *sovietes* ao Partido *Bolchevique* no transcurso da Guerra Civil o levaram a concluir que o poder soviético havia se transformado numa ditadura **sobre** a sociedade (e o próprio proletariado). Refletindo sobre a natureza do regime social que emergira na URSS em função desta transformação, ele indicou que o "socialismo de Estado" soviético eqüivalia, na verdade, a um "capitalismo de Estado" em que os trabalhadores, assim como no capitalismo da Europa Ocidental, não eram efetivamente proprietários dos meios de produção (Pannekoek, 1970). A nova classe dominante na União Soviética seria uma burguesia que se apropriava coletivamente desses meios de produção (Pannekoek, 1940).

Investigando as origens **teóricas** desta evolução por parte dos *bolcheviques*, Pannekoek apontou para problemas na própria base filosófica do pensamento de Lênin que, seguindo a tradição do pensamento marxista russo desde Plekhanov, teria sacrificado a dialética em favor do materialismo (Pannekoek, 1975). Mas, ao mesmo tempo, ele enfatizou (contraditoriamente, ao meu ver - L. F.) que o desfecho "capitalista" da revolução soviética tinha sido determinado, sobretudo, pelas condições de atraso objetivo da sociedade russa — uma interpretação surpreendentemente análoga à do "determinismo estreito" que ele tanto criticava na II Internacional (sobretudo o de Kautsky). Ainda assim, na sua visão, os *bolcheviques* tinham pelo menos o mérito histórico de ter modernizado a Rússia nos marcos burgueses, introduzindo-a na corrente do progresso mundial.

KARL KORSCH E ARTHUR ROSENBERG

Apesar das suas origens holandesas, era na Alemanha que os comunistas *conselhistas* tinham a sua base mais forte ao fim da Primeira Guerra.[83] Entre os autores alemães associados à corrente, destacava-se Karl Korsch, que foi dirigente do Partido Comunista da Alemanha (KPD) até a sua expulsão em 1926. Sua análise do desenvolvimento soviético acompanhou a de Pannekoek. Apesar de dirigida por forças subjetivamente anticapitalistas, a revolução soviética teria sido nada mais do que um movimento de modernização objetivamente burguês e capitalista. O próprio *bolchevismo*, assim como o marxismo russo de uma maneira geral, teria se transformado na "nova veste ideológica" para a "luta material em favor do êxito do desenvolvimento capitalista na Rússia tzarista e feudal" (Korsch *apud* Salvadori, 1986:335). Esta interpretação korschiana influenciou profundamente o historiador alemão Arthur Rosenberg no seu conhecido estudo ***História do Bolchevismo***, produzido nos anos '30 (Rosenberg, 1989).

Assim como Pannekoek, Korsch procurou identificar, nos anos '20, as raízes filosóficas da "mudança histórica de função" do marxismo russo. Na sua opinião, ela estava relacionada com o desprezo pela filosofia no próprio marxismo clássico a partir de 1848, em favor de um tratamento separado da economia, da política e da ideologia (Korsch, 1970). Isto teria resultado em uma incorporação enviesada do marxismo no início do século XX, marcada pelo "produtivismo" e pela análise isolada da política. Assim, a "filosofia revolucionária materialista" de Lênin, combinada com sua "política revolucionária jacobina", o teria impedido de ver a "verdade histórica" de que "a sua revolução estava condenada a ser uma sucessora tardia das grandes revoluções burguesas do passado" (Korsch, 1975b:117-8, tradução minha - L. F.). O próprio Korsch, não obstante, viria a se afastar progressivamente da teoria marxista a partir de meados dos anos '30. No pós-guerra, ele chegou até mesmo a classificar as tentativas do seu resgate como "utopias reacionárias" (Korsch *apud* Bottomore, 1988:209).

83 Para uma análise da evolução dessa corrente na Alemanha após a Primeira Guerra, incluindo uma coletânea dos textos mais representativos do seu pensamento, ver Authier (1975).

O KAPD ALEMÃO

O principal partido *conselhista* na Alemanha após a Primeira Guerra, no entanto, não era o KPD de Korsch mas o Partido Operário Comunista da Alemanha (KAPD). Formado a partir de uma cisão do recém-criado KPD em 1920, o KAPD chegou a se tornar membro provisório da III Internacional (na qual pretendia estruturar uma "oposição revolucionária"). Sua oposição à adoção da NEP e à repressão da rebelião de Kronstadt na Rússia, no entanto, o colocou em rota de colisão com o Partido *Bolchevique*. O partido foi duramente combatido no terceiro congresso da Internacional Comunista, em meados de 1921. O KAPD acabou se dissolvendo numa plêiade de grupos em 1922, não sem antes fundar uma "IV Internacional Comunista Operária" (KAI), que tampouco vingou. Esta KAI justificou sua fundação com a análise de que, desde a primavera de 1921, "o Partido *Bolchevique* — o qual exerce a sua ditadura sobre a Rússia — passou ao capitalismo, passou imediatamente a exercer pressão sobre a III Internacional no sentido de um retorno ao capitalismo, a III Internacional tornou-se, de fato, capitalista e burguesa" (KAI, 1975:169-70). Caracterizações análogas a estas viriam a ser desenvolvidas mais tarde pelo comunista "dissidente" Amadeo Bordiga na Itália (Bordiga, 1966) e também por alguns setores próximos ao grupo oposicionista "Centralismo Democrático" no Partido *Bolchevique* (Ciliga, 1940 e 1951).

OTTO RÜHLE E PAUL MATTICK

Um dos comunistas *conselhistas* mais hostis ao poder soviético na Alemanha era Otto Rühle. Este havia sido enviado como representante do KAPD ao segundo congresso da III Internacional em Moscou, em julho de 1920, mas se retirou em protesto antes mesmo do seu início (o que lhe valeu a expulsão do KAPD após seu retorno à Alemanha). Esta hostilidade e a caracterização da URSS como "capitalista de Estado" foram mantidas e desenvolvidas por Rühle nos anos '30 (Rühle, 1932), culminando, às vésperas da Segunda Guerra, com sua identificação do poder soviético como um "regime burguês" que havia servido de modelo para o totalitarismo fascista. Por isso, na sua opinião, "a luta contra o fascismo deveria começar pela luta contra o *bolchevismo*" (Rühle *apud* Salvadori, 1986:336).

No pós-guerra, a tese *conselhista* sobre o capitalismo de Estado na URSS foi reafirmada de maneira mais consistente por Paul Mattick, no seu livro ***De Keynes a Marx*** de 1969 (Mattick, 1969b). Para ele, a socialização da produção levada a cabo na URSS representaria apenas uma forma de "nacionalização do capital como capital" (*Idem*:322). Embora tivesse eliminado a propriedade privada, os meios de produção permaneceriam com o caráter de capital por serem controlados pelo governo, em vez de por toda a sociedade. Em função disto, o sistema social existente nas sociedades de tipo soviético no Leste era uma forma de capitalismo de Estado que operava de maneira diversa do capitalismo "ortodoxo" no Ocidente.

OS TROTSKISTAS DISSIDENTES II

RAIA DUNAIEVSKAIA E C. L. R. JAMES

No âmbito da dissidência formada entre os colaboradores e seguidores de Trotsky nos anos '30 (vista mais acima), alguns autores identificaram o modo de produção originário da "degeneração do Estado operário" na URSS como uma reedição do capitalismo de Estado (e não um sistema radicalmente novo, como propunham Rizzi, Burnham e Schachtman). Já vimos, no Capítulo 5, que um dos precursores desta interpretação foi o trotskista inglês R. Worrall, com o qual Hilferding polemizou em 1940. A tese de Worrall foi desenvolvida de maneira mais sistemática no início dos anos '40 por Raia Dunaievskaia, antiga secretária de Trotsky. Referenciada nas análises de Marx que identificavam a dominação do trabalho vivo pelo trabalho morto (objetificado/acumulado) no capitalismo, ela caracterizava o "fetichismo da propriedade estatal" na URSS como uma extensão do "fetichismo das mercadorias" (Dunaievskaia, 1966:5-8). O produtivismo da burocracia soviética resultaria numa forma deturpada de planejamento, governada pela lógica de pagar ao trabalhador o mínimo necessário para sua subsistência e extrair dele o máximo possível de mais-valia. Em outras palavras, a economia soviética seria governada pela lei do valor e sustentada por relações capitalistas de produção (Dunaievskaia, 1964).

O antigo colaborador de Schachtman, C. L. R. James, acompanhou Dunaievskaia nestas posições, formando junto com ela um grupo dissidente no âmbito da IV Internacional, que ficou conhecido pelos pseudônimos usados por ambos — "Forrest-Johnson" (Dunaievskaia-James). Ambos viriam a desenvolver relações muito próximas com o grupo ***Socialismo ou Barbárie*** na França (cujas posições examinaremos mais adiante). James fundamentou sua posição em reflexões desenvolvidas por Marx nos seus ***Manuscritos Econômico-Filosóficos*** de 1844, em que este argumenta que a propriedade privada era conseqüência do trabalho alienado, e não o contrário (Marx, 1989:169). A persistência da alienação do trabalho na URSS, portanto, seria o fundamento das condições de escravidão assalariada e da miséria das massas, que, por sua vez, geravam a burocratização massiva do estado. Segundo James, o gigantesco mecanismo burocrático erguido na União Soviética "confronta o trabalhador individual com todas as conseqüências econômicas e políticas do capitalismo" (James, 1964:28).

TONY CLIFF

O esforço mais sistemático surgido no âmbito da tradição do pensamento trotskista para fundamentar a predominância do capitalismo de Estado nos países do Leste foi desenvolvido por Tony Cliff (1974). Cliff era integrante do Partido Comunista Revolucionário, seção inglesa da IV Internacional no imediato pós-guerra. Influenciado pelo debate que havia surgido no movimento trotskista norte-americano, ele preparou, em 1948, um texto de discussão para o partido intitulado ***A Natureza da Rússia Stalinista***, em que defendia a tese de que esta havia se convertido numa forma de capitalismo de Estado. Acabou sendo expulso da organização em 1950. Na Guerra da Coréia, Cliff se opôs à posição de defesa da Coréia do Norte e da China adotada pela IV Internacional, argumentando que ambas (junto com a URSS) eram formações sociais de capitalismo de Estado e que, portanto, seu confronto com a Coréia do Sul e os Estados Unidos deveria ser considerado um conflito "interimperialista" (Bellis, 1979:115). Nos anos '50, ele manteve contato estreito com Schachtman nos Estados Unidos, reproduzindo muitas das suas análises (apesar de discordar da sua caracterização da formação social existente na URSS como um "novo modo de produção").

A análise de Cliff parte da mesma posição crítica em relação a Trotsky formulada anteriormente por Schachtman: se os trabalhadores não estão em controle do Estado, isto significa que eles deixaram de ser a classe dominante e a URSS não podia mais ser considerada um "estado operário". Ele também registra que, ao reconhecer a necessidade de uma nova "revolução política" na URSS, Trotsky se encaminhava para essa mesma conclusão. Sua evolução nessa direção teria sido travada, no entanto, pela existência no seu pensamento de duas definições contraditórias da natureza do Estado operário: a primeira exigia a existência efetiva de mecanismos e instituições de controle dos trabalhadores sobre o poder de Estado; a segunda, contraditória com a anterior, considerava as formas de propriedade independentemente das relações de produção, e concebia o caráter operário do poder político como mera decorrência da predominância de formas não-privadas (i.e., estatais) de propriedade (Cliff, 1974:266-9).

Tendo descartado, assim, a caracterização de Trotsky, Cliff partiu para a reelaboração da tese da prevalência do capitalismo de Estado nos estados do Leste. Ele localizou sua emergência na URSS, a partir das transformações implementadas pelo Primeiro Plano Qüinqüenal (iniciado em 1928). Seria neste período que, pela primeira vez, a burocracia soviética procurou criar um proletariado e acumular capital rapidamente. No processo que se seguiu, segundo Cliff, todos os resquícios de controle operário foram destruídos; a coerção substituiu a convicção no processo de trabalho; e a classe operária foi atomizada via o embotamento de toda vida social em um molde totalitário (*Idem*:153). A partir de então, o rendimento da burocracia passou a ser constituído, em larga escala, de *mais-valia* (*Idem*:81).

Apesar de reconhecer que, vista isoladamente, era impossível identificar a regulação da economia soviética pela lei do valor (característica básica do capitalismo), Cliff insistiu que essa regulação seria imposta à URSS através das suas relações econômicas com o sistema capitalista mundial. Como os fluxos de capital e as relações comerciais entre a União Soviética e os países capitalistas foram drasticamente reduzidos precisamente no período que Cliff identificou como o da gênese do "capitalismo de Estado"[84], ele foi obrigado a resgatar a tese de Schachtman sobre o desenvolvimento de uma "economia armamentista permanente" na URSS, identificando esta como a forma específica assumida pela lei do valor do sistema capitalista mundial na economia soviética (Cliff, 1957). Assim, no curioso capitalismo de Tony Cliff, a competição militar teria tornado os "valores de uso" na meta principal da produção capitalista (Cliff, 1974:214). As origens intelectuais desta interpretação remontam, na verdade, ao conceito de "capitalismo organizado" desenvolvido décadas antes por Hilferding.[85]

O GRUPO *SOCIALISMO OU BARBÁRIE*

Nos anos '40, o movimento trotskista na França sofreu uma cisão análoga à que já vinha se processando nos Estados Unidos. No imediato pós-guerra, um grupo se formou no interior do Partido Comunista Internacionalista (PCI) francês questionando a caracterização da União Soviética mantida pela organização (e pela IV Internacional à qual estava filiada). A referência central para a constituição deste grupo foi um artigo publicado no Boletim Interno do PCI em 1946 por um militante de origem grega, Cornelius Castoriadis, em que este argumentava contra a identificação da URSS como um "estado operário degenerado" (Castoriadis, 1973a). Em 1948, Castoriadis e sua tendência (da qual fazia parte, também, Claude Lefort) romperam com a organização trotskista e fundaram um grupo político chamado ***Socialismo ou Barbárie***, que passou a publicar uma revista com o mesmo nome (que circulou até 1965).

CORNELIUS CASTORIADIS

A caracterização do regime social soviético tornou-se, desde o início, a preocupação teórica central da revista estruturada em torno de Castoriadis. Suas reflexões iniciais procuravam resgatar o pensamento de Marx contra as formulações de Trotsky. O editor de ***Socialismo ou Barbárie*** seguiu os passos de Rizzi e Schachtman ao enfatizar a necessidade de se diferenciarem as **formas jurídicas** da propriedade das **relações reais de produção** na URSS, bem como ao afirmar a indissociabilidade do poder político e do poder social no Estado operário. Mas ele avançou em relação a ambos ao criticar Trotsky por opor conceitualmente "modo de repartição" a "relações de produção". Segundo Castoriadis, estas duas dimensões também seriam indissociáveis no pensamento de Marx. Por isso, a compreensão trotskista da contradição entre relações de

[84] Examino isso no sétimo capítulo do meu livro ***URSS - Ascensão e Queda*** (Fernandes, 1992).

[85] Ver seu esboço inicial em Hilferding (1985) e a discussão crítica que desenvolvo a seu respeito no segundo capítulo do meu livro ***URSS - Ascensão e Queda*** (Fernandes, 1992).

produção socialistas e normas de distribuição burguesas como base do fenômeno burocrático na União Soviética não faria sentido.[86] Pelo contrário, como as "relações de repartição" eram determinadas sem ambigüidade pelas "relações de produção" em qualquer "modo de produção", a natureza da sociedade soviética poderia ser deduzida da forma pela qual o produto social era repartido no seu interior (Castoriadis, s.d.:20). Esse foi, precisamente, o ponto de partida para a sua caracterização alternativa da URSS.

Analisando as normas de repartição adotadas na sociedade soviética, Castoriadis indica que, nos primeiros anos pós-revolucionários, as remunerações elevadas oferecidas a especialistas e técnicos eram concebidas como concessões necessárias, mas transitórias. Em seguida, no entanto, teria se instalado uma dinâmica de "autocriação" de privilégios pela burocracia, que resultou na cristalização e "castificação" desta. Isto teria gerado uma diferenciação de rendimentos sem qualquer relação com o valor fornecido, ou seja, numa relação de **exploração** (extração de *mais-valia*) dos trabalhadores pela burocracia (que se erigia, assim, em nova classe dominante). Segundo Castoriadis, esta burocracia teria retirado da massa dos trabalhadores a possibilidade de exercer a mínima influência sobre a direção da economia e da sociedade em geral, passando ela mesma a dispor por completo dos meios de produção (tornando-se, portanto, proprietária efetiva dos mesmos). As relações entre a burocracia e o proletariado teriam se transformado, assim, em relações **de classe**: a burocracia dispõe dos meios de produção e os operários não têm outra opção a não ser lhe vender a sua força de trabalho. As condições desta "venda", no entanto, seriam piores do que as do capitalismo clássico, pois os trabalhadores não teriam direito sequer à "liberdade formal/jurídica". A dominação/exploração dos trabalhadores soviéticos, assim, se assemelharia mais ao tipo de "neo-escravidão" capitalista praticada pelo totalitarismo nazi-fascista (*Idem*:78-80).

Nos seus primeiros trabalhos, Castoriadis simplesmente traçava analogias entre a dominação/exploração que ele identificava na URSS com a dos países capitalistas, sem chegar a caracterizar a sociedade soviética em si como capitalista. Nos anos '50, no entanto, ele já classificava os estados de tipo soviético de países de "capitalismo burocrático" (Castoriadis, 1985b:81). Mais tarde, ele cunhou a expressão "capitalismo burocrático total" para caracterizar os países do Leste, distinguindo-os do "capitalismo burocrático fragmentado" que se constituíra no Ocidente (*Idem*:191). Um dos marcos distintivos deste "capitalismo burocrático total" seria o de ter apagado por completo a distinção entre a

[86] Na verdade, como vimos no Capítulo 3, a identificação da necessária predominância do "direito burguês" **no socialismo** partiu do próprio Marx. A compreensão de Trotsky sobre esta questão se distanciava da de Marx na direção oposta à identificada por Castoriadis - ele concebia a predominância do direito burguês como uma característica da fase de transição **ao** socialismo, e não do socialismo em si (isto é, da primeira fase do comunismo).

esfera pública "civil" e a esfera estatal, reduzindo a um mínimo "biológico" a própria esfera "privada". No início dos anos '80, após a invasão soviética do Afeganistão, ele indicou estar emergindo, nos marcos do "capitalismo burocrático total" da URSS, uma nova sociedade *stratocrática* (i.e., dominada não pelo Partido, mas pelas Forças Armadas).

Vale registrar que Castoriadis não imputou esse desfecho às condições de atraso enfrentadas pela revolução russa. Numa abordagem próxima à de Burnham, ele argumentou que a emergência do capitalismo burocrático na URSS expressava as tendências mais profundas da produção moderna, como a grande concentração das forças produtivas; o deslocamento da propriedade privada como fundamento do poder político; o aparecimento de enormes aparelhos burocráticos de direção no âmbito das empresas; a fusão dos monopólios com o Estado; a crescente regulação estatal da economia, etc. Tudo isto estaria deslocando o eixo estruturador das classes sociais no mundo contemporâneo da divisão social entre **proprietários** e **não-proprietários** para a divisão entre **dirigentes** e **executantes** no processo de produção (*Idem*:81). No caso da União Soviética, teria concorrido para a "degeneração da revolução", igualmente, a ideologia "produtivista" e "dirigista" de Lênin e do Partido *Bolchevique*, que por sua vez expressavam concepções ideológicas já predominantes nas obras do Marx "maduro" (Castoriadis, 1985a). Estas reflexões marcam o progressivo afastamento de Castoriadis do pensamento marxista a partir de meados dos anos '50 (numa trajetória semelhante à de Karl Korsch), embora tenha se mantido politicamente próximo das perspectivas socialistas *conselhistas* discutidas anteriormente.

CLAUDE LEFORT

Claude Lefort manteve relações bastante atribuladas com Castoriadis no decorrer dos anos '50, tendo se afastado e reaproximado seguidamente do grupo ***Socialismo ou Barbárie*** até romper definitivamente com este em 1958.[87] Apesar destas divergências, Lefort se apoiou nas teses do antigo companheiro de militância trotskista para desenvolver as suas próprias reflexões sobre os estados de tipo soviético. Como ele, Lefort associou a emergência de uma nova classe dominante na URSS a um processo de acelerada concentração do capital nesse país, consubstanciado na expulsão dos antigos proprietários, na fusão dos monopólios num novo complexo produtivo e na subordinação dos trabalhadores a uma nova direção centralizada da economia. Assim como Burnham, ele indicou que esta evolução **econômica** marcaria o coroamento de um processo que se manifesta por toda a parte no mundo capitalista contemporâneo, com a constituição de poderosos monopólios e a crescente intervenção do Esta-

[87] Para a crítica de Castoriadis a Lefort no período da ruptura definitiva entre ambos, ver Castoriadis (1985c).

do na vida econômica e social. Do ponto de vista **estritamente econômico**, portanto, as transformações no Leste representariam a passagem de um tipo de apropriação a outro: a do capitalismo de Estado[88] (Lefort, 1977:177). Mas Lefort insistiu, igualmente, na necessidade de ir além da análise isolada da economia para captar a **especificidade política** dos estados de tipo soviético.

Segundo ele, a emergência do capitalismo de Estado nas sociedades do Leste teria por base um movimento duplo e combinado de transformação do Estado em sociedade civil e de expulsão dos capitalistas privados pelo Capital. Desta forma, ter-se-ia realizado a integração de todas as esferas da sociedade nesses países, abolindo a antiga divisão entre Estado e sociedade civil. Mas ao contrário da via esperada e preconizada originalmente por Marx, esta abolição não teria se efetuado através da afirmação da comunidade, mas sob a forma "monstruosa" do **totalitarismo** (*Idem*:128-9). Este, por sua vez, teria introduzido nessas sociedades uma nova separação social ainda mais profunda do que a que existia antes, opondo um estado impenetrável (mas que a tudo penetra) de um lado à sociedade que ele pretende expressar (mas a quem nega qualquer iniciativa ou responsabilidade) de outro.

A origem deste fenômeno seria o próprio partido totalitário, que concentrou nas suas mãos todos os poderes, se identificou com o Estado e, enquanto Estado, subordinou a si todas as outras instituições e escapou a todo controle social (ao mesmo tempo em que sufocava todas as oposições no seu interior). Sua gênese, portanto, remeteria a desenvolvimentos políticos no período da Guerra Civil na URSS, entre 1918 e 1920. Segundo Lefort, a grande diferença deste período para a época de Stálin era a de que, na primeira, ainda havia uma tensão entre a natureza já essencialmente "totalitária" do Partido e as considerações subjetivas dos seus dirigentes que compreendiam as medidas "totalitárias" como mera resposta emergencial e provisória a uma conjuntura desfavorável e difícil; ao passo que, na segunda, esta "dor de consciência" já não existia mais, e o totalitarismo teve curso livre para se desenvolver na URSS (*Idem*:114-5).

Estas reflexões de Lefort sobre as sociedades de tipo soviético — baseadas numa preocupação teórica principal com a dimensão política — serviram de ponto de partida para o desenvolvimento de suas reflexões posteriores sobre os fenômenos burocráticos (Lefort, 1979) e totalitários (Lefort, 1981). Neste desenvolvimento, ele também viria a romper política e teoricamente com o pensamento marxista, mas sua evolução se encaminhou mais para o *liberalismo tout court* do que para o *socialismo libertário* de Castoriadis.

[88] Note-se que, diferentemente de Castoriadis, Lefort preferiu usar o termo mais usual "capitalismo de Estado" em vez de "capitalismo burocrático". Isto, no entanto, não parece refletir diferenças teóricas mais de fundo na utilização dos respectivos conceitos por ambos.

TESES MAOÍSTAS E PÓS-MAOÍSTAS

A CISÃO DO MOVIMENTO COMUNISTA NOS ANOS '60

Por mais intelectualmente sofisticadas que tenham sido, as teses que identificavam a prevalência do capitalismo de Estado e/ou burocrático nos países do Leste tiveram impacto apenas marginal nos movimentos **políticos** de orientação marxista até os anos '60. Essa realidade só foi substancialmente alterada com a incorporação dessa tese por setores do próprio movimento comunista internacional polarizados pelo PC Chinês no final dessa década, e sua rápida disseminação por diferentes grupos de inspiração *maoísta* formados no rastro das rebeliões estudantis e juvenis da época.

Antes dos chineses, a Liga dos Comunistas da Iugoslávia já havia adotado essa caracterização em certos períodos dos anos '50, mas de forma inconstante e intermitente segundo as flutuações da política exterior iugoslava (Lapenna, 1965). Com a normalização das relações entre a Iugoslávia e a URSS no final dos anos '50, essa classificação foi abandonada. Esse período marca justamente, por outro lado, a deterioração das relações entre o PCUS e o PC Chinês. As diferenças entre os dois partidos, que vinham se desenvolvendo de forma encoberta desde a reunião dos partidos governantes do campo socialista realizado em Bucareste em 1957, vieram a público na Conferência de 81 Partidos Comunistas e Operários realizada em Moscou em 1960; culminaram com a ruptura entre os dois partidos (e na cisão do movimento comunista) em 1963; e chegaram à beira de um confronto armado entre os dois estados por eles governados em 1969.[89]

AS CRÍTICAS DO PC CHINÊS E DO PT DA ALBÂNIA

No início da polêmica, a crítica do Partido chinês às posições oficiais soviéticas estava concentrada em questões teóricas (condenação das teses do PCUS sobre o Partido e o Estado "de Todo o Povo" como antimarxistas), estratégicas (não aceitação dos princípios da "transição pacífica para o socialismo" e da "coexistência pacífica entre estados com sistemas sociais diferentes" como base da linha geral do movimento comunista) e históricas (crítica à unilateralidade da condenação de Stálin por Kruschev). Neste período, o PC Chinês criticava a direção do Partido e do Estado soviéticos por se afastar de posições marxistas e revolucionárias (ou seja,

[89] Para uma discussão geral do conflito sino-soviético no movimento comunista, ver Fejtö (1976). Uma descrição desses eventos simpática às posições chinesas pode ser encontrada em Baby (s.d.). A versão do Partido do Trabalho da Albânia (que se alinhou com o PC Chinês e foi o pomo da divergência aberta entre este e o PCUS na Conferência de Moscou em 1960) pode ser vista em Hoxha (1980). Críticas soviéticas às posições chinesas podem ser encontradas em Pavlov (1977) e Editorial Nóvosti (1981).

por ter se tornado "revisionista' e "reformista"), mas não colocava em dúvida a natureza socialista da URSS — o máximo que fazia era alertar que as posições dos dirigentes soviéticos "abriam o caminho" para a restauração do capitalismo.[90]

A segunda metade dos anos '60, no entanto, registraria uma mudança fundamental nesta apreciação. O marco desta mudança parece ter sido a saudação enviada por Mao Tsetung ao V Congresso do Partido do Trabalho da Albânia, em novembro de 1966, em que afirmava que "a União Soviética, a Iugoslávia e os outros países onde o poder está nas mãos dos revisionistas modernos mudaram ou estão a mudar de cor".[91] No ano seguinte, inúmeros artigos de órgãos da imprensa chinesa já apontavam para a "conversão da propriedade socialista na URSS em empreendimentos capitalistas nas mãos de um *estrato* burguês privilegiado, e de amplos setores do povo trabalhador em escravos assalariados forçados a vender a sua mão-de-obra" (***Renmin Ribao*** e ***Hongqi***, 1968:4).[92] Após a invasão da Checoslováquia em 1968, além de capitalista, a União Soviética passou a ser caracterizada também como "social-imperialista" (i.e., "socialista em palavras e imperialista na essência"). Na base desta transformação estaria um processo em que:

> *"Desde que a clique revisionista renegada soviética usurpou o Partido e o poder de Estado na União Soviética, o estrato burguês privilegiado expandiu enormemente o seu poder econômico e político e ocupou a posição dominante no Partido, no governo, no exército assim como nos campos econômico e cultural. Deste estrato emergiu uma classe capitalista monopolista burocrática, isto é, um novo tipo de grande burguesia que domina toda maquinaria do estado e controla toda riqueza social. Usando o poder de estado sob o seu controle, esta classe capitalista monopolista burocrática de novo tipo transformou a propriedade socialista em propriedade dos defensores da via capitalista e transformou a economia socialista em uma economia capitalista, em uma economia capitalista monopolista de Estado."*
>
> (***Renmin Ribao*** e ***Hongqi***, 1970:15)

[90] As posições fundamentais do PC Chinês neste período podem ser vistas em PCCh (1963) e ***Renmin Ribao*** e ***Hongqi*** (1963a, 1964a e 1964b). É verdade, no entanto, que o embrião da futura caracterização da URSS como capitalista já podia ser encontrado na qualificação feita, à época, da Iugoslávia como um estado "não-socialista" em função da orientação revisionista da sua liderança (***Renmin Ribao*** e ***Hongqi***, 1963b).

[91] Reproduzido em despacho da Agência Hsinhua de 2 de novembro de 1966. Publicações chinesas afirmariam, mais tarde, que o "camarada Mao" já havia enunciado a "brilhante tese" de que "a ascensão ao poder do revisionismo significa a ascensão ao poder da burguesia" e de que "a União Soviética de hoje vive sob a ditadura da burguesia" em conversas mantidas em 1964. Como não há registro publicado disto, essa afirmação parece mais uma tentativa de rescrever a história, projetando no passado posições então tidas como "oficiais" (e, portanto, verdadeiras), de forma a ressaltar a "clarividência" do dirigente chinês.

[92] Os principais artigos foram reunidos numa coletânea intitulada ***How the Soviet Revisionists Carry Out All-Round Restoration of Capitalism in the USSR*** (***Renmin Ribao*** e ***Hongqi***, 1968). Vale registrar que esta formulação reproduz a mesma confusão entre "estrato social" e "classe social" (categorias distintas no pensamento marxista) já assinalada nas reflexões de Kautsky e de outros autores que argumentaram a existência de uma nova classe dominante ou de uma nova burguesia nos países do Leste.

Segundo esta interpretação, portanto, o marco **político** da constituição desta nova "grande burguesia burocrática" foi a consolidação de Kruschev na direção do Estado soviético em 1956/7. O Partido do Trabalho da Albânia acompanhou estes posicionamentos[93], assim como a maior parte dos partidos e organizações comunistas alinhados com o PC Chinês na época. Baseados nesta caracterização, tanto o governo chinês quanto o governo albanês erigiram em pedra angular das suas respectivas políticas externas a luta contra "as duas superpotências" (o "imperialismo norte-americano" e o "social-imperialismo soviético"). Em meados dos anos '70, no entanto, a liderança da China, orientada pela chamada "Teoria dos Três Mundos", passou a caracterizar a União Soviética como "inimiga principal" no Primeiro Mundo, e a se alinhar abertamente com as posições do governo norte-americano nas principais disputas internacionais.[94] A oposição da liderança albanesa a essa evolução culminou com a ruptura entre os dois Partidos e Estados em 1977/8, em uma espécie de reedição em miniatura da própria cisão sino-soviética quinze anos antes.

Apesar de ocupar posição tão crucial na sua formulação política, nem o partido chinês nem o albanês desenvolveram uma análise mais global, profunda e objetiva das transformações fundamentais que teriam ocorrido nas relações de produção e na estrutura econômico-social da URSS no período em questão, para justificar a sua alegada conversão de país "socialista" em "capitalista". Os documentos do PC Chinês, em particular, primaram por fazer declarações axiomáticas sobre o caráter capitalista da União Soviética (em geral, baseadas em citações do Mao Tsetung), seguidas de enxertos de exemplos isolados de diferentes facetas da vida econômico-social nesse país (sobretudo a persistência de elevadas diferenças de remuneração) como "comprovação" dessa caracterização. A liderança albanesa produziu alguns trabalhos mais robustos do ponto de vista teórico, mas ainda assim carentes se uma análise global empiricamente fundamentada (Pano, 1974; Hashorva, 1981).

A identificação da natureza capitalista da URSS por seus críticos comunistas parece, assim, ter sido muito mais fruto do **subjetivismo** (i.e., da transposição forçada de uma crítica política e ideológica aos seus dirigentes para a caracterização da sua formação econômico-social) do que de uma análise séria, objetiva e abrangente do desenvolvimento das relações sociais no seu interior. Este subjetivismo atingiu o seu ápice em formulações teóricas produzidas no auge do *maoísmo* na China (do início da Revolução Cultural em 1966 à queda

93 Ver, por exemplo, alguns escritos sobre o tema produzidos pelo principal dirigente do partido albanês, Enver Hoxha, entre 1968 e 1979 (Hoxha, 1975a, 1975b e 1979).

94 Basta lembrar que a China chegou até mesmo a fornecer ajuda militar ao governo Pinochet após o golpe no Chile, em função do combate ao inimigo principal (a URSS) e seus "agentes" na América Latina. O texto "inaugural" da Teoria dos Três Mundos foi o discurso proferido por Teng Hsiaoping na Assembléia Geral da ONU em 1974 (Hsiaoping, 1974).

da "Gangue dos Quatro" dez anos depois), em que se chegava a afirmar que a linha política e ideológica adotada pelos diretores de cada empresa determinaria a que classe ela pertencia e se era capitalista ou socialista (Chunchiao, 1975:10).

CHARLES BETTELHEIM E BERNARD CHAVANCE

Coube a intelectuais simpáticos ao maoísmo no Ocidente procurar formular uma fundamentação mais global e profunda da tese do PC Chinês sobre a "restauração do capitalismo" na URSS. A principal obra gerada por esse esforço foram os quatro volumes da coleção ***A Luta de Classes na União Soviética*** produzidos pelo economista francês Charles Bettelheim (1976, 1978, 1982 e 1983). Cabe registrar, também, as reflexões do seu principal colaborador, Bernard Chavance (1980, 1981 e 1983). A evolução do pensamento de Bettelheim ao longo da produção da sua obra fundamental sobre o tema é, de fato, interessante e reveladora.

O ponto de partida da sua interpretação foi, uma vez mais, a afirmação da necessidade de distinguir as "relações reais de classe" das "relações jurídicas de propriedade" na sociedade soviética. Não deixa de ser irônica a incorporação desse enfoque por Bettelheim, já que a afirmação da mesma abordagem no texto clássico de Castoriadis publicado duas décadas antes (Castoriadis, s.d.) se apoiou justamente num ataque duro e violento ao economista francês, qualificado de "apologista da exploração burocrática" em função das análises que desenvolveu em um livro anterior sobre a planificação soviética (Bettelheim, 1939). O fato é que a incorporação dessa abordagem por Bettelheim se deu em linhas muito mais próximas às do próprio Castoriadis do que das análises "oficiais" chinesas e albanesas desenvolvidas até então: sua preocupação teórica principal se voltou para o exame dos mecanismos de controle efetivo do processo de produção existentes na URSS, e não das diferenças de remuneração.

Esta abordagem foi complementada por uma crítica (análoga à que foi feita anteriormente por Schachtman) ao economicismo das análises que insistiam em examinar as formas econômicas soviéticas isoladas das suas formas políticas (Bettelheim, 1971a:17) O viés maoísta da elaboração desta crítica por Bettelheim se expressou na sua indicação da **orientação ideológica dos dirigentes** como definidora da natureza de classe do poder político. Assim, a ascensão de representantes de "forças sociais burguesas" à liderança do Estado e do Partido em um país socialista alteraria, imediata e automaticamente, o **caráter de classe** do estado, da propriedade nacionalizada e do próprio planejamento neste, convertendo-o de "proletário" em "burguês" (Bettelheim, 1971b:43).

Fundamentando esta compreensão estava a identificação da persistente divisão social entre funções de direção e de execução, da separação entre trabalho manual e intelectual, das diferenças entre cidade e campo e entre operários e camponeses, etc. como base objetiva para a existência de classes **exploradoras** no próprio socialismo (Bettelheim, 1976:25). Na ausência de uma liderança política capaz de dirigir corretamente a luta de classes contra estas "formas capitalistas da divisão do trabalho" e as demais "relações sociais burguesas", a reprodução continuada da separação dos produtores diretos dos seus meios de produção implicaria — mesmo com a eliminação jurídica da propriedade privada — na predominância de **relações capitalistas** de produção e na conversão coletiva dos que ocupam postos de comando no aparelho de estado em uma "burguesia capitalista" (Bettelheim, 1971b:59). Com base nesta referência teórica, desenvolvida em uma série de trabalhos publicados em 1968 e 1969, Bettelheim concluiu que, sob a capa da propriedade estatal, existiam na União Soviética relações de exploração semelhantes às que existem nos países capitalistas ocidentais, embora a **forma** da existência dessas relações assumisse o caráter particular do capitalismo de Estado.[95]

A obra ***A Luta de Classes na União Soviética*** foi idealizada originalmente (em 1969) como uma análise histórica de fundamentação da tese maoísta da restauração do capitalismo na URSS após a ascensão política de Kruschev. No prefácio do primeiro volume da obra publicado em 1974, no entanto, ele já indicava que a restauração capitalista da década de '60 fora apenas a culminação de um processo deflagrado nos anos '20. Ao concluir o segundo volume da obra em 1977, ele afirmava que a "nova burguesia" soviética havia sido constituída (e o capitalismo de Estado implantado) nos marcos da coletivização forçada e da industrialização acelerada do primeiro plano qüinqüenal (entre 1928 e 1932). Nos dois últimos volumes da obra, publicados no início dos anos '80, ele concluiu, por fim, que, apesar das intenções subjetivas dos seus dirigentes, a Revolução de Outubro de 1917 na Rússia não havia passado de uma nova forma de revolução burguesa, orientada para a industrialização rápida do país em bases capitalistas.

Assim, de tanto criticar o "economicismo", Bettelheim acabou com uma compreensão da revolução soviética idêntica à que havia sido desenvolvida em 1918 pelo "economicista-mor" da II Internacional, Karl Kautsky! Não deixa de ser curioso, igualmente, o fato de esta linha de interpretação ter sido resgatada, no período final da *perestroika*, por intelectuais muito próximos do núcleo central do poder na URSS, que passaram a caracterizar o regime econômico-social anterior às reformas de Gorbachev como uma forma de "capitalismo monopolista de estado".[96]

[95] Estes textos estão reunidos em Sweezy e Bettelheim (1971).

[96] Ver, por exemplo, a análise desenvolvida pela conhecida socióloga russa Tatiana Zaslavskaia (1990).

A PERSPECTIVA DO SISTEMA-MUNDO

Uma outra linha de argumentação que sustentou a natureza capitalista das sociedades de tipo soviético foi a que destacou a integração subordinada destas ao sistema (capitalista) mundial como elemento determinante do seu desenvolvimento. Do ponto de vista metodológico, esta linha de interpretação parte do enfoque do **sistema mundial** para examinar a evolução das realidades nacionais (substituindo, assim, o marco predominantemente **nacional** das análises anteriores). As teses de Max Schachtman e Tony Cliff, vistas anteriormente, foram, sem dúvida, precursoras desta abordagem (sobretudo ao enfatizar a imposição de uma "economia armamentista permanente" à sociedade soviética pelo sistema capitalista mundial). Mas sua inspiração mais direta vem de outras fontes intelectuais que ganharam corpo nos anos '60 e '70: a Teoria da Dependência (ou, para usar a designação preferida por Fernando Henrique Cardoso, as "análises concretas de situações de dependência" [Cardoso, 1970) e a análise de *longue durée* do capitalismo histórico desenvolvida por Fernand Braudel.[97] O "mundialismo metodológico" destes enfoques foi incorporado e ampliado por Immanuel Wallerstein ao desenvolver a sua "análise dos sistemas-mundo" (*world-systems analysis*).[98]

IMMANUEL WALLERSTEIN

Wallerstein não se ocupou centralmente dos estados e sociedades de tipo soviético, mas a evolução destes foi explicitamente incorporada à sua teorização sobre a formação e o desenvolvimento da "economia-mundo" capitalista. Seguindo os passos de Paul Baran (1977) e Andre Gunder Frank (1967; 1969), ele rompeu com a visão "nacional-segmentada" das teorias dominantes da modernização dos anos '50 e '60 (em especial a de Walt Rostow, que comentamos no Capítulo 2) e apresentou como opção metodológica alternativa uma visão histórica de conjunto do sistema mundial, baseada na perspectiva hegeliano-marxista da *totalidade*. Nesta base, Wallerstein identificou a emergência de uma "economia-mundo" capitalista centrada na Europa no século XV e acompanhou, ao longo das suas principais obras, o processo histórico pelo qual este "sistema-mundo" conquistou e integrou o conjunto do globo nos seus marcos

[97] Para um balanço geral dos "teóricos da dependência", ver Goldenstein (1994), Cardoso (1993), Kay (1989) e os ensaios reunidos em Seers (1981). Apresentações da perspectiva braudeliana da *longue durée* pelo próprio podem ser encontradas no seu artigo "A História e as Ciências Sociais" (Braudel, 1972) e no primeiro capítulo do terceiro volume da sua trilogia ***Civilização e Capitalismo*** (Braudel, 1985). Para uma defesa mais recente dessa perspectiva, ver a introdução do livro de Giovanni Arrighi, ***O Longo Século XX*** (Arrighi, 1996).

[98] Para uma discussão da "ruptura metodológica" que sustenta a "análise dos sistemas-mundo", ver Robert Bach (1980) e Wallerstein (1991).

(Wallerstein, 1974-1988, 1974 e 1979). Segundo ele, este processo teria passado por quatro grandes fases:

1) de 1450 a 1640 – surgimento da economia-mundo capitalista, abarcando as regiões do globo dominadas pelas potências da Europa Ocidental;

2) de 1640 a 1730 – período de retração provocado por uma prolongada depressão, com predomínio de práticas mercantilistas e o surgimento de um estado hegemônico no sistema (a Inglaterra);

3) de 1730 a 1917 – período da revolução industrial, em que o sistema-mundo europeu derrotou e desmantelou todos os sistemas-mundo concorrentes e passou a abarcar todo o globo;

4) de 1917 até hoje – período de consolidação do sistema-mundo capitalista e de ascensão de movimentos anti-sistêmicos.

A integração sistêmica mundial alcançada neste desenvolvimento seria tamanha que a compreensão e/ou explicação de fenômenos e desenvolvimentos específicos no interior deste "sistema-mundo" capitalista só seria possível a partir da lógica e das exigências do sistema como um todo. Justamente por isto, Wallerstein optou por empregar o termo "economia-mundo" em vez de "economia mundial" para caracterizar esse sistema, já que o último termo ainda se basearia na noção (para ele, inválida) da junção de economias nacionais separadas (Wallerstein, 1984c).

Cabe ressaltar que todo o argumento de Wallerstein se baseia numa compreensão da natureza do capitalismo mais próxima da economia política clássica de Adam Smith do que da crítica feita a ela por Marx. Sua definição do capitalismo como "a produção para a venda no mercado, em que o objetivo é o lucro máximo" (*Idem*:13) volta a deslocar a análise teórica desse sistema do processo de **produção** para o da **circulação** — justamente o contrário do que Marx concebia como necessário para desenvolver "a ciência real da economia moderna" (Marx, 1978:337). Só nesta base é que Wallerstein pôde identificar a existência de uma "economia-mundo" **capitalista** na Europa já no século XV. Mas o que nos importa, aqui, não é questionar a ortodoxia marxista de Wallerstein ou nos aferrarmos a uma discussão semântica, e sim analisar que conseqüências advêm desta conceituação para a análise da evolução do sistema capitalista mundial e dos estados de tipo soviético.

O fato é que a abordagem desenvolvida por Wallerstein não distingue entre a **acumulação capitalista**, que opera segundo as leis específicas do movimento do modo de produção capitalista, e os processos históricos de **acumulação primitiva** que, a partir do século XVI, criaram as **premissas** para a acumulação capitalista na Europa feudal. Segundo Marx, a diferença fundamental entre as duas acumulações residiria, precisamente, nos tipos diferentes de excedentes apropriados em cada caso, a que corresponderiam, por sua vez, distintos padrões de produção: o lucro **capitalista** se originaria na apropriação privada do excedente gerado por uma força de trabalho assalariada, agrupada em unidades manufatureiras ou industriais; já o lucro **comercial** do período mercantilista adviria da exploração das diferentes estruturas de preços nos distintos modos de produção recém integrados pelas rotas mundiais de comércio (i.e., o capital mercantil se apropriava de [grande] parte do excedente gerado no âmbito de diferentes formas de produção pré-capitalistas) (*Idem*:330-1).

Por esta ótica, no início deste processo de acumulação primitiva no século XV, não se pode falar propriamente de "capitalismo" em nenhuma das pontas do intercâmbio, quanto mais caracterizar a Europa como o centro de uma "economia-mundo" capitalista (o único broto de "capitalismo real" existente na época se encontrava ainda nas suas formas manufatureiras iniciais e estava circunscrito às cidades do norte da Itália). Historicamente, o fluxo de riquezas que se dirigiu para a Europa Ocidental nos marcos da "troca desigual" acima referida se constituiu em fator impulsor fundamental da dissolução da sociedade feudal e da transição para o capitalismo. Mas isso não significa que esta passagem tenha sido **determinada** pelo fluxo *em si*. Este só serviu de impulso para a transição nos países e regiões em que já se haviam formado as condições **internas** propícias ao desenvolvimento capitalista. O próprio Marx chamou atenção para as trajetórias distintas de Portugal e Holanda no período como comprovação disto (*Idem*:332-3).

Como esta discussão histórico-conceitual se relaciona com o debate sobre a natureza das sociedades de tipo soviético no século XX? Segundo o conceito *comercial-circulacionista* de capitalismo adotado por Wallerstein, qualquer estado ou sociedade que estabeleça relações de comércio no âmbito do mercado mundial único integra a "economia-mundo" capitalista e adquire uma natureza capitalista, independentemente das formas concretas assumidas pela sua produção interna. Nestes termos, ele pôde caracterizar as sociedades do *socialismo real* como "componentes do sistema-mundo capitalista", sem precisar examinar mais detidamente as relações de produção gestadas no seu interior:

> *"Assim como não há sistemas feudais, tampouco existem sistemas socialistas na economia-mundo de hoje. Só existe um sistema mundial. É uma economia-mundo com uma forma capitalista por definição. O socialismo implica na criação de outro tipo de sistema-mundo que não é nem um império-mundo, nem uma economia-mundo capitalista, mas um governo-mundo socialista."*
>
> (Wallerstein, 1974:415, tradução minha - L. F.)

Mas se, conforme Wallerstein, o "sistema-mundo" capitalista só pode ser superado mundialmente, e os movimentos anti-sistêmicos que emergem na quarta fase do seu desenvolvimento (no século XX) se processam em marcos nacionais, que perspectivas concretas se apresentam para esses movimentos?

Na verdade, não muitas. Todos os movimentos anti-sistêmicos que chegaram ao poder (e, em muitos casos, mesmo os que não chegaram) acabaram sendo cooptados pelo sistema-mundo capitalista. Para Wallerstein, é inevitável que assim seja, dada a lógica mundial dominante do sistema. Isto não significaria, no entanto, que inexistam contradições internas minando a estabilidade desse sistema-mundo. Wallerstein chama atenção para duas em especial: a contradição crônica entre a produção e o consumo no sistema; e a possibilidade permanente do surgimento de novas potências centrais a partir da sua "semiperiferia". Mas, uma vez mais, as lutas anti-sistêmicas alimentadas por estas contradições se materializam e expressam no marco nacional, o que possibilita ao sistema-mundo capitalista não só absorvê-las, como inclusive transformar as suas vitórias em componentes de **fortalecimento** do próprio sistema (Wallerstein, 1984b:130). Os movimentos anti-sistêmicos na economia-mundo capitalista, assim, seriam prisioneiros de uma espécie de "efeito Michels" (conforme discutido no Capítulo 5), na medida em que só podem "comprar" sua sobrevivência organizativa ao "preço" de aceitar as regras do sistema-mundo. Para Wallerstein, esta seria a chave para compreender a evolução das sociedades de tipo soviético (Wallerstein, 1984a:93).

ROBERT KURZ

Embora não parta exatamente da mesma perspectiva mundial-sistêmica de Wallerstein, o sociólogo alemão Robert Kurz também estrutura a sua interpretação das sociedades de tipo soviético sobre uma compreensão comercial-circulacionista do capitalismo. Em seu livro ***O Colapso da Modernização*** — muito divulgado e comentado no Brasil no início dos anos '90 —, Kurz define o capitalismo como "a produção de mercadorias desencadeada até constituir um sistema de reprodução" (Kurz, 1993:42). Neste "sistema produtor de mercadorias", o trabalho abstrato — na forma do dinheiro — se torna um fim em si, independentemente da sua utilidade social concreta (*Idem*:25-8). Assim, na sociedade capitalista moderna, diferentemente do que ocorria em formações históricas anteriores, todas as forças vitais sociais e individuais são subordinadas ao *automovimento do dinheiro*.

Para o sociólogo alemão, esta subordinação ao automovimento do dinheiro é, de fato, a relação social básica do capitalismo, à qual corresponde uma forma particular de alienação — a idolatria fetichista do trabalho abstrato (que, como já indicara Max Weber, surgiu, inicialmente, sob a forma do etos protestante). O "trabalho abstrato", portanto, seria apenas a forma assumida pelo capital no "sistema produtor de mercadorias", embora isto fosse sistematicamente oculto pela oposição superficial entre ambos ("Capital" e "Trabalho") no mercado (*Idem*:49 e 54). Segundo Kurz, o "marxismo do antigo movimento operário" (materializado nas experiências do *socialismo real*) teria ficado prisioneiro do "fetiche do trabalho abstrato" da sociedade capitalista, sem conseguir pensar além das categorias básicas do mundo burguês da mercadoria. Por isso, esse marxismo se fixou em temas como a "exploração" e a "luta de classes", sem enfocar o verdadeiro conflito básico da modernidade que teria sido identificado por Marx na sua crítica da economia política: "aquele entre o conteúdo social e a forma não social, inconsciente, do próprio trabalho" (*Idem*:44).

Presas a esta concepção "vulgar e ingênua" do marxismo, as experiências do *socialismo real* não só desconsideraram a crítica ao princípio do trabalho abstrato, como adotaram esse princípio como pedra angular das suas sociedades, levando-o ao extremo (ainda que sob a forma de "metas" e "quotas" de produção medidas em toneladas). Neste base, todas as categorias básicas do capitalismo — salário, preço e lucro — (re)apareceram nas sociedades de tipo soviético. Estas não teriam, portanto, substituído a forma social histórica da sociedade capitalista por outra, mas permanecido, elas próprias, como partes integrantes do "sistema produtor de mercadorias" burguês.

Segundo Kurz, a forma específica assumida por esse sistema nas sociedades de tipo soviético foi determinada pelo grau relativamente limitado da sua socialização capitalista anterior. Dado o grau de unificação e integração já alcançado pelo mercado mundial nos princípios do século XX, essas sociedades só puderam subsistir na concorrência externa com os países ocidentais mais desenvolvidos aplicando internamente, de forma absoluta, o princípio estatista (i.e., substituindo a concorrência interna por comandos estatais). O *socialismo real* assumiu, assim, a forma de "regime modernizador protocapitalista de sociedades burguesas atrasadas" (*Idem*:31), forma esta equivalente à dos regimes transitórios **estatistas** do capitalismo primitivo no Ocidente (como o absolutismo mercantilista e o regime inicial da Revolução Francesa).

O que se gestou nas sociedades de tipo soviético, portanto, era uma espécie de capitalismo primitivo, desprovido, justamente, do elemento dinamizador desse sistema: a **concorrência**. Por isto, apesar dos seus surtos modernizadores iniciais, o *socialismo real* esteve sempre fadado à estagnação, ao fracasso e ao colapso. E o pior é que não havia outro curso de desenvolvimento aberto para essas sociedades no âmbito do sistema produtor de mercadorias. É nestes termos que Kurz conclui que o colapso do *socialismo real* configura, na verdade, o fracasso da modernização capitalista, e o prenúncio da crise global do sistema produtor de mercadorias (em função do brutal agravamento da contradição estrutural entre produção e consumo que este tem embutida dentro de si).

Além dos pontos de contato com as análises de Wallerstein, há evidentes paralelos entre as reflexões do sociólogo alemão e as dos autores ocidentais (examinados no Capítulo 2) que interpretaram as sociedades do Leste a partir da chave dos desafios da modernização e do desenvolvimento. Sua leitura também é próxima à do filósofo húngaro István Mészáros, que, ao indicar que as sociedades de tipo soviético haviam abolido o **capitalismo** mas não o **poder do capital** (i.e., a divisão do trabalho baseada em uma estrutura hierárquica de comando), se situa a meio caminho entre as interpretações resenhadas no Capítulo 5 e neste (Mészáros, 1995a e1995b).

Do ponto de vista da teoria marxista, não deixa de ser curioso (e revelador) o fato de Kurz não ter incluído a **propriedade privada** na sua relação das "categorias básicas" do capitalismo. Afinal, como vimos no Capítulo 3, o próprio Marx resumiu sua proposta de superação do capitalismo na fórmula "abolição da propriedade privada" (o que implica que ele concebia esta propriedade como **constitutiva** desse sistema). Mas Kurz não poderia mesmo incorporar esta "categoria" à sua definição do capitalismo, porque isso **desmontaria** todo o seu argumento sobre a analogia entre o "capitalismo primitivo" e o *socialismo real.* Do ponto de vista empírico, se (re)coloca, aqui, o problema já identificado no comentário sobre a tese de Fernando Haddad ao final do Capítulo 5: que espécie de "acumulação capitalista primitiva" é esta que não resulta na formação/acumulação de capital privado (seja comercial, manufatureiro, industrial ou bancário)?

Como também já foi visto anteriormente, o mesmo Marx concebeu a necessidade de um longo período de transição histórica (o socialismo) para superar a forma concreta de alienação gerada pela economia de mercado. Ao longo deste período, a sociedade socialista teria de adotar como norma distributiva básica um princípio oriundo do "direito burguês" mas negado pelo próprio capitalismo: **a remuneração segundo o trabalho**. O que fundamenta esta proposição marxiana é o entendimento de que a superação geral da alienação humana só é possível nos marcos da superação progressiva das condições de **escassez** (e dos antagonismos sociais que ela sustenta). Esta me parece, sinceramente, uma abordagem bem mais realista do que a escatologia da "supressão radical da mercadoria moderna e de seu sistema mundial por uma nova razão sensível" que nos é apresentada 120 anos depois por Kurz (1993:233).

UM BALANÇO PARCIAL DAS TEORIAS DO CAPITALISMO DE ESTADO

Com o exame das reflexões de Robert Kurz, completo a resenha dos autores marxistas que identificaram a prevalência de alguma forma de **capitalismo** nas sociedades de tipo soviético. Assim como foi feito nos capítulos anteriores, concluo com um breve balanço das interpretações resenhadas. Como deverá ter ficado claro ao longo do capítulo, as leituras examinadas partiram de premissas e enfoques bem diferentes para chegar a uma conclusão comum (ou, pelo menos, semelhante) sobre a "natureza (capitalista) oculta" das sociedades do *socialismo real.* Mas, para além das suas diferenças, estas leituras partiram da mesma concepção "ideal-típica negativa" do socialismo (e do utopismo idealista por ela alimentado) que orientou as interpretações resenhadas no capítulo anterior. Não vou repetir, aqui, a crítica já feita a essa opção teórico-metodológica no final do Capítulo 5. Cabe destacar, entretanto, que o que distingue as leituras resenhadas no presente capítulo das que foram examinadas no anterior é sua ampliação do conceito de capitalismo para abarcar as características "não ideal-típicas do socialismo" identificadas nos países do Leste. Assim, dependendo do autor, a persistência de relações mercantis, ou de relações de trabalho hierarquizadas, ou de significativas desigualdades salariais, ou da alienação humana, etc., foi identificada com o "capitalismo", muito embora, na visão original (e mais realista) de Marx, todos estes fenômenos tenham sido concebidos como integrantes problemáticos do próprio socialismo (dada a sua natureza de **etapa de transição histórica**).

A inadequação desta base conceitual-metodológica comum acarretou graves e evidentes problemas de consistência empírica, entre os quais destaco, de forma tópica e resumida, os seguintes:

1) Embora várias das leituras resenhadas argumentassem que a persistência (ou ampliação) de formas mercantis na URSS determinaria o seu caráter capitalista, o fato é que o alcance das relações mercantis na União Soviética e nos demais estados do Leste se manteve restrito e limitado, em função da prática predominante do estabelecimento centralizado de metas detalhadas de produção, combinada com a garantia pelo Estado da oferta de insumos e da aquisição da produção (independentemente da sua qualidade) nos marcos do Plano.

2) Da mesma forma, o caráter mercantil do trabalho também se manteve restrito e limitado nessas sociedades, dada a prevalência da garantia do direito ao trabalho e a virtual eliminação do desemprego (instrumento fundamental para conter os "preços" dos salários próximos ao seu valor [i.e., aos custos necessários para a sua reprodução] nas sociedades capitalistas, onde o trabalho assume integralmente a forma de mercadoria). Este foi, aliás, um dos entraves básicos à elevação da produtividade econômica nas economias de tipo soviético — o trabalho e a remuneração eram assegurados independentemente do seu desempenho e rendimento (o que é claro indicativo do seu caráter predominantemente **não-mercantil**). Isto permitiu a generalização de práticas e relações retratadas na fórmula irônica de "vocês fingem que pagam, e nós fingimos que trabalhamos".

3) Mesmo sem o saber (ou, pelo menos, sem o citar) as análises examinadas neste capítulo se basearam na distinção conceitual entre "formas jurídicas de propriedade" e "relações reais de produção", formulada inicialmente pelos autores trotskistas dissidentes discutidos no Capítulo 5 (Rizzi e Schachtman). Nesta base, vários autores apontaram para a persistência (ou o agravamento) de relações iníquas de **distribuição** como prova do caráter efetivamente **privado**

(e não social) da propriedade estatal nas sociedades do Leste. Do ponto de vista teórico, no entanto, já vimos como Marx indicou a remuneração diferenciada do trabalho individual segundo a sua quantidade, qualidade e rendimento como princípio distributivo básico do socialismo (que não se confunde com igualitarismo). O problema é que, em sociedades onde a operação das forças de mercado foi restringida, identificar o valor relativo de diferentes trabalhos fornecidos à sociedade (e, conseqüentemente, a sua adequada remuneração) torna-se extremamente problemático e depende, em última instância, de uma definição **política**. As possibilidades de distorção aqui são amplas, e remetem, uma vez mais, à problemática da estruturação democrática de um poder representativo do interesse coletivo no socialismo. Mas, do ponto de vista empírico, se é verdade que o esforço concentrado de industrialização dos primeiros planos qüinqüenais na URSS veio acompanhado da instituição de um leque bastante amplo de diferenças salariais, não é menos verdade que esse período foi marcado por uma gigantesca mobilidade social ascendente[99] (que muitos historiadores ocidentais identificam, inclusive, como a base social dos violentos expurgos deflagrados contra a elite administrativa anterior nos anos '30[100]). De todos os modos, após o esforço de reconstrução do pós-guerra (período em que teria se constituído uma "nova grande burguesia burocrática" na sociedade soviética, segundo as análises oficiais chinesas e albanesas nos anos '60 e '70), a evolução geral foi no sentido de **restringir**, e não de **ampliar**, as diferenças de remuneração (Yanowitch, 1977, Mathews, 1979).

4) Se é verdade que os países do "bloco soviético" desenvolveram — desde o início — relações comerciais com os países capitalistas no âmbito do mercado mundial (o próprio Lênin considerava o desenvolvimento destas relações crucial para o reconhecimento diplomático do jovem poder soviético), é também verdade que este intercâmbio se manteve em proporções restritas e veio acompanhado de instituições, práticas e mecanismos que minimizavam o impacto dos fluxos do mercado mundial nos países socialistas (entre estes, destacavam-se o monopólio estatal de todas as relações econômicas com o exterior e a inconversibilidade das suas moedas nacionais nos mercados monetários globais). A maior parte do comércio externo dos países do "bloco soviético" era conduzido no âmbito do próprio "campo socialista" (Kornai, 1992:334-5). Em 1980, quando o intercâmbio comercial soviético com o Ocidente chegou ao seu auge (na seqüência da *détente*), o comércio da URSS com o conjunto dos países capitalistas desenvolvidos representava apenas um terço do seu comércio externo total (Shearman, 1988:45). Como o seu giro comercial total (exportações e impor-

[99] Ver, a este respeito, os textos reunidos no livro ***Social Dimensions of Soviet Industrialization*** (Rosenberg e Siegelbaum, 1992)

[100] Ver, por exemplo, Fitzpatrick (1984), Getty (1985), Kuromiya (1988) e Schröder (1992).

tações) representou, nesse ano, menos de 9% do seu Produto Social Bruto (conceito que eqüivale ao nosso Produto Nacional Bruto [PNB] menos o setor de serviços)[101], isto quer dizer que, **no seu auge,** o intercâmbio comercial da URSS com os países capitalistas centrais não chegou a ter um peso relativo a 3% da sua economia. Convenhamos que é muito pouco para afirmar que o mercado (capitalista) mundial **determinava** o seu desenvolvimento interno. Os únicos países do "campo socialista" para os quais esse tipo de interpretação poderia fazer algum sentido eram a Iugoslávia, a Polônia e a Hungria, que se endividaram pesadamente junto a bancos ocidentais nos anos '70 e enfrentaram uma severa crise de endividamento externo nos anos '80 (Fernandes, 1990a:50-1).

5) Por fim, a mais flagrante evidência das limitações das teses que caracterizaram os antigos regimes do Leste como capitalistas foi (é) dada pela própria crise geral que se instalou nesses países com sua derrocada. Afinal, se essas sociedades já eram capitalistas, por que estão sendo necessárias rupturas políticas, econômicas, sociais e culturais tão profundas e traumáticas para adequar o seu desenvolvimento à "normalidade" do mundo capitalista? Em se tratando da passagem de uma forma de capitalismo para outra, seria de se esperar uma transição mais suave. Basta lembrar que a superação dos regimes nazi-fascistas na Europa do pós-guerra não produziu crise semelhante. Enfim, nos termos da teoria marxista, fica evidente que os países do Leste estão passando por um processo de **profunda ruptura sistêmica**, e não de mera transformação superestrutural.

Estas considerações encerram nosso balanço parcial das interpretações que identificaram a prevalência de alguma forma de capitalismo de estado e/ou burocrático nas sociedades de tipo soviético. Passemos, agora, a um balanço mais global do conjunto de leituras marxistas examinadas até aqui.

[101] Calculado com base em dados do ***International Trade Statistics Yearbook: 1986***, da ONU e do Relatório apresentado por Leonid Brejnev ao XXVI Congresso do PCUS (Brejnev, 1981:41).

Capítulo 7

AS "DURAS RÉPLICAS" DA HISTÓRIA: DA CRISE DO MARXISMO À CRISE DO SOCIALISMO E O REFÚGIO NO CONCEITO DE *STALINISMO*

A JAULA DO SUBJETIVISMO

A teorização marxista sobre as sociedades de tipo soviético foi polarizada, ao longo do século XX, por duas formas opostas (mas análogas) de idealização do socialismo. No âmbito do movimento comunista, isto se traduziu em um reducionismo dogmático que, a partir da realização histórica do núcleo central da proposta socialista de Marx nas sociedades do Leste (a abolição da propriedade privada), **deduziu** a prevalência, nestas, das condições e realizações que a teoria marxista clássica havia associado a essa abolição. O resultado foi uma compreensão limitada e simplista das complexas estruturas de classe que emergiram nessas sociedades após a socialização/estatização básica da propriedade, compreensão esta que desconsiderava a diferenciação de interesses no âmbito da classe operária, do campesinato e da intelectualidade. Por sua vez, a transformação do marxismo em doutrina oficial implicou no "fechamento sistêmico" deste, e levou à generalização da prática de enfrentar problemas teóricos com o que Norberto Bobbio chamou de "abuso do princípio de autoridade" (Bobbio, 1987b:40-2). Assim, problemas novos (ou, então, mal ou insuficientemente resolvidos pelo marxismo do século XIX) não eram enfrentados com pesquisa empírica e desenvolvimento teórico, mas com a exegese de textos de Marx e Engels (e, depois, Lênin).

Nesta base, a dialética materialista de Marx acabou enfrentando um processo de congelamento teórico-conceitual análogo ao que acometeu a dialética idealista de Hegel um século antes. Isto é particularmente evidente no âmbito da teoria política. Embora não possa concordar com a tese da inexistência de uma teoria marxista do Estado levantada por Bobbio, o fato é que, após sete décadas de ricas e dramáticas experiências, os marxistas do século XX foram incapazes de produzir um único trabalho de síntese/problematização teórica das formas assumidas pelo poder político nas sociedades do *socialismo real* que sequer se aproximasse do balanço, feito por Marx, da efêmera experiência política da Comuna de Paris logo em seguida à sua derrota[102]. A flagrante contradição entre a perspectiva do definhamento progressivo do Estado ao longo da transição socialista (conforme prognosticado, originalmente, pelo marxismo clássico) e a consolidação de formas extremamente concentradas e encasteladas de poder político nos países do Leste (com elevado grau de autonomia em relação às suas respectivas sociedades) foi simplesmente desconsiderada (ou, então, confrontada com meras piruetas conceituais pseudodialéticas, como o argumento de Stálin de que o Estado, na URSS, "desapareceria" ao se "fortalecer ao máximo" [Stálin, 1977b:633]).

As interpretações que negavam a natureza socialista dos estados e sociedades de tipo soviético, por sua vez, se assentavam sobre um subjetivismo igualmente dogmático, só que operando em direção inversa. Aqui, como vimos, a tendência foi a de partir da construção de um tipo ideal de sociedade socialista (um retrato em negativo dos aspectos mais nocivos identificados no capitalismo) para constatar a não adequação das sociedades do Leste a esse tipo ideal e concluir pela sua natureza não socialista. A responsabilidade pela discrepância entre o projeto teórico e a experiência histórica foi imputada inteiramente a esta, sem sequer cogitar a possibilidade de ela se originar em desafios, dilemas, impasses e contradições do próprio projeto. Este tipo de enfoque também tolheu o desenvolvimento da teoria marxista, impedindo que esta pudesse se confrontar com as questões suscitadas pelas primeiras tentativas de materialização histórica do seu objetivo socialista. A matriz filosófica **idealista** desta abordagem é revelada de forma gráfica pelas interpretações maoístas mais extremadas, que, como vimos no Capítulo 6, identificavam a natureza de formações econômico-sociais a partir das inclinações ideológicas dos seus governantes e/ou dirigentes.

A DUPLA CRISE DO MARXISMO

Embora nem todas as interpretações marxistas resenhadas se enquadrem na bipolarização dogmática discutida acima, foi esta, sem dúvida, que acabou predominando e comandando as reflexões sobre o tema. Este congelamento teórico-conceitual tanto expressa quanto compõe um quadro mais geral de crise no pensamento marxista, crise esta que foi se agravando ao longo do século XX, à medida que esse pensamento deixava de dar respostas a um número cada vez maior de problemas suscitados pelo desenvolvimento do mundo. Entre es-

[102] A referência, aqui, é ao "Manifesto do Conselho Geral da Associação Internacional dos Trabalhadores sobre a Guerra Civil na França em 1871", escrito por Marx em abril/maio desse ano, que constitui a parte principal do seu livro ***A Guerra Civil na França*** (Marx, 1977a).

tes, dois, em particular, me parecem nodais da atual crise teórica do marxismo (e foram enfocados, por diferentes ângulos, ao longo do balanço crítico desenvolvido neste trabalho):

1) o problema da autonomização do poder de Estado nos marcos da abolição da propriedade privada (e a questão político-prática a ela associada das formas institucionais a serem assumidas por um poder político que almeja a sua própria dissolução);

2) o problema da perda de dinamismo da economia socializada/estatizada uma vez vencida a etapa do desenvolvimento extensivo recuperador (e a questão político-prática a ela associada de encontrar um mecanismo econômico capaz de estimular o progresso técnico e a elevação da produtividade, sem reproduzir grandes diferenciações e antagonismos sociais).

Estou convencido de que o não enfrentamento/resolução destes problemas teóricos está na origem da crise que se instalou nos países do Leste e resultou no desmantelamento do antigo "campo socialista". Em outras palavras, a crise (teórica) do marxismo está no cerne da crise (política) do socialismo. Diante disto, movimentos para resgatar uma suposta "pureza doutrinária" do marxismo são de pouca valia. O desafio crucial não é tanto o de explicitar/recuperar o "conteúdo ético do socialismo", e sim o de comprovar a sua viabilidade. E isto requer, entre outras coisas, um confronto teórico e prático sério com os questionamentos formulados pelos críticos ocidentais da economia de comando que examinamos no Capítulo 2. Visto por esta ótica, é bem possível que o fracasso das experiências socialistas no século XX se deva menos à preservação de categorias mercantis, do que a excessos voluntaristas na sua restrição.

A CONVERGÊNCIA PROBLEMÁTICA NO CONCEITO DE *STALINISMO*

Ao longo do amadurecimento da dupla crise referida acima, grande parte dos autores e correntes de inspiração marxista convergiu para uma utilização algo indiscriminada do conceito de *stalinismo* nas suas referências aos antigos regimes e sociedades do Leste (embora, por trás desse conceito, persistissem as antigas diferenças de interpretação sobre o modo de produção prevalecente nesses estados). A lógica (consciente ou inconsciente) que presidiu esta convergência foi a tentativa de resgatar a legitimidade da perspectiva socialista diante de uma apreciação cada vez mais negativa das experiências do *socialismo real* por amplas parcelas da opinião pública mundial.

No âmbito da *sovietologia* Ocidental, os teóricos do totalitarismo sempre haviam sustentado a natureza liberticida do socialismo (com os argumentos liberais já vistos no Capítulo 2). Para estes, o desenvolvimento antidemocrático das sociedades de tipo soviético era conseqüência inevitável do próprio projeto socialista (tanto na sua versão marxista quanto leninista), e os fundamentos do totalitarismo haviam sido lançados já nos primórdios da revolução soviética.[103] Essa abordagem compôs o discurso oficial da administração norte-americana no transcurso da Guerra Fria. Em oposição a este enfoque, um número cada vez maior de autores marxistas passou a contra-argumentar que a origem da evolução antidemocrática no Leste residia, na verdade, na prevalência de uma concepção político-ideológica estranha e/ou oposta tanto ao marxismo quanto ao impulso emancipador original da revolução soviética: o *stalinismo*.

O conceito de *stalinismo*, com o significado que acabei de indicar, foi formulado inicialmente por Trotsky em meados dos anos '30, quando este passou a identificar a necessidade de uma "nova revolução política" na URSS (McNeal, 1977). Até então, Trotsky caracterizava a corrente encabeçada por Stálin principalmente como **centrista**, e a considerava uma potencial aliada (ainda que vacilante) na luta contra a "direita" do Partido *Bolchevique*. O termo *stalinismo* também surgiu — de forma dispersa e com uma conotação positiva — em diferentes publicações do movimento comunista na época. Mas essa prática não era, em geral, incentivada, já que a "linha oficial" do movimento sempre buscou fundamentar a legitimidade da liderança de Stálin no fato de ele ser "o discípulo mais fiel de Lênin", e o das suas políticas no fato de serem "mera continuação/aplicação do marxismo-leninismo". Foi nesta base que o próprio Stálin cunhou o termo *trotskismo*, em 1924, para caracterizar as posições defendidas pelo seu principal oponente na luta interna do Partido *Bolchevique* como oriundas de um corpo de idéias "em contradição irreconciliável com o leninismo" (Stálin, 1975a:129). A lógica da formulação é, portanto, eminentemente ortodoxa. Dez anos depois, Trotsky não fez mais do que repetir essa operação, só que com os sinais trocados.

Embora o movimento organizado por Trotsky e os seus seguidores nos anos '30 (a IV Internacional e os seus múltiplos desdobramentos) nunca tenha alcançado maior expressão política no mundo, sua formulação do conceito de *stalinismo* acabou se tornando um dos maiores tentos de *marketing político global* de toda a história. O termo penetrou profundamente o discurso jornalístico, político e acadêmico mundial, influenciando o pensamento e o julgamento de amplos setores da humanidade. Este sucesso, no entanto, só foi alcançado depois da morte do seu formulador. Podemos identificar três grandes ondas na difusão do termo:

1) Da sua formulação na década de '30 até meados dos anos '50, a utilização do conceito de *stalinismo* ficou, basicamente, restrita a pequenos círcu-

[103] Ver, por exemplo, Fainsod (1953), Armstrong (1961), Ulam (1976), Daniels (1969). Para uma interpretação análoga oriunda de um filósofo "dissidente" do Leste, ver Leszek Kolakowski (1977).

los marxistas dissidentes (mais ou menos próximos das posições da IV Internacional de Trotsky e dos comunistas *conselhistas* discutidos no Capítulo 6) ou a algumas análises críticas isoladas do movimento social-democrata (este, desde Kautsky, tendeu a preferir termos que se prestassem à condenação global da experiência soviética, em vez de apenas um período do seu desenvolvimento).

2) Entre meados das décadas de '50 e '80, a sua difusão se ampliou enormemente sob o impacto das críticas formuladas a Stálin no "Relatório Secreto" de Kruschev ao XX Congresso do PCUS em 1956 e a política de "desestalinização" que se lhe seguiu. Vale registrar que os próprios dirigentes responsáveis por esta política no "bloco soviético" não se referiam a ela como "desestalinização", e sim como "crítica ao culto à personalidade". Apesar de incorporado por alguns dos seus setores, o conceito de *stalinismo* (implícito no termo "desestalinização") permaneceu malvisto pela maior parte do movimento comunista. Nos debates do PC Italiano sobre o tema, ainda em 1956, o seu principal dirigente, Palmiro Togliatti (considerado o grande precursor do *eurocomunismo* dos anos '70), insistia que:

> *"Não podemos aceitar o termo* 'stalinismo' *e os seus derivativos porque ele conduz à falsa conclusão de que estamos lidando com um sistema errado* ***a priori****, em vez de nos estimular a buscar os males que o infiltraram mais tarde. Esta infiltração resulta de causas determinadas e se deu nos marcos de um processo essencialmente positivo de construção econômica e política, e de uma atuação correta e justa no campo das relações internacionais que levou a vitórias decisivas."*
> (Togliatti *apud* Boffa, 1992:7, tradução minha - L.F.)

Na mesma linha, uma resenha publicada pelo jornal do PC Francês, ***L'Humanité***, em 1976, rejeitou o termo *stalinismo* por entender que ele "sugere a existência de um sistema com suas leis, sua lógica e sua necessidade" (*apud* Martelli, 1990:101, tradução minha - L.F.). Já em 1979, um artigo analítico especialmente dedicado ao conceito no jornal do PC Italiano, ***Unitá***, concluiu que se tratava de "uma expressão ambígua e não muito esclarecedora" (*apud* Boffa, 1992:7, tradução minha - L.F.). Apesar destas resistências, o próprio impacto mundial do processo deflagrado por Kruschev resultou numa grande aceitação do termo em meios não-comunistas (sobretudo, os de esquerda), rompendo o círculo estreito a que estava restrita a sua utilização no período precedente. Ao mesmo tempo, a difusão do conceito foi facilitada pela redução das tensões da Guerra Fria e o questionamento crescente do paradigma do totalitarismo nos "estudos da área soviética" que a acompanhou. Nesta época, alguns autores ocidentais chegaram, mesmo, a vislumbrar o *stalinismo* como uma alternativa conceitual ao "totalitarismo".[104]

[104] Ver, por exemplo, Cohen (1997) e Tucker (1977ª e 1977b).

3) O termo *stalinismo* alcançou o auge da sua influência e difusão na segunda metade dos anos '80, quando, na seqüência da *perestroika* de Gorbachev, ele foi incorporado pelo discurso oficial da maior parte dos regimes do "bloco soviético" para caracterizar negativamente o "modelo" que havia presidido todo o seu desenvolvimento anterior (excetuando-se o período do triunfo da Revolução de Outubro ao fim da NEP na URSS). Ao final da década de '80, assim, o círculo parecia ter se fechado, com a incorporação do conceito de *stalinismo* ao discurso dominante em praticamente todo o mundo. Mas o período de maior triunfo do termo foi, também, o mais efêmero. Com o colapso dos antigos regimes no Leste em 1989-1991 e os processos de ruptura sistêmica que se lhe seguiram, a orientação dominante nesses estados se deslocou da "renovação" das estruturas do *socialismo real* para o seu **desmantelamento**. Com isso, conforme vimos no Capítulo 2, as novas forças dirigentes preferiram resgatar o conceito de "totalitarismo" — que trazia embutido dentro de si uma condenação global de toda a herança passada — a continuar insistindo no conceito de *stalinismo*. Essas forças recuperam, hoje, o enfoque que foi adotado pelo escritor dissidente russo, Alexandr Soljenítsin, já nos anos '70: o de identificar no pensamento e ação de Lênin (sobretudo, após a revolução) a origem dos fenômenos normalmente associados ao conceito de *stalinismo* (Soljenítsin, 1973-78 e 1980). Este conceito, por outro lado, também deixou de ser de grande valia para a esquerda da região, que adotou, nas novas condições, uma orientação cada vez mais **defensiva,** voltada para a **preservação** de determinadas estruturas e conquistas do período anterior (o que inviabilizava a estruturação do seu discurso sobre um conceito que implicava na condenação de todo o sistema preexistente). Como resultado, o termo caiu em crescente desuso no discurso jornalístico, político e acadêmico dos anos '90, embora ainda ocupe lugar de destaque no pensamento de esquerda no Ocidente.

Ao longo das seis atribuladas décadas da sua existência, o conceito de *stalinismo* foi definido das mais variadas formas: como orientação político-ideológica, forma de estado, sistema político, prática política, sistema social, psicologia, distúrbio mental, desvio de comportamento, conjunto de valores culturais, via de desenvolvimento nacional, modelo econômico, sistema econômico, formação econômico-social, etc. O elemento comum a todas estas definições é a apresentação da dimensão particular enfocada como um desenvolvimento claramente oposto à teoria e à prática de Marx ou Lênin (e, por isso, a sua identificação como *Stalin*ismo).

Para efeito deste trabalho, o que mais nos interessa são as definições que se valeram do termo para caracterizar/determinar a natureza dos estados e sociedades do *socialismo real* (ou, pelo menos, de alguma fase da sua evolução). Poucos autores que utilizaram o conceito neste sentido se deram ao trabalho de apresentar, de forma mais sistematizada, o que consideravam ser os traços fundamentais e definidores do regime e/ou sistema "stalinista". Entre os que o fizeram (como Gill, 1990; Tucker, 1977; Martelli, 1990; e Boffa, 1992), a variedade de interpretações é grande. Ela vai desde caracterizações que o eqüivaleram a um modo de produção, até outras que o identificaram como mero sistema ou regime político, passando por aquelas que o conceberam como modelo político-econômico ou formação econômico-social. O filósofo iugoslavo Mihailo Markovic produziu o que considero ser a sistematização mais representativa deste conjunto de abordagens, tanto pela sua abrangência quanto pelo caráter integrador/totalizador do seu enfoque. Partindo de uma construção ideal-típica de nítida inspiração metodológica weberiana, Markovic identificou seis traços que, na sua opinião, compunham as "condições necessárias e suficientes do Stalinismo":

> *"1. O compromisso com uma revolução violenta anticapitalista que* ***não se desenvolve além*** *da substituição do poder político da burguesia pelo poder da* ***burocracia política****, e da propriedade privada pela* ***propriedade estatal*** *dos meios de produção.*
>
> *2. A força dirigente da revolução e a coluna vertebral da sociedade pós-revolucionária radicam-se em um* ***partido monolítico, altamente disciplinado e estritamente hierárquico****, que detém o* ***monopólio*** *de todo poder econômico e político e* ***reduz todas as outras*** *organizações sociais a* ***meras correias de transmissão****.*
>
> *3. O Estado continua existindo, mesmo após a completa liquidação da classe capitalista. Sua nova função primária é o planejamento* ***administrativo rígido*** *de toda a produção e o controle completo de toda a vida política. O Estado é designado oficialmente como uma ditadura da classe operária, mas é, em realidade, uma* ***ditadura da liderança do partido ou de um único líder****.*
>
> *4. A nova sociedade é constituída como uma sociedade de* ***Bem-Estar coletivista****, em que sobrevivem a maior parte das formas de* ***alienação econômica e política****.*
>
> *5. Como conseqüência da sua estrutura política e econômica centralista, é* ***negada a autodeterminação*** *das nações menores dentro de um país multinacional, e essas nações continuam a ser* ***dominadas*** *pela nação maior.*
>
> *6.* ***Toda a cultura é subordinada à esfera da política****, e é controlada e censurada estritamente pelo partido dominante."*
>
> (Markovic, 1977:299-300, tradução minha - L. F., ênfases no original)

Para além da sua escolha curiosa de ênfases, esta sistematização equipara o *stalinismo* a um modo de produção *estatista* (nos moldes já discutidos no Capítulo 5). Mas sua classificação abrange, também, características centrais atribuídas ao conceito por outras abordagens marxistas.

É interessante comparar os traços do *stalinismo* no tipo ideal de Markovic com os que foram atribuídos ao "totalitarismo" na interpretação clássica do tema pela *sovietologia* ocidental (conforme visto no Capítulo 2). Quatro dos seis traços fundamentais do tipo ideal do totalitarismo desenvolvido por Friedrich e Brzezinski foram reproduzidos no conceito de *stalinismo* do filósofo iugoslavo (a saber, uma ideologia [cultura] oficial abrangente; a dominação de um partido e/ou líder único; a monopolização de todos os meios de difusão informativa e cultural; o controle e direção centralizados de todas as organizações sociais). Um dos dois traços ideal-típicos do totalitarismo não incorporados na classificação de Markovic — o "monopólio quase completo do uso efetivo de armas de combate", conforme a formulação de Friedrich e Brzezinski (1965:22) — é, na verdade, irrelevante, pois trata-se de uma característica comum a todos os estados modernos. Já a não inclusão do outro — o "sistema de terror" — tornou a definição de *stalinismo* mais abrangente[105] (um desenvolvimento análogo ao dos autores ocidentais que identificaram a persistência de um "totalitarismo sem terror" na URSS após a ascensão de Kruschev [Kassoff, 1964]). Por outro lado, dois traços anticapitalistas ausentes do esquema de Friedrich e Brzezinski foram introduzidos na classificação: a abolição da propriedade privada e a montagem de uma "sociedade de Bem-Estar coletivista".

Visto com base nesta comparação, o conceito de *stalinismo* não passa de um **subtipo** do conceito clássico de totalitarismo desenvolvido pela *sovietologia* ocidental (subtipo este que identifica a espécie **não-capitalista** dentro do gênero totalitário). Se esta discriminação classificatória ajuda a enfocar diferenças sistêmicas que foram ofuscadas pela taxinomia original, ela continua se estruturando sobre o mesmo viés analítico liberal que já examinamos criticamente no Capítulo 2.

Com base na discussão desenvolvida até aqui, podemos ver que muitas das características centrais que Markovic associa ao *stalinismo* são, na verdade, traços/problemas inerentes ao próprio projeto socialista, conforme formulado originalmente por Marx (a abolição da propriedade privada; a centralização de todos os instrumentos de produção nas mãos do Estado; a persistência de formas de alienação econômica e política; o fim da clivagem entre o "público" e o "privado"; a problemática da autonomia do Estado; etc.). Já outras se referem a formas político-institucionais gestadas no período inicial da revolução soviética, antes de Stálin ter se tornado o dirigente máximo da URSS (a constituição do regime de partido único; o banimento de todos os outros partidos; a concepção das demais organizações sociais como correias de transmissão; etc.). Embora as con-

[105] Curiosamente, isto excluiu do conceito de *stalinismo* a característica que muitos autores consideravam/consideram a mais típica do período da liderança de Stálin na URSS - o recurso recorrente ao terror para enfrentar adversários políticos reais ou imaginários.

cepções e práticas desenvolvidas no âmbito destas formas político-institucionais tenham variado ao longo do tempo, muitas das políticas adotadas na URSS a partir da "Grande Virada" de 1928 (período identificado como o da constituição do "sistema stalinista") já haviam sido prenunciadas no período do "Comunismo de Guerra" e compunham, no final dos anos '20, a plataforma da oposição encabeçada por Trotsky.

Por fim, há que ver que, quando se tratou de desmontar as configurações político-institucionais e econômicas dos países do Leste após a derrubada dos seus antigos regimes, o processo que seguiu se encaminhou (independentemente dos desígnios originais das forças que o deflagraram) para o desmantelamento de todas as estruturas econômico-sociais fundamentais do socialismo. Isto sugere que a identificação conceitual anterior de um "sistema stalinista" distinto e separado do "sistema socialista" não era apropriada. Do ponto de vista político, isto se materializou na triste ironia de ver a "revolução antiburocrática", tão ansiada por Trotsky, acabar sendo hegemonizada por forças abertamente pró-capitalistas (inclusive neoliberais), obcecadas com a destruição de todos os vestígios e heranças do socialismo.

Por tudo isto, não há como discordar das considerações feitas pelo filósofo polonês Leszek Kolakowski, em sua polêmica com Markovic:

> *"Muitos marxistas críticos costumavam dizer — 'Isto [o sistema soviético] é uma caricatura do marxismo'. Eu não negaria isso. Lembro, no entanto, que só se pode falar de caricatura quando esta se assemelha ao original — e é precisamente este o caso... A ideologia soviética incorporou o esqueleto do marxismo, destituído da sua complexidade, como um guia extremamente simplificado (mas não falsificado) da construção da nova sociedade. Não foi Stálin que inventou que toda a teoria comunista poderia ser resumida na frase única 'abolição da propriedade privada'; ou que não pode mais haver trabalho assalariado quando não há capital; ou que o Estado tem de controlar centralizadamente todos os meios de produção; ou que as hostilidades nacionais estariam destinadas a desaparecer junto com o antagonismo de classe. Todas estas idéias, como sabemos, estão claramente formuladas no* ***Manifesto Comunista****. Tomadas em conjunto, elas não só sugerem como implicam que, uma vez passada a propriedade das fábricas e da terra para as mãos do Estado — conforme viria a ocorrer na Rússia —, a sociedade seria, no fundamental, libertada."*
>
> (Kolakowski, 1977:296, tradução minha - L.F.)

O aprofundamento destas considerações críticas por Kolakowski acabaram conduzindo-o à ruptura com o próprio marxismo. Mas isto não isenta os autores e pesquisadores que continuam a se referenciar na teoria marxista da necessidade de confrontar seriamente os problemas e impasses por ele revelados. Por tudo o que foi exposto até aqui, estou convencido de que a convergência das interpretações marxistas no conceito de *stalinismo* representou mais uma **fuga** do que um confronto sério com a crise teórica e política do marxismo. Se reconhecemos como problemáticas as teorias ocidentais que afirmam a predeterminação, pelo projeto socialista, das formas particulares assumidas pelas sociedades de tipo soviético, é forçoso reconhecer como igualmente problemáticas as interpretações marxistas que se negam a admitir que essas formas constituíram uma resposta determinada (embora não a única possível) a contradições e desafios **do próprio socialismo**.

PARTE 2

O ENIGMA DO ENIGMA

"You may still be here tomorrow, but your dreams may not..."
Cat Stevens

Capítulo 8

AS FORMAS POLÍTICAS DO *SOCIALISMO REAL* E OS FUNDAMENTOS DA AUTONOMIA DO ESTADO NO SOCIALISMO

Chegou a hora de juntar os diferentes "quadrantes" da varredura teórico-conceitual desenvolvida na Parte 1, procurando extrair do balanço efetuado proposições teóricas e políticas para superar as limitações e os impasses das leituras examinadas. Antes de mais nada, cabe reconhecer que, certamente, nem todas as interpretações sobre as sociedades do *socialismo real* terão passado pelo nosso crivo. Isto, na verdade, é inevitável, já que o impacto determinante que essas sociedades tiveram sobre a configuração do mundo no século XX acabou alimentando uma avalanche de conceituações e classificações alternativas — a maioria desconexa e contraditória entre si.[106] Boa parte destas não passavam de exercícios em "imaginação invectiva"[107], sem maior consistência teórica ou conceitual. Isto não chega a surpreender. Afinal, como já nos alertara Ezra Pound, não é de hoje — e nem só no âmbito dos "estudos da área soviética" — que o papel aceita tudo (e depois, numa espécie de "Lei de Say" editorial, cria a sua própria demanda...).

Assim, apesar do caráter necessariamente incompleto do balanço efetuado, estou seguro de ter coberto **todas** as principais teorias existentes sobre os estados e sociedades de tipo soviético. Isto nos possibilita localizar as origens ideológicas e teóricas de conceitos que continuam a dominar a discussão sobre o *socialismo real* até os dias de hoje – e que tendemos a incorporar de forma acrítica e irrefletida ao nosso vocabulário do dia-a-dia. No entanto, é forçoso

[106] Mesmo na URSS, o economista Oleg Tsukânov identificou na imprensa soviética entre 1989 e 1991 nada menos de trinta denominações classificatórias alternativas (Tsukânov, 1995:17-8).

[107] Referência contraposta à "imaginação sociológica" de C. Wright Mills (1959).

reconhecer que a opção pela abrangência no levantamento (incluindo tanto as principais interpretações ocidentais quanto as marxistas) teve um custo: muitas das leituras não puderam ser examinadas com a profundidade e a atenção que mereciam. Mesmo dentro desses limites, procurei extrair do balanço efetuado indicações e proposições que ajudem a compor um quadro teórico mais consistente de análise e reflexão, não apenas sobre as experiências históricas do *socialismo real*, como também sobre as perspectivas do socialismo em geral.

AS LIMITAÇÕES DA *SOVIETOLOGIA* OCIDENTAL

No Capítulo 2, examinamos as dez teorias mais importantes sobre os estados e sociedades do Leste desenvolvidas nos meios acadêmicos ocidentais, com destaque para o "conceito fundador" da *sovietologia*: o totalitarismo. Nosso balanço identificou dois tipos predominantes de limitação nessas abordagens:

1) a incapacidade de dar conta dos variados processos de mudança e ruptura vividos pelas sociedades do *socialismo real* ao longo da sua evolução, destacadamente o colapso de 1989-91 e a crise geral que se lhe seguiu; e

2) a obliteração analítica de diferenças sistêmicas cruciais que distinguiam as sociedades de tipo soviético de outras experiências de desenvolvimento no mundo moderno, em especial a dos países capitalistas mais industrializados.

Estas insuficiências analíticas e explanatórias, por sua vez, refletiam a predominância de alguns problemas teóricos e metodológicos básicos no âmbito dos estudos ocidentais, entre os quais se destacam:

a) a insistência em decompor a realidade social em esferas separadas e segmentadas para privilegiar a análise isolada de cada uma delas, ignorando ou subestimando a sua integração e inter-relação;

b) a incorporação acrítica e axiomática da dicotomia entre o "público" e o "privado" como ponto de partida analítico, com rendimentos limitados do ponto de vista explanatório e contraditórios do ponto de vista normativo; e

c) a transposição para as sociedades de tipo soviético de conceitos e categorias gerados no estudo de realidades sociais bem distintas, resultando na já comentada obliteração analítica de diferenças sistêmicas cruciais.

O efeito combinado destas insuficiências e limitações foi a incapacidade de gerar um conceito totalizador capaz de abarcar a dinâmica da evolução dos estados do Leste. Em outras palavras, as variadas interpretações da *sovietologia* não passaram no teste crucial de validade a que tem de ser submetido todo conhecimento social com pretensões científicas: o da correspondência do seu marco teórico com o desenvolvimento da realidade social que examina. Apesar disto, o balanço desenvolvido no Capítulo 2 indicou que algumas interpretações ocidentais geraram *insights* importantes que podem e devem ser incorporados ao esforço de construção de um marco mais consistente de análise do *socialismo real*. É o que faremos mais adiante.

A ALTERNATIVA TEÓRICA MARXISTA E OS SEUS LIMITES

Na Parte 1 do livro, examinamos criticamente as quatro linhas básicas de interpretação sobre os estados e sociedades do Leste desenvolvidas no âmbito do pensamento marxista, e a sua convergência problemática final para o conceito de *stalinismo*. Por adotar um viés analítico que privilegia o conflito e a transformação, o enfoque teórico construído por Marx fornece pistas importantes para evitar as "armadilhas" que vitimaram a *sovietologia* ocidental. Entre as bases mais relevantes para nosso esforço de composição de um marco teórico mais consistente de análise do *socialismo real*, destacam-se:

a) o reconhecimento epistemológico simultâneo da existência objetiva dos processos sociais e da impossibilidade de neutralidade na sua observação;

b) a compreensão da realidade social como um todo integrado, complexo e contraditório;

c) a análise *histórica* do desenvolvimento de relações, formas e instituições sociais (inclusive o Estado);

d) o entendimento de que as variadas dimensões da realidade social se relacionam de forma distinta em diferentes sistemas (e, portanto, da necessidade de formular conceitos e categorias sistêmico-específicos, em vez de insistir na transposição conceitual intersistêmica);

e) a identificação do dinamismo das formas de produção como chave fundamental (mas não exaustiva) para compreender o desenvolvimento sistêmico; e

f) o reconhecimento das relações de classe como dimensão central (mas não exclusiva) da agregação e do conflito de interesses na sociedade.

O balanço crítico efetuado na Parte 1 do livro, no entanto, indicou que o potencial explanatório e analítico deste enfoque não foi plena ou adequadamente explorado pelas principais interpretações marxistas do nosso século. As leituras que insistiram na identidade e/ou convergência sistêmica anterior das sociedades de tipo soviético com os países do Ocidente (seja na forma de algum "capitalismo de novo tipo" ou de um "modo de produção" inédito) reproduziram as mesmas limitações básicas da *sovietologia* discutidas mais acima: elas obliteraram diferenças sistêmicas cruciais entre os dois conjuntos de países e se mostraram incapazes de explicar a crise geral que vem marcando os atuais processos de transição no Leste. As demais conceituações marxistas, por sua vez, acabaram por se aferrar a uma visão ideal-típica e utópica do projeto socialista — seja para proclamar axiomaticamente o advento de uma "civilização superior" isenta de maiores problemas ou antagonismos no "campo socialista" a partir da implementação do esqueleto básico do projeto concebido por Marx (a abolição da propriedade privada), seja para negar que esse projeto tivesse sido efetivamente implementado, dada a não-materialização das condições gerais de emancipação previstas originalmente pela teoria marxiana. Em ambos os casos, a opção por uma concepção idealizada do projeto socialista implicou no não-desenvolvimento da teoria para confrontar os dilemas e impasses fundamentais revelados pelas primeiras tentativas da sua materialização. Como argumentei no Capítulo 7, a convergência final sobre o conceito de *stalinismo* me parece ter representado muito mais uma fuga do que um confronto sério e corajoso com essas questões.

Referenciado no balanço crítico desenvolvido neste livro, estou convencido de que o resgate do potencial explanatório e heurístico do marxismo no estudo das experiências do *socialismo real* deve começar por recuperar sua preocupação teórica central com as conexões/mediações entre "relações sociais" e "formas sociais". Mais concretamente, ela deve buscar na "relação direta dos proprietários das condições de produção com os produtores diretos" a chave para desvendar "a base oculta de toda a estrutura social" (Marx, 1978:791). Enriquecido com a compreensão de que distintas estruturas econômico-sociais podem se articular no âmbito de uma única formação econômico-social (conforme visto no Capítulo 3), este enfoque pode gerar um conhecimento mais consistente e objetivo (i.e., empiricamente fundado) da evolução das sociedades de tipo soviético no Leste. Nestes termos, cabe reconhecer, antes de mais nada, a natureza **socialista** (sem aspas ou itálico) dessas sociedades, dado o predomínio de relações sociais estruturadas sobre formas coletivas de propriedade no seu interior. Mas este reconhecimento exige, igualmente, uma compreensão mais rica e complexa das múltiplas mediações estabelecidas entre as diferentes dimensões da vida social em estados socialistas, rompendo com o subjetivismo simplificador que predominou nas análises "oficiais" do movimento comunista. Implica reconhecer, em particular, que o socialismo pode assumir configurações políticas (e econômicas) variadas — e que a sua existência não nos isenta da apreciação teórica, política e moral das formas concretas por ele assumidas.

Os ganhos analíticos e explanatórios possibilitados por este enfoque são especialmente significativos no exame dos atuais processos de transição vividos pelos países do Leste. Acima de tudo, ele nos permite relacionar a presente crise geral vivida por esses países com as contradições específicas de um processo (traumático) de **ruptura sistêmica**[108] — a passagem de uma formação econômico-social **socialista** (i.e., estruturada sobre formas coletivas de propriedade) para outra **capitalista** (i.e., assentada sobre a recomposição de formas privadas de propriedade e de exploração do trabalho assalariado). Nesta base, podemos compreender melhor um conjunto de desenvolvimentos cruciais que marcam os atuais processos de transição no Leste, entre os quais:

a) os limites impostos às transformações **políticas** democráticas pelos impactos **sociais** regressivos das transformações **econômicas** em curso;

b) o movimento eleitoral pendular que bloqueou a continuidade político-administrativa em praticamente todos esses países ao longo dos anos '90 (já que os problemas sociais e econômicos gerados pela transição sistêmica conspiraram [e continuam conspirando] contra a consolidação político-eleitoral das forças que a procuram comandar);

c) a relação desta instabilidade política "crônica" com um quadro mais geral de **crise de hegemonia** nas sociedades do Leste, dada a ausência de uma burguesia endógena com força social suficiente para consolidar a sua direção sobre os processos de transição ao capitalismo (conseqüência da virtual eliminação da propriedade privada no período socialista anterior); e

d) a dramática explosão de tensões nacionalistas e racistas (da qual as guerras na antiga Iugoslávia foram um trágico exemplo), como expressão da crise de hegemonia acima referida.

Em suma, o marxismo nos fornece bases teóricas cruciais para explicar e compreender não só o prolongado colapso econômico vivido pelos países do Leste ao longo dos anos '90, como também a profunda crise social e instabilidade política gerada pelos atuais processos de transição. Por este ângulo, chegamos à curiosa conclusão de que o mesmo processo que determinou a derrota

[108] A noção de "sistema", e a sua relação com a "estrutura", é outra temática bastante polêmica e contenciosa no âmbito das ciências sociais. O tratamento clássico da questão por Talcott Parsons (1952 e 1954) concebe os "sistemas sociais" como as variadas formas de interação que se estabelecem entre os seres humanos na sociedade, formas de interação estas que se entrelaçam e interpenetram para constituir a totalidade social. "Estrutura", por outro lado, denotaria um recurso **analítico** (isto é, sem realidade ontológica ou substantiva) desenhado por pesquisadores para captar a conformação dos sistemas sociais. Em contraposição a Parsons, a teoria da "dualidade da estrutura" de Giddens propõe a compreensão de que "estrutura" refere-se às "propriedades estruturantes" concretas que constituem os "sistemas sociais", ao passo que estes últimos são concebidos como "totalidades estruturadas sobre práticas sociais recorrentes" (Giddens, 1988). Um excelente balanço do debate sociológico sobre o tema pode ser encontrado em Domingues (1995). Uma vez mais, não cabe entrar a fundo nessa discussão nos marcos deste livro. Registro, apenas topicamente, que, coerente com a epistemologia realista sustentada ao longo deste trabalho, concebo "estrutura" como padrões consolidados de relacionamento social e "sistema" como a forma dominante de articulação/integração desses padrões em uma totalidade social.

política do marxismo no antigo "campo socialista" pode estar promovendo a sua vindicação **teórica**. E, em outra fina ironia da História, dada a maior transparência assumida pelos novos sistemas eleitorais e partidários nos países do Leste — e a produção/circulação mais livre de informações socioeconômicas no seu interior —, o colapso dos regimes **marxistas** pode estar fornecendo, hoje, as condições técnicas necessárias para uma análise de classe **marxista** mais objetiva e rigorosa do seu desenvolvimento passado e presente.

A "vindicação teórica" do marxismo no Leste, no entanto, não é tão cristalina e não-problemática quanto o parágrafo acima possa dar a entender. As formas políticas assumidas pelo socialismo no antigo "bloco soviético", em particular, suscitam graves (diria, até, críticos) problemas de consistência para o seu marco teórico. É o que passamos a enfocar em seguida.

O ENIGMA DAS FORMAS POLÍTICAS DO *SOCIALISMO REAL*: UM "EXPERIMENTO CRUCIAL"?

Voltamos, neste ponto, às considerações desenvolvidas no Capítulo 7 sobre o duplo e entrelaçado desafio (da democracia e da produtividade) que está no cerne da presente crise teórica do marxismo. O "enigma" chave, aqui, é o das formas altamente concentradas e impermeáveis ao controle social assumidas pelo poder de estado nas experiências socialistas do século XX. Dito de outra forma, é o problema da (elevada) autonomia assumida pelo poder de Estado nas experiências do *socialismo real*.[109] Para situar a gravidade do desafio que isto suscita para a teoria marxista, retomo, aqui, as considerações epistemológicas formuladas na introdução e desenvolvidas ao longo do livro.

Devemos a Popper (1992) o reconhecimento da lógica **hipotético-dedutiva** do conhecimento científico, em oposição ao indutivismo ingênuo do empirismo clássico. Este reconhecimento se apóia em duas constatações básicas:

1) Todo cientista ou pesquisador necessariamente desenvolve as suas idéias e o seu trabalho dentro de um marco teórico determinado: "Nos aproximamos de tudo à luz de uma teoria preconcebida" (Popper, 1976:52). É esta que "cria" os

[109] Não por acaso, o tema da autonomia do Estado foi freqüentador recorrente do nosso balanço das teorias sobre o *socialismo real*. É importante esclarecer, a este ponto, que sentido essa temática assume neste trabalho. Com efeito, o tema não se refere, aqui, à constituição (histórica ou conceitual) de uma dimensão política separada de outra, econômica, na sociedade. Se fosse este o caso, a sua aplicabilidade se restringiria à experiência de formação dos estados liberais modernos. A temática se refere, isto sim, à capacidade de o Estado se destacar das forças econômicas e sociais predominantes na sociedade (ou das que deram origem à sua própria configuração estatal específica) para determinar de forma independente o seu próprio curso de ação. Por este ângulo, o estado liberal-democrático que preserva ciosamente a separação das esferas política (pública) e econômica (privada) é, a princípio, **menos** autônomo que o estado absolutista, no qual essa separação é ainda embrionária.

fatos (no sentido de identificá-los e dar-lhes relevância). Como já dissera antes Poincaré, *les faits ne parlent pas* — é a "livre atividade do cientista" que intervém, "escolhendo os fatos que merecem ser observados" (Poincaré, 1995:148).

2) Decorre da constatação acima uma segunda: não se pode comprovar a validade de uma teoria via mera descrição positiva de "fatos" coerentes.[110] Afinal, outras teorias sempre podem descrever positivamente outros conjuntos de "fatos" para sustentar teses completamente opostas. Como validar, então, o conhecimento científico? Para Popper, a solução reside na **crítica**. Se não nos é possível comprovar positivamente teorias, podemos, entretanto, **falsificá-las** via experimentação e/ou análise empírica.

Com base nestas constatações, Popper concluiu que o procedimento básico da ciência é o de extrair das teorias (via **dedução** lógica) **hipóteses** experimentais que as contradizem. A confirmação empírica destas hipóteses nos forneceria, então, bases objetivas para descartar as respectivas teorias, legando-nos o desafio de elaborar outras mais consistentes. O conhecimento científico avançaria, assim, via um processo inesgotável de "revolução permanente" (termo usado pelo próprio Popper, apesar dos seus ecos "marxistas/trotskistas"). Por este prisma, embora a primeira abordagem de qualquer temática por um cientista/pesquisador fosse inevitavelmente "dogmática" (i.e., feita a partir de uma teoria preconcebida), caberia ao investigador manter sempre uma atitude crítica e aberta em relação ao seu marco teórico inicial, concebendo e/ou conduzindo "experimentos cruciais" que permitissem refutá-lo. Enquanto não fosse refutada, a teoria permaneceria válida. Se mais de uma teoria permanecesse válida sobre o mesmo tema ou problemática em um determinado momento, caberia optar (seguindo uma sugestão original de Duhem[1954]) por aquela que fosse mais simples, por ser esta mais facilmente "falsificável" (Popper, 1992, especialmente o capítulo 7).

Decorre desta compreensão o reconhecimento do caráter necessariamente incompleto, precário, aproximativo e temporário (embora **objetivo**) de todo conhecimento gerado pela ciência. Na verdade, só poderia ser considerado "científico" o conhecimento gerado por teorias que formulassem explicitamente os termos da sua própria refutação. Por esta razão, Popper considerava que nem o marxismo nem a psicanálise (e tampouco a maior parte da produção do que chamamos de "ciências sociais") poderiam ser considerados propriamente "ciência" (divergências epistemológicas à parte, esta mesma apreciação foi sustentada por outros renomados filósofos e historiadores da Ciência no século XX, como Imre Lakatos [1976] e Thomas Kuhn [1976a]).

[110] Isto revela a inadequação de se caracterizar Popper como "positivista", conforme foi feito no célebre debate que a Associação Alemã de Sociologia organizou entre ele e Adorno em 1961, debate este que acabou ficando conhecido como o *Positivismusstreit*. Os materiais do debate podem ser encontrados em Adorno *et alli* (1976).

Mais adiante veremos algumas limitações deste enfoque, sobretudo os da versão que Lakatos chamou de "falsificacionismo ingênuo" (Lakatos, 1976:116). Por ora, permitam-me retomar outro ponto formulado na introdução — o reconhecimento do caráter predominantemente **não-experimental** das ciências da sociedade. Partindo deste segundo reconhecimento, como podemos conceber e/ou conduzir os "experimentos cruciais" exigidos por Popper no âmbito das ciências sociais? A opção metodológica pelos estudos comparativos — em que a comparação substituía a função do "controle" nas ciências experimentais — foi uma das respostas dada a essa questão. Corre-se o risco aqui, no entanto, de reificar formas sociais predominantes, concebendo-as como padrões naturais de "normalidade". Outra resposta foi o recurso a sofisticados métodos estatísticos para aferir graus de associação entre variáveis sociais e a sua significância (em que o "controle" passou a ser referido à probabilidade de determinada associação ter ocorrido por acaso). Mas a ênfase em "graus de associação" remete à busca de regularidades na vida social, embutindo na teoria um viés analítico inadequado para captar sua **dinâmica** (como vimos no balanço das teorias ocidentais feito mais acima) ou para estabelecer conexões causais (e não mera co-variação).

O procedimento alternativo que sustento (e que estruturou todo o balanço crítico desenvolvido neste livro) estende a lógica hipotético-dedutiva indicada por Popper para as ciências sociais, via análise histórica. Dito de forma simplificada e resumida, sustento que, no caso das ciências da sociedade, a validade dos marcos teóricos deve ser referida ao desenvolvimento histórico dos fenômenos que enfocam, ao invés do resultado empírico de experimentos controlados. Ou seja, devemos deduzir logicamente da teoria proposições (hipóteses) sobre o desenvolvimento do fenômeno que examinamos, para, em seguida, cotejar essas proposições com o desenvolvimento concreto (passado e presente) do fenômeno em questão. A inconsistência entre as proposições e o desenvolvimento histórico revela inadequação teórica — e a necessidade de elaborar outro marco de referência. Na verdade, como veremos mais adiante, o procedimento não é assim tão simples e automático, envolvendo considerações mais complexas. Mas, por ora, vamos nos ater a essa versão simplista para retomar a questão do desafio posto à teoria marxista pelas formas altamente concentradas e impermeáveis ao controle social assumidas pelo poder de Estado nas experiências do *socialismo real*.

Em 1945, no segundo volume da sua obra ***A Sociedade Aberta e os Seus Inimigos*** (dedicado à crítica de Hegel e Marx), o próprio Popper já apontara o "contraste flagrante entre o desenvolvimento da Revolução Russa e a teoria metafísica de Marx" (Popper, 1990:108). No mesmo livro ele comenta, topicamente, que "em oposição à profecia de Marx, o poderio político [na Rússia] não demonstra qualquer tendência a definhar" (*Idem*:140). Este último tema, no entanto, não foi explorado pelo filósofo da ciência austríaco, que preferiu concentrar sua argumentação no fato de a revolução política na Rússia ter **precedido** o surgimento das condições sociais e materiais que Marx havia indicado como necessárias para o seu advento. Mas é justamente esse tema menos valorizado por Popper que se revela, à luz do colapso do campo socialista, o mais crucial e problemático para a teoria marxista.

Vimos anteriormente como, para Marx, as relações estabelecidas entre os proprietários das condições de produção e os produtores diretos constituíam a chave para desvendar a base oculta de toda sociedade. Nestes termos, tanto ele quanto Engels identificaram nos processos de dissolução das antigas comunidades primitivas e nas novas relações sociais que esta dissolução engendrou (a ocupação mais fixa da terra, a capacitação tecnológica para a acumulação de excedentes, o advento da propriedade privada e de uma nova divisão social do trabalho estruturada sobre a exploração do trabalho alheio, etc.) a matriz histórica da emergência do poder de estado na sociedade. Os novos antagonismos surgidos nestes processos teriam inviabilizado a contínua ordenação da vida social com base exclusiva na tradição ou no costume, tornando necessária a emergência de um poder público que monopolizasse os meios de coação da sociedade para garantir a ordem no interior desta. Para a teoria política marxiana, portanto, o advento da apropriação privada teria cindido a humanidade em classes antagônicas, determinando, assim, o surgimento de uma nova forma/força social: o Estado.

Se foi o surgimento da propriedade privada e dos antagonismos sociais por ela gerados que determinou a gênese e a consolidação do poder de Estado na história humana, segue-se que a abolição da propriedade privada e subseqüente eliminação dos antagonismos de classe deveriam resultar na sua dissolução. Era este o raciocínio teórico básico que sustentava a proposição marxiana da superação do poder de Estado no comunismo, conforme discutido no Capítulo 3. Segundo a célebre formulação de Engels, na medida em que se tornasse uma forma/força social historicamente caduca, o Estado não seria "abolido", ele mesmo "se extinguiria" (Engels, 1977a:56). Esta proposição teórica pode ser representada da seguinte forma:

ABOLIÇÃO DA PROPRIEDADE PRIVADA → DISSOLUÇÃO (EXTINÇÃO) DO ESTADO

Como vimos no Capítulo 3, Marx indicou que o processo de dissolução/extinção do poder de Estado ao longo da primeira fase de construção de uma sociedade sem classes (o socialismo) seria movido por uma dialética de erradicação progressiva das diferenças de classe e generalização de formas diretas e participativas de democracia. Em outras palavras, com a consolidação e o desenvolvimento do socialismo, o Estado tenderia a perder progressivamente sua força autônoma na sociedade, até ser plenamente (re)absorvido por esta. Enriquecida nestes termos, a representação da proposição marxiana sobre o definhamento do Estado no socialismo pode assumir o seguinte formato mais ampliado:

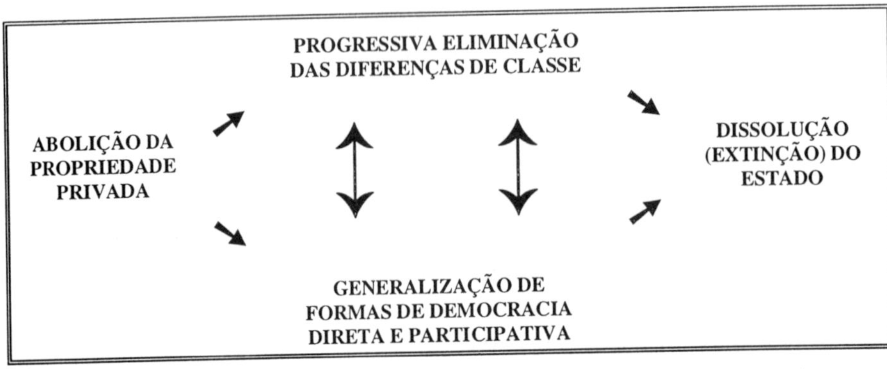

Mais adiante, examinaremos criticamente os fundamentos teóricos que sustentam esta proposição. Por ora, cabe reconhecer que, no conjunto das experiências do Leste, o poder autônomo do Estado **se consolidou e fortaleceu junto com o socialismo**, ao invés de se definhar e/ou dissolver. A realidade histórica — hoje inconteste — é que o poder político se tornou altamente concentrado e impermeável a controles sociais no *socialismo real* (embora a intensidade deste fenômeno tenha variado de país para país e em diferentes fases da evolução de cada um). Isto foi gráfica e tragicamente revelado pela própria massividade dos movimentos que culminaram com a derrocada dos regimes socialistas do Leste em 1989-1991 — na maioria dos casos sem que se verificasse qualquer manifestação ou mobilização popular de apoio aos antigos governantes.

Como explicar/compreender este desenvolvimento tão contrário às expectativas originais do pensamento marxista? Tratar-se-á de um "desenvolvimento histórico crucial" que, em termos popperianos, revela a falsidade do seu marco teórico? Antes de confrontar mais concretamente essas questões, vamos abordar a problemática teórica mais geral da relação entre a dominação de classe, as formas do Estado e o poder autônomo deste.

O DEBATE TEÓRICO SOBRE A AUTONOMIA DO ESTADO

O tema da "autonomia do Estado" ocupou espaço privilegiado na reflexão das Ciências Sociais dos anos '70 e '80. A retomada da reflexão teórica sobre o tema se deu em três leitos distintos: o da "análise de políticas públicas", o do "neomarxismo" e o do "neo-estatismo". Como bem observou Göran Therborn (1996), estas abordagens foram progressivamente marginalizadas nos debates dos anos '90, menos por terem se revelado inadequadas para o exame da problemática em questão, e mais por que a temática em si acabou sendo deslocada pela nova agenda neoliberal predominante. Do ponto de vista do presente trabalho, no entanto, o que importa é examinar a relevância dessas abordagens teóricas para a compreensão da autonomia do Estado **no socialismo**.

O ENFOQUE DA ANÁLISE DE POLÍTICAS PÚBLICAS

O enfoque da "análise de políticas públicas" emergiu e se desenvolveu como reação tanto ao apoliticismo assumido do pensamento econômico neoclássico, quanto à obliteração analítica do Estado pelo paradigma pluralista então predominante na Ciência Política norte-americana (que examinamos no Capítulo 2). A opção metodológica que consubstanciou esta reação, a partir dos trabalhos precursores de Anthony Downs (1957), James Buchanan (1949, 1975 e 1986) e Mancur Olson (1965), transpôs para o estudo das decisões governamentais instrumentos analíticos característicos da economia neoclássica (a construção de modelos explicativos abstratos referidos ao comportamento esperado de indivíduos que calculam instrumentalmente o conjunto das suas decisões/ações de forma a maximizar os seus ganhos privados). Nesta base, se concluiu que a ocupação de cargos decisórios governamentais gerava, nos indivíduos que os ocupavam, interesses (e, portanto, lógicas motivacionais) próprios — e, por isto, as deliberações/ações do governo não podiam ser direta ou automaticamente referidas às demandas de cidadãos-eleitores ou grupos de pressão, como fazia o modelo pluralista clássico.

Esta enfoque — que resgatava conceitualmente a ação autônoma do governo ou do sistema político na sociedade — inspirou múltiplos desenvolvimentos teóricos e programas de pesquisa empírica. Theodore Lowi (1964) e Robert Salisbury (1968), por exemplo, procuraram identificar as arenas e condições decisórias em que estruturas governamentais assumiam a condição de "variáveis independentes" na determinação de políticas públicas. Edward Tufte (1978), por sua vez, realçou o papel ativo do sistema político na conformação de processos e resultados econômicos nos Estados Unidos, mapeando a operação de um "ciclo econômico-eleitoral" nesse país de 1948 a 1976. Já J. P. Nettl (1968) propôs que o Estado fosse concebido como uma "variável conceitual", cujo valor oscilava conforme o grau de autonomia que dispunha para determinar/regular questões independente ou contra as pressões da sociedade (i.e., ele erigiu a *estaticidade* em variável crucial para a análise política comparada de diferentes países).

A preocupação teórica básica destas abordagens, no entanto, era com o exame do poder autônomo do Estado (ou dimensões deste poder) **em sociedades capitalistas com formas políticas democrático-liberais**. Elas procuravam, fundamentalmente, desvendar as condições em que as instâncias ou estruturas decisórias governamentais se libertavam da tutela do mercado de representação (partidário ou grupal) e conseguiam impor à sociedade a sua própria agenda. O enfoque, assim, assumia como ponto de partida analítico a clivagem da sociedade em esferas pública e privada, e o predomínio da articulação/representação autônoma de interesses particulares nesta. Isto evidentemente reduz a sua relevância para examinar as bases da autonomia do Estado **no socialismo**, dado o não-predomínio, neste, de um ordenamento político-social referenciado nessa clivagem. Sua identificação da emergência de interesses particulares no/do aparelho de Estado, entretanto, é um ponto importante e relevante que retomaremos mais na frente.

O DEBATE NEOMARXISTA SOBRE O ESTADO

Por mais que estivesse envolto em proclamações gerais sobre a autonomia do Estado, o debate "neomarxista" sobre o tema nos anos '70 e '80 também se limitou, basicamente, a examiná-lo no contexto de sociedades capitalistas avançadas[111]. Basta lembrar que a obra de Ralph Miliband que serviu de estopim para todo o debate intitulava-se, precisamente, ***O Estado* na Sociedade Capitalista** (Miliband, 1982, ênfase minha - L.F.). Já o principal antagonista de Miliband na polêmica — Nicos Poulantzas — justificou a concentração das suas atenções sobre o Estado **capitalista** afirmando, inclusive, a impossibilidade de uma "teoria geral do Estado" (já que o espaço, o campo e o próprio conceito do político/Estado se apresentariam de maneira diferente em distintos modos de produção) (Poulantzas, 1981:23-4). Ambos se propunham resgatar a complexidade e riqueza das reflexões originais de Marx, tanto para "desmistificar" a aparência autônoma e neutra assumida pela esfera política (o Estado) nas sociedades capitalistas, quanto para identificar as bases que lhe conferiam uma capacidade real (embora relativa) de ação autônoma e/ou independente. Mas as suas abordagens do tema se desenvolveram em linhas contrapostas — curiosamente, com cada um invertendo as suas posições originais ao longo do debate.

O livro inicial de Miliband (acima citado) procurou determinar empiricamente como a classe economicamente dominante (a burguesia) materializava o seu poder político nos aparelhos de Estado das sociedades capitalistas. Segundo a sua compreensão na época, isto se dava por dois veios básicos: pela orientação ideológica (burguesa) predominante nos altos escalões do funcionalismo **dentro** do sistema estatal e pela maior capacidade de pressão dos grandes interesses empresariais **fora** dele (Miliband, 1982). Este enfoque, visto está, não deixava muita margem para conceber a ação autônoma do Estado diante da burguesia. As reflexões posteriores de Miliband trataram de ampliar essa margem para incorporar a possibilidade de variados graus de autonomia do poder de Estado em relação à classe dominante no capitalismo (Miliband, 1977), culminando com a compreensão de que a relação entre ambos eqüivalia a uma "parceria" entre forças essencialmente diferentes e separadas (Miliband, 1983).

[111] Uma boa resenha desse debate pode ser encontrado em Jessop (1990) e Clarke (1991).

Poulantzas, por sua vez, indicava que o caráter de classe do Estado era (estruturalmente) determinado pelo seu papel na reprodução das relações capitalistas de produção, e não por qualquer forma de "acesso especial" ou controle do seu aparelho pelos capitalistas (Poulantzas, 1969 e 1986). Dada a necessidade funcional de unificar a burguesia (composta por interesses de acumulação antagônicos) e dividir/desorganizar os trabalhadores (unificados materialmente pela produção industrial moderna) para garantir a reprodução social do modo de produção, o Estado capitalista precisava preservar uma margem relativamente ampla de autonomia diante dos interesses econômicos concretos na sociedade civil. Segundo Poulantzas, era justamente através da separação relativa das esferas econômica e política (acompanhada da "individualização" dos integrantes da sociedade na condição de cidadãos formais/abstratos) que o Estado assumia o papel de organizador político do interesse geral da burguesia no capitalismo. O Estado era visto, nestes termos, como uma força **externa** às classes sociais — a um só tempo **produto** e **molde** das suas lutas na sociedade civil (Carnoy, 1984:103).

Na evolução subseqüente do pensamento de Poulantzas, esta visão foi sendo progressivamente deslocada para outra, que concebia o Estado como a "condensação material de uma relação de forças entre as classes e frações [de classe]" na sociedade (Poulantzas, 1976:32). O Estado, nesta nova concepção, era uma "relação social" e não uma "coisa" ou um "Sujeito" dotado de vontade/racionalidade própria (i.e., ele era constituído por [e não externo às] contradições de classe) (Poulantzas, 1985:152). A política do Estado, nestes termos, era vista como "resultante das contribuições de classes inscritas na [sua] própria estrutura" (Poulantzas, 1976:33). Como bem observou Alan Cawson, isto eqüivale a uma reformulação (sob ótica "classista") do argumento pluralista clássico, que concebe política governamental como resultado da interação de múltiplos grupos de pressão (Cawson, 1989:247). Estamos de volta, assim, às reflexões iniciais de Miliband sobre a "competição desigual" dos interesses na sociedade capitalista. Como já tivemos oportunidade de ver, trata-se de um enfoque que não deixa muita margem para a ação autônoma do Estado (por mais proclamações que faça em contrário).

As demais linhas de teorização marxista sobre o Estado desenvolvidas neste período também se voltaram para o exame da sua função e autonomia em sociedades capitalistas avançadas, marcadas pela dicotomia entre esferas econômica e política no seu interior. O leque de abordagens, aqui, é deveras amplo. Entre as linhas de teorização mais importantes, destacam-se:

— as que desdobraram temas clássicos das reflexões da Escola de Frankfurt, situando a autonomia do Estado na contraditória dualidade de funções (de "acumulação" e de "legitimação") que este veio a assumir no capitalismo tardio (Habermas, 1980; Offe, 1984; O'Connor, 1973 e 1974; Wolfe , 1977);

— as que tentaram derivar (lógica e historicamente) as formas políticas do capitalismo das suas relações sociais de produção básicas, conforme analisadas e categorizadas por Marx em ***O Capital*** (Backhaus,1969; Rosdolsky, 1977; Blanke *et alli*, 1978; Hirsch, 1978);

— as que procuraram relacionar "estratégias de acumulação" a "projetos políticos hegemônicos" à luz da Teoria da Regulação formulada por Michel Aglietta (1979), situando as bases da autonomia do Estado na necessidade estrutural de uma intervenção (política) externa para unificar o circuito do capital dentro de um determinado padrão de acumulação (Hirsch, 1983, 1984 e 1991; Jessop, 1983 e 1988);

— as que identificaram uma "divisão do trabalho" nas sociedades capitalistas entre os que acumulam capital e os que administram o Estado, concebendo, assim, uma considerável margem de ação autônoma para os últimos (embora constrangida pela sua dependência econômica em relação aos primeiros) (Block, 1977 e 1980); e

— as que distinguiram a autonomia "instrumental" da autonomia "estrutural" do Estado, vislumbrando graus variados de independência deste nas sociedades capitalistas, dependendo de uma combinação de fatores que só poderiam ser determinados **empiricamente** (e não *a priori*), como a estrutura de classes dessas sociedades, a força relativa das distintas classes e frações de classe, a estrutura das instituições estatais, as formas de geração e apropriação do resíduo fiscal, a interação estratégica entre os principais atores sociais (capitalistas, trabalhadores e dirigentes do aparato estatal), etc. (Wright, 1978; Elster, 1985; Przeworski, 1989 e 1995; Przeworski e Wallerstein, 1982 e 1988).

O rumo geral destas reflexões caminhou para conceber margens cada vez mais amplas de ação autônoma para o Estado, até se confundir, no limite, com as perspectivas "neo-estatistas" que abordaremos em seguida. Apesar das grandes diferenças de enfoque, todas estas abordagens identificavam nos antagonismos surgidos no seio da burguesia no processo de acumulação uma base fundamental para a autonomização do poder de Estado no capitalismo. Não se trata, na verdade, de uma compreensão original. Ela remonta a reflexões do próprio Engels, que, um século antes, já havia indicado ser o Estado moderno "uma organização criada pela sociedade burguesa para defender as condições exteriores gerais do modo de produção capitalista, tanto dos operários quanto dos capitalistas isolados" (Engels, 1977a:54). Engels também abordou explicitamente o tema da "autonomia relativa", destacando que a ocupação de cargos de direção no Estado gerava, nos indivíduos que os ocupavam, "interesses especiais, opostos aos interesses dos que lhes outorgaram esses mandatos" (Engels, s.d.:288). Esta seria a origem da "independência relativa" do Poder político, que, uma vez instaurado, dispunha "de movimento próprio" e aspirava "ao máximo de independência possível" (*Idem*).

Nas reflexões do marxismo clássico, esta compreensão da "independência relativa do poder político" vinha acoplada a outra: a que identificava na própria configuração institucional-organizativa assumida pelo Estado em cada época a materialização de uma determinada dominação de classe (o que explica o caráter apenas "relativo" da sua "independência") (Marx e Engels, s.d.a:47). Esta dimensão da questão, no entanto, foi praticamente ignorada pelo debate "neomarxista" dos anos '70 e '80, com as notáveis exceções do estudo de Perry Anderson sobre o caráter feudal dos estados absolutistas na Europa (Anderson, 1974a) e da complexa tipologia de configurações estatais desenvolvida por Göran Therborn (1978). Voltaremos a este tema mais à frente. Por ora, cabe concluir nossa apreciação das abordagens "neomarxistas", reconhecendo que, tal qual o enfoque da "análise de políticas públicas", sua fixação temática nas formas políticas do capitalismo avançado restringiu a sua relevância mais direta para a nossa discussão da autonomia do Estado em sociedades socialistas. Sua identificação da contradição entre interesses particulares e coletivos como base da autonomização do Estado, entretanto, é um ponto que pode ser crucial para compreender esse fenômeno **também no socialismo**. Retomaremos esta discussão mais adiante.

PERSPECTIVAS TEÓRICAS NEO-ESTATISTAS

A questão da autonomia do poder político foi o tema estruturador da "abordagem centrada no Estado". Os autores agrupados nesta abordagem identificaram essa autonomia com a capacidade de o Estado "formular e perseguir objetivos que não são simples reflexo das demandas ou dos interesses dos grupos sociais, das classes ou da sociedade" (Skocpol, 1985:9, tradução minha - L.F.). Diferentemente dos dois enfoques discutidos anteriormente, o enfoque "neo-estatista" voltou suas atenções para a problemática **geral** da autonomia do Estado, e não apenas para a sua expressão nas sociedades capitalistas avançadas.

Apesar da grande variedade de interpretações agrupadas no seu interior, o ponto de partida analítico comum da abordagem "neo-estatista" foi o resgate de reflexões clássicas de Max Weber (1978 e 1982) e Otto Hintze (1975) sobre o Estado, como contraponto tanto à obliteração analítica deste pelo paradigma pluralista então predominante na Ciência Política norte-americana, quanto à negação da sua "autonomia real" pela teorização marxista e neomarxista.[112] De Weber, a abordagem incorporou a compreensão do Estado como um complexo de estruturas administrativas, legais, burocráticas e coercitivas, que desempenha papel crucial na estruturação das relações na sociedade civil (Stepan, 1978:xii).

[112] A oposição a ambos, no entanto, não se deu por igual. O enfoque manteve um diálogo permanente com os autores neomarxistas - sobretudo com aqueles que mais ampliaram a margem de ação autônoma para o Estado nas suas construções teóricas, como Fred Block (cuja interpretação vimos anteriormente) e Ellen Kay Trimberger (1972, 1977 e 1978) - incorporando várias das suas temáticas.

De Otto Hintze, ela recuperou a noção do duplo condicionamento do Estado pela estrutura de classes interna e pelo meio ambiente geopolítico em que está inserido (i.e., pelo sistema internacional) (Skocpol, 1979:30-31). De ambos, foi resgatado o entendimento da especificidade do Estado enquanto organização controladora de um território delimitado (Skocpol, 1985:7-8; Mann, 1992:165-7).

O resultado deste resgate foi uma vasta produção historiográfica, centrada na análise comparativa da ação dos dirigentes estatais nos pontos de interseção entre o sistema internacional, a estrutura interna de classes e os interesses politicamente organizados que emergem desta.[113] A expressão mais destacada desta produção foi o estudo comparativo sobre as revoluções francesa, chinesa e russa de Theda Skocpol (que examinamos criticamente no Capítulo 2). Mas, do ponto de vista **teórico**, a contribuição mais ambiciosa coube, sem dúvida, a Michael Mann no hercúleo esforço de síntese histórica em que ele procurou dar conta da evolução do poder na sociedade humana, dos seus primórdios aos dias de hoje (Mann, 1986 e 1993).

Segundo Mann, o poder autônomo do Estado teria se originado da necessidade de impor aos membros da sociedade o respeito a regras de proteção da vida e da propriedade. Este poder teria se ampliado, historicamente, ao explorar a margem de manobra que lhe foi conferida pela multiplicidade de funções que assumiu na sociedade (a manutenção da ordem interna, a defesa militar, a viabilização de infra-estruturas de comunicação, a redistribuição econômica, etc.). Mas as bases da efetiva consolidação do poder autônomo do Estado residiriam na sua **centralização territorial**, em oposição ao caráter descentrado (transnacional, setorial ou local) dos agrupamentos econômicos, ideológicos e militares da sociedade civil (incluindo as classes sociais).

Michael Mann identificou dois tipos particulares de poder que distinguiriam o Estado de outras formas de poder social: o "poder despótico" e o "poder infra-estrutural". O "poder despótico" refere-se à margem de ação que as elites estatais dispõem, sem ter de passar por um processo de negociação institucionalizada e rotineira com os grupos da sociedade civil (i.e., refere-se à "autonomia do Estado" no sentido mais comum em que esse conceito foi usado até aqui) (Mann, 1992:168). Já o "poder infra-estrutural" refere-se à capacidade de o Estado penetrar e coordenar a sociedade civil via a implementação logística

[113] Um apanhado representativo da variedade de objetos de estudo enfocados por esta abordagem pode ser encontrado no livro coletivo publicado com o sugestivo título de ***Bringing the State Back In***, que abarca desde trabalhos eminentemente teóricos (Skocpol, 1985; Rueschemeyer e Evans, 1985; Tilly, 1985; Evans, Rueschemeyer e Skocpol, 1985) a estudos comparativos sobre inserção internacional e intervenção estatal em diferentes períodos históricos (Weir e Skocpol, 1985; Evans, 1985; Katzenstein, 1985; Katznelson, 1985) e até estudos de caso de países ou regiões como Taiwan (Amsden, 1985), a Nigéria (Laitin, 1985) e o Cone Sul latino-americano (Stepan, 1985).

das suas decisões políticas (i.e., refere-se à **força** adquirida pelo Estado em função da utilidade social das suas formas de centralização territorial) (*Idem*:169). Decorre desta diferenciação conceitual que um mesmo estado pode ser altamente autônomo (despótico) na primeira dimensão do poder e ter baixa autonomia (ser fraco) na segunda (para Mann, esta seria a situação característica dos antigos impérios patrimoniais). O jogo de combinações possíveis entre as duas dimensões se expressa na seguinte tipologia de Estados desenvolvida por Mann:

TABELA 2:
TIPOS DE ESTADO, CONFORME DIMENSÕES DO PODER

		PODER DE COORDENAÇÃO INFRA-ESTRUTURAL	
		BAIXO	ALTO
PODER	BAIXO	Estado Feudal	Estado Burocrático
DESPÓTICO	ALTO	Estado Imperial	Estado Autoritário

Fonte: Mann (1992:171)

Nos termos desta tipologia, os países capitalistas contemporâneos tenderiam a assumir a forma de "estados burocráticos", onde a elite estatal é controlada por grupos da sociedade civil, mas suas decisões, uma vez tomadas, tornam-se obrigatórias via a abrangente infra-estrutura estatal. As experiências do *socialismo real*, por sua vez, teriam tendido para a forma de "estados autoritários", onde a elite estatal dispõe de alto poder despótico sobre os grupos da sociedade civil e ampla capacidade de comando infra-estrutural.

Ao romper com a fixação exclusiva dos enfoques anteriores com as formas políticas do capitalismo avançado, a abordagem "neo-estatista" incorporou explicitamente no seu horizonte de preocupações a temática da autonomia do Estado no socialismo. A forma como o fez, no entanto, acabou acarretando problemas de relevância inversos aos que identificamos nos enfoques anteriores. O principal entre eles foi a insistência em conceber o poder de Estado de forma transistêmica e transhistórica, sem situar os **fundamentos particulares** da sua "autonomização" em cada sistema social ou época histórica. O resultado foi uma visão algo reificada do poder político, eivada de anacronismos analíticos. A diferenciação conceitual das dimensões do poder na obra de Mann, por exemplo, está referida a distintos padrões de interação do Estado com os grupos da sociedade civil ao longo da história. Mas a separação (histórica e conceitual) das esferas do "Estado" (a política) e da "sociedade civil" (a economia) é, na verdade, uma construção **moderna**, fruto da dissolução do antigo poder senhorial que combinava direitos de apropriação e jurisdição política **nas mesmas pessoas**.

A teorização do enfoque "neo-estatista" tendeu, assim, a assumir como pressuposto aquilo que deveria explicar — o poder autônomo do Estado —, ignorando a sua origem e raízes sociais. Quando muito, essa origem foi referida a necessidades funcionais ditadas pela complexificação de sociedades primitivas (Mann, 1992:178). Mas essa abordagem funcional-tecnológica da questão não explica por que a **forma estatal** (i.e., a monopolização dos instrumentos coercitivos em um corpo destacado) acabou predominando em relação a outras formas administrativas possíveis. Deste ponto de vista, o enfoque dá um passo atrás em relação à compreensão desenvolvida desde cedo por Marx (e, também, muito cedo abandonada pelos seus seguidores) da necessidade de se revelarem, via observação empírica, os elos existentes entre a produção, a estrutura social e o Estado para compreender o poder autônomo deste (Marx e Engels, s.d.a:24).

Apesar dessas limitações, dois pontos centrais do enfoque "neo-estatista" são particularmente relevantes para a nossa problematização da autonomia do Estado no socialismo:

1) sua aguda compreensão dos impactos do sistema internacional sobre a política doméstica; e

2) seu perspicaz discernimento das diferenças estruturais que distinguem o Estado (enquanto corpo deliberativo territorialmente centralizado) das classes sociais (enquanto agrupamentos sociais não-deliberativos com baixo [embora variado] grau de centramento).

Estes pontos serão retomados adiante. A discussão desenvolvida até aqui, entretanto, já nos permite formular as bases de uma compreensão sistêmico-específica da autonomia do Estado, relacionada às formas assumidas por este em diferentes períodos históricos.

A DOMINAÇÃO DE CLASSE E AS FORMAS DE ESTADO

Retomamos, aqui, o entendimento formulado separadamente por Anderson e Therborn sobre a relação entre a dominação de classe e a configuração institucional-organizativa do Estado. Uma vez mais, não se trata, propriamente, de uma concepção nova, mas do desenvolvimento de reflexões originais de Marx e Engels. Estes já haviam indicado, um século e meio atrás, que "o poder social da classe dominante em cada época" encontrava sua expressão **prática** "no tipo de Estado de cada época" (Marx e Engels, s.d.a:47). Em passagem posterior, Marx voltou a insistir que, "em que pese a confusa diversidade das suas formas", os Estados que repousavam sobre bases sociais comuns tinham, também, "caracteres essenciais comuns" (Marx, 1977b:239).

Göran Therborn (1978) procurou identificar, justamente, os "caracteres essenciais comuns" que distinguiriam as estruturas do aparelho de Estado em diferentes épocas. Para tal, ele construiu um modelo analítico-comparativo baseado na incorporação crítica e seletiva de instrumentos analíticos da teoria sistêmica das organizações (em especial, a concepção destas como processos formalmente estruturados por mecanismos específicos de alimentação [*input*], processamento [*transformation*] e produção [*output*]). Nesta base, foi composta uma complexa tipologia diferenciando a estruturação dos aparelhos de Estado no feudalismo, no capitalismo concorrencial, no capitalismo monopolista e no socialismo, à luz de onze elementos (variáveis) organizacionais distintos.

Para os propósitos da nossa discussão, o que importa é ver como a problemática da autonomia do Estado se apresenta no âmbito destas diferentes estruturas estatais. A conclusão é que ela se apresenta de forma e com intensidade distintas conforme os tipos de Estado. Em outras palavras, o problema da "autonomia do Estado" não pode ser discutido no geral, mas referido às configurações institucionais-organizativas específicas que este assume em distintos modos de produção. Baseada muito livremente nas reflexões de Therborn, a Tabela 3, a seguir, compõe uma tipologia simples do grau de autonomia adquirido pelo Estado em distintas épocas históricas que marcaram o percurso europeu para uma modernidade que acabou moldando o mundo à sua semelhança.

TABELA 3:
GRAUS DE AUTONOMIA DO ESTADO
EM DISTINTAS CONFIGURAÇÕES ESTATAIS

	FEUDALISMO	ABSOLUTISMO	CAPITALISMO	SOCIALISMO (PROJETO)	SOCIALISMO (REAL)
Forma Política Dominante	Poder Senhorial Local	Poder Despótico Nacional	Democracia Representativa	Democracia Direta	Dirigismo Partidário
Princípio Ordenador	Comunidade Orgânica	Centralização Burocrática	Mercado (Político e Econômico)	Comunidade Democrática	Mobilização Unitária
Grau de Autonomia do Estado	Baixa (Crescente)	Elevada	Relativa	Baixa (Decrescente)	Elevada

A discriminação das etapas históricas na tabela acima mescla "modos de produção" efetivamente constituídos (o feudalismo, o capitalismo e o socialismo [real]), uma fase histórica de transição **entre** modos de produção (o absolutismo) e um projeto de sociedade (o socialismo conforme concebido teoricamente por Marx). Em cada uma destas, destaco a forma dominante de organização política e o princípio que norteia (em sentido *montesquieuiano*) o seu ordenamento sistêmico.

Nas formas políticas típicas do feudalismo, a autonomia do Estado é considerada "baixa" porque, como vimos antes, a apropriação econômica e a dominação política encontravam-se combinadas nas mesmas pessoas. Ela é "crescente" porque o desenvolvimento do comércio tendeu, historicamente, a dissolver a base deste poder senhorial local e substituí-lo por estruturas políticas mais abrangentes (que culminaram no absolutismo). A autonomia do Estado absolutista é classificada como "elevada" por motivos óbvios. Não entro, aqui, no mérito se as formas políticas que viabilizaram essa autonomia — a formação de exércitos profissionais, burocracias permanentes, sistemas fiscais centralizados, mercados nacionais embrionariamente unificados, etc. — se devem a um prolongado equilíbrio de forças entre a burguesia ascendente e a nobreza decadente (esta era a interpretação original de Marx) ou se foram frutos de uma reação feudal à crise das suas formas sociais clássicas (interpretação formulada por Perry Anderson no seu estudo clássico sobre as "linhagens" do estado absolutista na Europa [Anderson, 1974a]).

No capitalismo, a autonomia do Estado é considerada "relativa" por três razões básicas. A primeira diz respeito à separação das esferas econômica e política na sociedade, o que confere uma relativa independência aos dirigentes da última, mas em condições de "dependência estrutural" em relação aos interesses privados que prevalecem na primeira (esse é o argumento clássico de Poulantzas e Block, conforme visto mais acima). A segunda diz respeito ao grau variado de "autonomia instrumental" que o Estado pode adquirir, dependendo da correlação de forças entre os variados interesses em disputa na sociedade. A noção básica, aqui, é a de que quanto mais equilibradas forem as forças em contenda, maior será a margem para a ação independente do Estado (o exemplo clássico é o da formação do Segundo Império de Louis Bonaparte na França, onde, segundo Marx, na seqüência da crise política deflagrada pela Revolução de 1848, "a burguesia já havia perdido a capacidade de governar o país e a classe operária ainda não a havia adquirido" [Marx, 1977a:196]). A terceira dimensão da "autonomia relativa" do Estado no capitalismo refere-se ao poder diferenciado das distintas estruturas do governo representativo. Isto é particularmente relevante no que concerne à divisão de poderes no Estado moderno. Para Marx, uma vez mais, enquanto o poder executivo expressava "a heteronomia de uma nação", o poder legislativo expressava "sua autonomia" (Marx, s.d.a:275). A implicação disto é que quanto mais concentrado estiver o poder no executivo em detrimento do legislativo, mais elevada será a "autonomia instrumental" do Estado.

As duas colunas referentes ao socialismo na Tabela 3 repõem em discussão o enigma das formas altamente concentradas assumidas pelo poder de Estado nas experiências do *socialismo real*. Ao invés de rumar para uma comunidade autogerida, via a dissolução progressiva do poder autônomo do Estado através da generalização de mecanismos de democracia direta e participativa (conforme concebido pela teoria marxiana no século XIX), a materialização histórica do socialismo no século XX acabou assumindo a forma política de um dirigismo unipartidário fortemente centralizado e destacado das forças sociais que lhe haviam dado origem. Para confrontar esse enigma, cabe examinar mais detidamente, agora, as proposições do marxismo clássico sobre a configuração do poder de Estado no socialismo e os seus fundamentos teóricos.

TOMANDO O CÉU DE ASSALTO: A TEORIA MARXIANA DAS FORMAS POLÍTICAS DO SOCIALISMO

Como vimos no Capítulo 3, as proposições mais concretas de Marx sobre a estruturação do poder político dos trabalhadores no socialismo estão todas referidas à experiência histórica da Comuna de Paris. Esta foi identificada, por ele, como "a forma política afinal descoberta para levar a cabo a emancipação econômica do trabalho" (Marx, 1977a:199). Marx não teve muitas ilusões quanto à sua viabilidade, caracterizando-a, desde o início, como uma iniciativa fadada ao fracasso (um "assalto ao céu", conforme a descreveu em correspondência particular na época [Marx, s.d.b:263]). Apesar disto, tratou de estudar detidamente as medidas políticas do regime comunal, por entender que elas prenunciavam os "caracteres essenciais comuns" que distinguiriam os "estados proletários" na época da transição socialista. Quais seriam, então, estes traços essenciais e distintivos da forma política "descoberta" pelos *communards*?

Dois eixos principais de configuração estatal emergem das medidas destacadas e valorizadas por Marx:

1) O primeiro foi o da substituição das estruturas burocráticas altamente concentradas e centralizadas montadas no período absolutista (e preservadas pela sociedade capitalista) por novos mecanismos administrativos assentados sob forte participação e controle social. As principais medidas tomadas dentro deste eixo foram a supressão do exército permanente e a sua substituição pela organização do próprio povo em armas (na forma, então, da Guarda Nacional que havia sido constituída para defender Paris das tropas prussianas e que instituiu a prática da eleição do seu comando [o Comitê Central] pelos próprios combatentes); a introdução do princípio da eletividade, via sufrágio universal, dos cargos de direção na administração pública (garantindo aos eleitores o direito de revogar a qualquer momento o mandato administrativo concedido); e o estabelecimento de um teto para os salários do funcionalismo, que não deveriam exceder o valor dos salários pagos aos operários (para evitar a formação/consolidação de interesses particulares [i.e., "de casta"] entre os dirigentes do aparelho de Estado).

2) O segundo eixo foi o da configuração de um novo sistema de poder, capaz de superar o que Marx considerava ser a "formalidade oca" da representa-

ção nos regimes liberais. As principais medidas, aqui, foram a concentração dos poderes executivo e legislativo na mesma "corporação de trabalho" (a Comuna); a composição desta por intermédio de conselheiros (representantes) comprometidos com mandatos imperativos conferidos por sufrágio universal (que, assim como os cargos administrativos, podiam ser revogados a qualquer momento se os eleitores julgassem que o delegado não estivesse cumprindo a contento os seus compromissos); a introdução do princípio eletivo também para a composição do poder judiciário, com a transformação dos magistrados e juízes em funcionários eletivos demissíveis; e, por fim, a reprodução deste sistema de poder comunal por todo o país (em um regime de ampla autonomia local), via distritos que agrupassem representantes de comunas nas localidades e enviassem deputados para uma delegação nacional em Paris (tendo sempre como base, em cada nível, o princípio e a prática do mandato imperativo).

Além destes dois eixos "estratégicos" de configuração institucional-organizativa, a Comuna adotou várias outras medidas políticas importantes que compunham uma espécie de "programa mínimo" democrático. Entre estas, destacam-se a efetiva secularização do Estado — com a abolição da concessão de subsídios e patrimônio públicos para a Igreja — e a extensão de direitos de cidadania plena para os estrangeiros (o próprio ministro do Trabalho, da Indústria e do Comércio da Comuna, Leon Frankel, era húngaro). Do ponto de vista econômico-social, as medidas mais importantes foram a introdução do ensino gratuito, a proibição do trabalho noturno dos padeiros, a proteção dos salários contra reduções decretadas unilateralmente pelos patrões, e a entrega de fábricas abandonadas pelos seus proprietários a sociedades operárias. Estas eram, como se vê, medidas eminentemente **defensivas**. No seu curto período de existência, a Comuna de Paris não chegou, de fato, a empreender transformações de cunho socialista, já que não tocou nas estruturas de propriedade privada que ficaram sob sua jurisdição (se o teria feito caso a experiência sobrevivesse é uma outra questão — Marx , certamente, esperava que sim).

O que emerge da experiência histórica dos *communards*, portanto, é um Estado com configuração bem distinta da forma representativa (liberal-democrática) que viria a se tornar dominante nas sociedades capitalistas. [114] Sua estruturação institucional-organizativa, conforme vimos na Tabela 3, não está referida à lógica do mercado (da representação), mas à noção de uma comu-

[114] Isto não significa que o capitalismo liberal já tenha **nascido** democrático. Na verdade, a extensão do sufrágio só foi conquistado com muita luta (com participação decisiva tanto do movimento operário, especificamente, quanto do movimento socialista de maneira geral). Mas esta expansão dos direitos de participação democrática se deu nos marcos da clivagem de esferas econômica e política, preservando o formato do mercado nesta última.

nidade fundada sobre a participação política ativa, direta e contínua dos seus integrantes.[115] Para a teoria política do marxismo clássico, a experiência da Comuna de Paris indicava que as formas democráticas a serem viabilizadas pelo socialismo seriam distintas das formas assumidas pela democracia no capitalismo, não só por serem mais abrangentes (porque não confinadas a uma dimensão política secionada da economia e das demais esferas da vida social), como por **configurarem de forma materialmente diferente a própria política**.[116]

O tema básico que perpassa toda a apreciação positiva da Comuna por Marx e Engels é, precisamente, o do efetivo controle do Estado pela sociedade. Na opinião de ambos, a configuração material da experiência parisiense indicava como um poder político de base operária seria capaz de "domar" e superar, no contexto da transição socialista, os interesses e impulsos tendentes à autonomização do Estado. Engels chegou mesmo a caracterizar a introdução do princípio da eletividade de cargos administrativos e a sua remuneração com salários eqüivalentes aos dos operários como "remédios infalíveis" contra a "transformação do Estado e dos órgãos estatais de servidores da sociedade em seus senhores, inevitável em todos os Estados anteriores" (Engels, 1977b:166). Mas por que a autonomização seria inevitável em todos os Estados anteriores, e não em um poder de base operária?

Tocamos, aqui, no ponto chave das proposições marxianas sobre as formas políticas do socialismo. O fato é que a configuração institucional-organizativa desenhada para este por Marx, com base na experiência da Comuna, estava alicerçada sobre uma compreensão teórica básica e recorrente no seu pensamento: a identificação do proletariado industrial como o portador histórico de um projeto de emancipação universal. Na primeira fase da evolução da teoria política marxista (conforme a periodização apresentada na Tabela 1), essa compreensão ainda vinha revestida de fortes ecos da teleologia idealista hegeliana, apresentando a filosofia como a "cabeça" da emancipação e o proletariado como o seu "coração" (Marx, 1989:93). Depois, ela adquiriu uma conotação mais materialista (mas não menos teleológica) que destacava a concentração dos trabalhadores em processos coletivos/cooperativos de produção (nas unidades industriais modernas) como a base material para o advento de um projeto coletivo/cooperativo de transformação social (o comunismo). Este deveria romper com a parcialidade estreita da propriedade privada para, através da socialização desta, generalizar

[115] Para situar esta formulação diante de polêmicas mais contemporâneas, vale destacar que a noção de "democracia comunitária" pressupõe um sistema eleitoral de representação **distrital** (único capaz de tornar exeqüível o controle **direto** dos representantes pelos representados, via o princípio da revogabilidade permanente dos mandatos), em contraposição ao sistema **proporcional** (que consagra o princípio do **mercado** da representação).

[116] Por esta razão, não me parece adequado, de uma ótica marxista, conceber a democracia como "valor universal" (i.e., um valor supraclassista e/ou suprasistêmico), como propôs Carlos Nelson Coutinho (1984).

por toda a sociedade os princípios e valores do trabalho cooperativo inerentes à própria existência do proletariado enquanto classe, promovendo, desta forma, o reencontro do homem com a sua espécie (a emancipação).

As formas democrático-comunitárias do poder político no socialismo corresponderiam, portanto, às relações cooperativas que caracterizam a sua inserção no processo produtivo industrial (liberta, é claro, da sua subordinação à apropriação privada). A "missão histórica" do proletariado estaria embutida, precisamente, na sua condição particular de classe **na**, mas não **da**, sociedade civil (i.e., uma classe que ocupa posição central em um processo produtivo dominado por interesses particulares/privados, mas não é constituída, ela própria, por esses interesses) (*Idem*:92). Embora esta identificação entre inserção produtiva e projeto político-social não fosse automática nem mecânica, a concentração e centralização crescentes da produção promovidas pelo capitalismo tenderiam a torná-la, do ponto de vista histórico, inevitável.[117] O proletariado seria, assim, a "classe revolucionária que traz em si o futuro" (Marx e Engels, 1976:29). Ou, nas palavras de Lukács, "a contradição da evolução social tornada consciente" (Lukács, 1989:198).

Para o marxismo clássico, as características acima apontadas diferenciavam o movimento revolucionário/emancipador do proletariado de todos os que o precederam. Estes últimos se apresentavam como representantes do interesse geral da sociedade, apenas para viabilizar interesses particulares próprios. Já o proletariado encarnaria um interesse universal efetivo, e não apenas aparente (porque não assentado sobre uma lógica de apropriação privada). Ao emancipar-se, portanto, emanciparia, também, o conjunto da sociedade. Em função disto, o **ciclo político** da revolução proletária tenderia a ser distinto do padrão típico das experiências revolucionárias anteriores.

Segundo Marx (s.d.a:205-6 e 221) e Engels (1977b:96-8), todas as revoluções que precederam a Comuna de Paris haviam culminado com a substituição de uma minoria dominante por outra. A isto teria correspondido um ciclo político específico, que encontrava na Revolução Francesa de 1789 a sua expressão mais pura. De início, as novas forças ascendentes contam com o apoio do povo em geral para derrotar o Antigo Regime. Passado o triunfo revolucionário, entretanto, o antagonismo dos seus interesses para com os da maioria da população logo começa a se manifestar. Na primeira fase, as forças moderadas vão progressivamente perdendo espaço para grupos cada vez mais radicais, cujas reivindicações correspondem (ao menos em parte) aos da grande massa popular. O triunfo destes setores mais radicais, no entanto, dura pouco, já que man-

[117] Marx e Engels descrevem as distintas fases que marcariam esta passagem do proletariado de "classe em si" para "classe para si" na parte inicial do ***Manifesto Comunista*** (Marx e Engels, 1976:27-9).

têm-se a contradição entre os interesses minoritários destes e os interesses populares majoritários. As forças mais moderadas da coalizão revolucionária, que haviam sido atropeladas pela dinâmica de radicalização inicial, se rearticulam, então, com setores do Antigo Regime para isolar e derrotar os grupos mais radicais. Segue-se um período de descenso do ciclo revolucionário (o *Thermidor*), em que o poder volta para as mãos da ala mais moderada da coalizão revolucionária inicial (agora recomposta com parte das antigas forças dominantes).

Marx e Engels consideravam que a revolução proletária poderia escapar deste ciclo recorrente que caracterizou todas as principais revoluções dos séculos XVIII e XIX (até o advento da Comuna), por ser impulsionada por um projeto efetivamente universal e respaldada pelos interesses majoritários da sociedade. Sem o advento do antagonismo entre os interesses das novas forças dominantes e os da maioria da população que caracterizou as experiências revolucionárias anteriores, ser-lhe-ia possível persistir em um curso permanente e ininterrupto de transformação revolucionária (a "revolução permanente", conforme formulado em Marx e Engels, s.d.b:92). Os interesses majoritários passariam, na verdade, a constituir o próprio Estado, através da progressiva generalização dos mecanismos de democracia direta e participativa discutidos mais acima. Persistiria a divisão do trabalho entre estes interesses básicos e os ocupantes de cargos diretivos/ administrativos na sociedade, mas, tendo-se eliminado a base de classe desta divisão, a distribuição de funções gerais assumiria um caráter meramente técnico que não dava margem ao surgimento de uma nova dominação. Segundo Marx, tratar-se-ia de uma divisão de trabalho análoga à que existe entre a diretoria e o conjunto de membros de um sindicato (Marx, 1977c:562).

Este conjunto de reflexões, enfim, fundamentava a compreensão marxiana sobre a capacidade de o poder político de base operária conjurar a "maldição" da autonomização dos seus órgãos estatais. Cabe destacar, no entanto, que esta linha de teorização sobre as formas políticas do socialismo **é contraditória** com o realismo das reflexões que levaram o mesmo Marx a conceber o socialismo como uma fase de transição histórica relativamente longa, no decurso da qual continuavam predominando na sociedade (mesmo entre os trabalhadores) **valores particularistas**. Voltaremos a enfocar esta questão crucial mais adiante. Por ora, cabe confrontar a teoria política do marxismo clássico com a seguinte questão: se os mecanismos políticos de tipo comunal eram tão eficazes para coibir a autonomização do poder de Estado, o que aconteceu com eles nas experiências do *socialismo real*?

DE VOLTA À TERRA: OS "PRINCÍPIOS DA COMUNA" E A (CON)FORMAÇÃO DO ESTADO SOVIÉTICO

Nos limites deste capítulo, só podemos enfocar este tema de forma tópica e limitada. As questões abordadas a partir deste ponto compõem, na verdade, o esqueleto de um programa de pesquisas, que procura desdobrar em estudos empíricos os problemas e temas identificados ao longo deste livro. Trata-se de um programa já em andamento, e, por isto, incorporo parte do seu levantamento à presente discussão sobre as formas políticas do *socialismo real*.

A experiência chave para enfocar este tema é, sem dúvida, a da União Soviética. Isto não só pela sua importância estratégica na constituição do "campo socialista" e na configuração da ordem mundial do pós-guerra, como também (ou melhor, sobretudo) por ter servido de modelo básico de configuração estatal para todas as demais experiências (mesmo para as que acabaram rompendo com o "bloco soviético", como a Iugoslávia, a China e a Albânia). A questão formulada acima pode ser reposta, assim, nos seguintes termos: que fim levaram os "princípios da Comuna" no processo de formação do Estado soviético?

O tema da "formação do Estado" aparece na literatura acadêmica associado, em geral, aos processos de constituição de um poder político centralizado em contextos marcados pela dispersão da autoridade (i.e., ele toma como ponto de referência a formação dos estados nacionais unificados [absolutistas] na Europa). No caso soviético, entretanto, essa temática refere-se não à formação de um poder político centralizado onde ele é inexistente, mas à reconfiguração de um Estado (absolutista) já constituído para um formato adequado ao projeto revolucionário (socialista) vitorioso. Trata-se, mais bem, de um processo de **conformação** de um novo poder, que combina a "reconversão" de antigas estruturas estatais com a criação de novas. Mas que novas estruturas foram estas, e como os "princípios da Comuna" se situaram no seu interior?

A referência teórica para a estruturação do poder soviético na Rússia foi dada pelo próprio Lênin em um dos seus textos mais conhecidos, ***O Estado e a Revolução***, escrito às vésperas da Revolução de Outubro (Lênin, 1978c). Em um enorme esforço exegético, o dirigente *bolchevique* procurou resgatar e sistematizar a teoria política do marxismo clássico para contrapô-la à orientação "reformista" que havia se tornado predominante no movimento social-democrata. No que concerne à configuração institucional-organizativa do poder político proletário, Lênin recuperou, quase que literalmente, todas as proposições marxianas referenciadas na experiência da Comuna de Paris. Interessantemente, ele as qualificou como um resgate da "democracia primitiva" pelo socialismo, nas condições civilizacionais modernas (*Idem*:301). Do ponto de vista teórico mais geral, sua contribuição específica foi identificar a incorporação de amplas massas nas atividades de **controle** e **registro** como um dos pilares fundamentais da nova "democracia proletária".[118] Do ponto de vista da experiência concreta da revolução russa, sua originalidade consistiu em identificar nos conselhos (*sovietes*) de trabalhadores, camponeses e soldados (formados quase que espontaneamente nas crises revolucionárias de 1905 e 1917) o núcleo de estruturação do novo poder de tipo comunal. Depois de algumas idas e vindas, esta compreensão foi incorporada programaticamente pelo Partido *Bolchevique* e se traduziu na palavra de ordem com que este conclamou o povo russo à insurreição — "*Todo o Poder aos Sovietes!*".

Dada a centralidade dos "princípios da Comuna" para a teoria política marxiana e para a própria legitimação do poder soviético, não deixa de ser curioso que nenhuma obra (dentro ou fora do âmbito do pensamento marxista) tenha procurado sistematizar a experiência da sua implantação/adoção na URSS. O que existe são obras dispersas que abordam isoladamente uma ou outra medida, em geral como aspectos secundários de outra preocupação temática central (Carr, 1978-91, 1978, 1990a e 1990b; Sirianni, 1982; Skocpol, 1979; Unger, 1981; Bettelheim, 1976, 1978, 1982, 1983; Farber, 1990; Hahn, 1988; Mandel, 1984; Smith, 1983). Apresento, a seguir, uma visão de conjunto (embora necessariamente resumida e superficial) dessa questão, referenciada nos dois eixos estratégicos de configuração estatal do regime comunal, conforme discutido anteriormente.

No eixo da substituição das estruturas burocráticas altamente concentradas e centralizadas herdadas do absolutismo, uma das primeiras medidas a ser revista foi a da substituição do exército permanente pelo armamento geral de todo o povo. A desmobilização do exército russo e sua retirada da Primeira Guerra Mundial havia sido uma das bandeiras centrais da Revolução de Outubro. O jovem poder soviético só contava para a sua defesa, de início, com "guardas vermelhos" formadas por trabalhadores urbanos, grupos camponeses armados que lutavam para preservar a posse da terra recém-adquirida e algumas unidades leais das Forças Armadas russas, então em processo de desmobilização. Sob o impacto da retomada das hostilidades militares alemãs, do início da guerra civil com as forças brancas e da seqüência de intervenções militares estrangeiras, foi formado, em 1918, um exército permanente (o Exército Vermelho), inicialmente sob comando de Trotsky.

Desde o início, o Exército Vermelho estruturou-se como um exército regular, com uma clara delimitação de hierarquia (seus oficiais eram nomeados, e não eleitos) e típica disciplina militar. Ele foi formado a partir das Guar-

[118] Segundo Erik Olin Wright (1978:207), esta compreensão leninista permitiu identificar uma terceira função organizativa básica (o registro e controle) além das duas destacadas por Weber (a formulação de políticas e a administração). Isto explicaria, em parte, as apreciações opostas de ambos sobre a possibilidade de controlar e/ou suplantar a burocracia, já que as atividades de registro e controle poderiam ser massificadas, ao passo que as de formulação e administração técnica, não.

das Vermelhas operárias e das unidades militares que haviam apoiado a tomada do poder pelos *sovietes*, mas logo em seguida passou ao recrutamento massivo (voluntário) e, depois, ao alistamento (obrigatório). Ao final da Guerra Civil, o Exército Vermelho contava com mais de 5 milhões de soldados e constituía a maior e mais bem organizada estrutura estatal do poder soviético, desempenhando funções administrativas que iam bem além da sua competência específica de defesa (Fitzpatrick, 1982:68). Ele incorporou mais de 50 mil oficiais do antigo Exército Imperial ao longo da Guerra Civil, que exerciam as suas funções de comando acompanhados de "comissários políticos" nomeados pelo Partido Bolchevique (Garthoff, 1960:329). Ao longo de toda a sua existência, permaneceu estruturado como exército regular, centralizado e profissional, embora em momentos críticos da história soviética (como a Guerra Civil e a Segunda Guerra Mundial) tenha abarcado amplas parcelas da população nas suas estruturas.

O princípio da eletividade, via sufrágio universal, para a ocupação de cargos de direção na administração pública nunca chegou a ser adotado na experiência soviética (a não ser para a "administração da justiça", como veremos mais à frente). No plano nacional, o Conselho de Comissários do Povo (*Sovnarkom*) absorveu as estruturas dos Ministérios do antigo regime tzarista e assumiu as funções de governo. Nos seus marcos foi formado um órgão centralizado (a *Cheka*) encarregado de "rastrear e liquidar todas as tentativas e ações de sabotagem contra-revolucionária na Rússia" (Rigby, 1992a:10). Já as funções do Conselho Econômico Chefe do antigo Ministério da Indústria e do Comércio foram assumidas, no âmbito do *Sovnarkom*, por um novo Conselho Econômico Nacional e pelo Conselho do Trabalho e da Defesa que lhe sucedeu.

A estrutura ministerial centralizada do Conselho de Comissários do Povo foi mantida ao longo de toda a evolução soviética (em 1946 ele voltou, mesmo, a assumir o nome de Conselho de Ministros). De início, ainda se tentou dar a cada comissariado (ministério) um formato de direção colegiada, mas este foi logo substituído pela concentração do poder deliberativo na pessoa do comissário (ministro). Em cada nível, as funções administrativas estavam formalmente subordinadas ao *soviete* da jurisdição correspondente, mas, como veremos adiante, esta subordinação era mais formal do que efetiva. De todos os modos, dado o controle partidário das instâncias deliberativas soviéticas, consolidou-se um sistema através do qual o Partido passou a controlar centralizadamente, também, a ocupação de cargos de direção na administração pública, via a elaboração de listas (*nomenklatury*) de quadros considerados confiáveis para o exercício das respectivas funções (Rigby, 1988:530; Carr, 1990b - Vol. 2:201-14).

Em relação à remuneração dos cargos administrativos, o *Sovnarkom* aprovou, em novembro de 1917, uma resolução "Acerca da Remuneração dos Comissários do Povo e dos Funcionários do Povo e Empregados Superiores", determinando que o salário máximo destes ficava fixado em 500 rublos, acrescido de 100 para cada membro da família incapacitado para o trabalho (o que eqüivalia, na época, ao salário médio de um operário). Poucos meses depois, no entanto, essa política teve de ser abandonada em função da falta de quadros especializados para ocupar funções técnicas e administrativas. Este abandono gerou bastante angústia entre os dirigentes *bolcheviques*. Lênin, mesmo argumentando a sua necessidade, continuamente se referiu a ele como "uma interrupção da ofensiva contra o Capital", "um desvio dos princípios da Comuna de Paris", "um passo atrás", "um tributo pago a especialistas burgueses", etc. (Lênin, 1978a:566-8). Ele chegou até mesmo a prever, em 1918, que, caso os operários e camponeses pobres conseguissem "organizar-se, disciplinar-se, corrigir-se, criar uma poderosa disciplina do trabalho", seria possível retornar ao princípio comunal do "salário operário" no prazo de um ano. Na verdade, ele nunca retornou — mesmo após o gigantesco esforço de formação de uma nova camada de técnicos e administradores de origem operária e filiação comunista nos anos '30 (Fitzpatrick, 1970, 1982 e 1992). A remuneração diferenciada para cargos diretivos não só foi mantida, como foi agravada, ainda, pelo acesso a lojas especiais conferido a seus ocupantes, prática mantida ao longo da história soviética (junto com os recorrentes racionamentos para a população em geral).

No eixo da configuração de um novo sistema político, o poder soviético concentrou, desde o início, as funções executivas e legislativas em um mesmo órgão. Sua localização, no entanto, não correspondeu exatamente ao formato originalmente previsto com base na experiência da Comuna de Paris. Foi a partir do núcleo central de direção do Partido Bolchevique (que havia tomado a iniciativa de ordenar o assalto ao Palácio de Inverno) que se constituiu o Conselho de Comissários do Povo, presidido pelo próprio Lênin. O *Sovnarkom* assumiu as funções do Conselho de Ministros deposto e constituiu-se como novo "governo provisório operário e camponês". A formação deste foi ratificada pelo Segundo Congresso dos *Sovietes* de Toda a Rússia, com a função expressa de dirigir o país até a convocação de uma Assembléia Constituinte. Como se sabe, esta, ao reunir-se em janeiro de 1918, recusou-se a reconhecer o poder soviético que emergira da insurreição e foi dissolvida.[119]

[119] Esta dissolução suscitou enormes polêmicas no movimento socialista dentro e fora da Rússia. Vimos, no Capítulo 4, como ela foi duramente criticada por Rosa Luxemburgo. A bem da verdade, no entanto, essa medida era absolutamente coerente com as reflexões de Marx sobre a história política francesa. Em ***As Lutas de Classes na França, 1848-1850*** e ***O Dezoito Brumário de Louis Bonaparte***, ele já havia destacado como a Assembléia Constituinte se transformou no centro de rearticulação do poder político da burguesia na revolução de 1848 (contra o proletariado, que havia desempenhado papel central na insurreição antimonárquica). Já no exame da Comuna de Paris, como vimos, o que ele destacou foi a emergência de um tipo de poder distinto do formas representativas liberais (mesmo democráticas). Para Lênin, era justamente essa democracia "superior" de tipo comunal que se materializara nos *sovietes*, em oposição à forma democrático-liberal da Assembléia Constituinte. A isto se somava, ainda, um argumento de natureza político-formal: o fato de as listas do partido majoritário na Assembléia (o dos Socialistas Revolucionários) ter sido formada **antes** da Revolução de Outubro, e não refletir, portanto, a posição majoritária que a ala esquerda desse partido havia adquirido no seu interior por apoiar a reforma agrária implantada pelo poder soviético.

O Conselho de Comissários do Povo ficou formalmente subordinado à Comissão Executiva Central (CEC) dos *Sovietes* da Rússia, que era eleita, por sua vez, pelo Congresso dos *Sovietes* de toda a República. A primeira Constituição soviética, aprovada em 1918, instituiu o CEC como "o órgão supremo executivo, legislativo e supervisor da República Socialista Federada Soviética Russa", atribuindo-lhe a função de "examinar e aprovar projetos de decretos e outras propostas submetidas pelo Conselho de Comissários do Povo", além de "emitir os seus próprios decretos e regulamentos" (texto constitucional reproduzido em Unger, 1981:30-1, tradução minha - L. F.). O CEC detinha o poder constitucional para anular e suspender qualquer ordem do Conselho dos Comissários. Em 1920, o VIII Congresso dos *Sovietes* estendeu estes poderes para o *presidium* do CEC, um corpo menor que respondia por suas decisões entre as sessões plenas do Conselho (que se reunia, inicialmente, a cada dois meses, passando, depois, a três vezes por ano, e, por fim, a uma vez por ano).

A Constituição soviética de 1918, no entanto, também conferiu ao *Sovnarkom* o poder de implementar diretamente medidas consideradas "de extrema urgência" (*Idem*:32). Como bem observou E. H. Carr, em tempos de guerra civil e emergência nacional, isto abarcava praticamente todas as principais decisões (Carr, 1979-91 - Vol. 1:216). Como resultado, o Conselho dos Comissários do Povo emitiu, entre 1917 e 1921, 1615 decretos contra apenas 375 do CEC dos *Sovietes* de Toda a Rússia (incluindo os que foram emitidos pelo *Presidium* deste) (Vernadsky, 1944:319). Isto é tão mais significativo quanto lembrarmos que Marx havia identificado a concentração de poderes no executivo, em detrimento do legislativo, como base fundamental da autonomização do estado moderno. Esta identificação não implica em uma concepção democratista ingênua, que ignora a inevitável traumaticidade de um processo de ruptura revolucionária. Afinal, uma das críticas centrais dirigidas pelo próprio Marx à experiência da Comuna de Paris foi a de que o Comitê Central da Guarda Nacional havia se precipitado na transferência dos seus poderes para as instâncias representativas comunais (Marx, s.d.b:263). No caso da revolução soviética, o problema consiste em ter perpetuado essa concentração de poderes mesmo após a consolidação do novo regime.

O poder soviético foi configurado com uma estrutura piramidal de autoridade, tendo, no topo, um poder central composto pelo Congresso dos *Sovietes* de Toda a Rússia e os seus dois órgãos executivos/legislativos (o CEC e o *Sovnarkom*), e, em baixo, uma rede de *sovietes* locais com seus comitês executivos respectivos. Os órgãos centrais detinham poderes bastante amplos. Além de uma longa lista de atribuições, a primeira Constituição soviética estipulava, ainda, no seu artigo 50º, que o Congresso dos *Sovietes* de Toda a Rússia e o seu Comitê Executivo Central podiam "decidir sobre qualquer matéria que considerassem ser da sua jurisdição" (texto constitucional reproduzido em Unger, 1981:34, tradução minha - L. F.). Os poderes dos *sovietes* locais eram bem mais restritos, abarcando resoluções e medidas de interesse específico dos territórios em questão, mas sempre subordinadas à "implementação das instruções dos órgãos superiores correspondentes do poder soviético" (*Idem*:36). Com a formação da União das Repúblicas Socialistas Soviéticas (URSS), em 1922, esta mesma estrutura foi reproduzida para toda a União e consagrada na nova Constituição aprovada em 1924. A principal modificação introduzida foi a divisão do CEC de toda a União em duas câmaras: o Conselho da União e o Conselho das Nacionalidades.

Nas duas primeiras décadas de existência do poder soviético, o Congresso dos *Sovietes* de Toda a Rússia (e, posteriormente, de Toda a União) era composto por representantes eleitos pelos *sovietes* locais. O sufrágio, tanto ao nível da República e/ou União quanto ao nível local, era **restrito** e **qualificado**, de forma a materializar a base operária do poder soviético nas condições concretas da época. Assim, foram excluídas do sistema representativo as pessoas que empregavam trabalho assalariado alheio com objetivos de lucro, as que viviam de rendas não-oriundas do seu próprio trabalho, os comerciantes privados, os monges e membros do clero, os agentes da antiga polícia política tzarista, os membros da aristocracia, as pessoas mentalmente incapacitadas e os prisioneiros condenados por crimes infames (*Idem*:37). O sistema representativo era, portanto, explicitamente confinado aos "trabalhadores". Entre estes, o direito a votar e a ser eleito foi garantido para mulheres e soldados. O voto de um trabalhador urbano (operário), no entanto, valia cinco vezes o voto de um trabalhador rural (camponês pobre). Isto era garantido através dos critérios de composição dos congressos dos *sovietes,* que fixavam uma proporção cinco vezes maior de eleitores por representante nos *sovietes* rurais do que nos *sovietes* urbanos (*Idem*:30 e 34). O direito ao voto era exercido em assembléias públicas nos locais de trabalho ou moradia. A indicação de candidatos procedia de maneira informal, normalmente com base em listas formuladas pelo organismo partidário da jurisdição correspondente.

A adoção deste sistema de sufrágio restrito e qualificado foi defendida por Lênin não como "um princípio", mas como um expediente temporário determinado pelas condições particulares em que se desenvolvia a revolução russa (Lênin, 1979b:104-6). Com a proclamação da Constituição soviética de 1936, as restrições e qualificações do voto foram abolidas, introduzindo-se o sufrágio universal não-qualificado, direto e secreto para os *sovietes* em todos os níveis (acabando, assim, com a prática da eleição indireta dos *sovietes* centrais pelos *sovietes* locais). O CEC e o Congresso do *Soviete* de Toda a União foram unificados em único órgão representativo — o *Soviete* Supremo — e essa estrutura foi reproduzida em todos os *sovietes* da URSS. O princípio do sufrágio universal não-qualificado foi mantido até 1989, quando, na última eleição para o Congresso dos Deputados do Povo da URSS antes do colapso desta, foi adotado um sistema de representação setorial diferenciada.

Na base da estrutura de representação do poder soviético foi reafirmado, desde o início, o princípio comunal do mandato imperativo, via o mecanismo da revogabilidade permanente dos mandatos pelos eleitores. Como já foi visto antes, isto implicou na adoção de um sistema de representação distrital. A comissão encarregada de elaborar a Constituição de 1918 chegou a examinar a proposta de introdução de um sistema de representação proporcional, mas a rejeitou (Gurvitch, 1922:62 e 183). O princípio da revogabilidade dos mandatos foi consagrado na Constituição de 1918 e detalhado nas de 1936 e 1977. O crucial, aqui, passou a ser a dinâmica do processo eleitoral.

A partir de 1936, o poder de iniciativa na indicação dos candidatos de cada distrito foi formalmente conferido a organizações sociais, entre as quais os organismos respectivos do Partido Comunista (*Bolchevique*), sindicatos, cooperativas, organizações da juventude e sociedades culturais. Estas conduziam a escolha do candidato via reuniões gerais de eleitores. Definido o candidato do distrito, este aparecia como nome único na lista de votação da zona eleitoral, cabendo ao eleitor referendar ou não o candidato em questão. Caso este não obtivesse uma maioria absoluta de votos favoráveis, repetia-se todo o processo eleitoral (com nova indicação de candidato, reuniões de eleitores, etc.). A revogação de mandatos seguia um procedimento análogo, com a iniciativa da solicitação tendo de partir do coletivo que nomeou o candidato ou por uma das organizações que deflagraram a sua indicação. Uma vez mais, a decisão final era submetida ao escrutínio dos eleitores do distrito, dependendo da maioria dos votos para ser aprovada.

O resultado concreto deste tipo de dinâmica eleitoral foi tornar muito rara a não-eleição de candidatos submetidos a escrutínio nos distritos. Em 1939, quando foram realizadas as primeiras eleições locais com base no princípio do sufrágio universal, apenas 135 candidatos entre 1,3 milhão não foram eleitos (Unger, 1981:113). Em 1977, a taxa de reprovação foi ainda menor: 61 em 2,2 milhões. O mesmo efeito se fez sentir no tocante à revogação de mandatos. Até os anos '30, a prática parece ter sido relativamente corrente. Em meio aos conflitos gerados pelo processo de industrialização e coletivização aceleradas, por exemplo, os mandatos de 23 mil deputados foram revogados no primeiro semestre de 1931 (Lepeshkin, 1961:395). Com o novo sistema de representação adotado em 1936, no entanto, a prática caiu em desuso, só sendo retomada nos anos '50, mas mesmo assim de forma residual. Deste modo, entre os mais de dois milhões de deputados da estrutura do poder soviético, o número de mandatos revogados nunca passou de 600 por ano: em 1960, por exemplo, foram pouco mais de cem; em 1970, 476; em 1980, 205; e em 1984, 516 (Hahn, 1988:187).

O princípio da eletividade de juízes e tribunais também foi adotado desde cedo pelo poder soviético, mas, uma vez mais, não exatamente nos moldes da experiência *communard*. Já em novembro de 1917 foi aprovado um decreto extinguindo o sistema judicial herdado do tzarismo, substituindo-o por uma rede de tribunais eleitos. Estes passaram a ser constituídos por juízes profissionais e juízes populares (leigos) eleitos pelos *sovietes* da respectiva jurisdição (e não por sufrágio universal, conforme ocorrera na Comuna de Paris). Esta prática promoveu uma mudança significativa na composição social do poder judiciário. Estima-se que, em 1923, 76% dos juízes populares eram operários ou camponeses (Farber, 1990:145). A Constituição de 1936 introduziu o princípio da eleição direta para os tribunais populares locais/distritais, mantendo a prática de eleição, via *sovietes*, para os tribunais superiores. Esta estrutura do sistema judicial foi mantida praticamente inalterada até o colapso da URSS em 1991.

O sistema judicial soviético foi marcado, nos primeiros anos, tanto por uma elevada dose de informalidade quanto pela adoção de procedimentos diferenciados conforme a origem de classe dos indivíduos acusados (Bunyan, 1967; Fitzpatrick, 1982:82-3). A noção predominante era a de que a criação de um novo sistema de leis era uma formalidade desnecessária, já que a transição socialista procederia à progressiva substituição do Direito por hábitos espontâneos de convivência cooperativa. De fato, a compreensão dominante na teoria soviética do Direito até meados dos anos '30, desenvolvida por Eugeny Pashukanis, era a de que o universalismo da forma jurídica não passava de uma expressão das relações sociais alienadas engendradas pela generalização da forma mercantil no capitalismo (Pashukanis, 1982 e 1989; Beirne e Sharlet, 1982). Deste ponto de vista, não caberia ao poder soviético erigir formas legais socialistas, mas contrapor ao princípio da troca de equivalentes o princípio do planejamento socialista, visando a extinção do Direito (Pashukanis, 1982:192).[120]

A ampliação da esfera mercantil no âmbito da NEP, no entanto, exigiu a unificação de normas e procedimentos legais na URSS. Com o objetivo de "afirmar a legalidade revolucionária em todo o território da URSS", a Constituição de 1924 instituiu dois novos órgãos centralizados que passaram a desempenhar papel central no sistema judiciário soviético: a Corte Suprema e a Procuradoria da União (Unger, 1981:68-9). A Corte Suprema da URSS foi composta, majoritariamente, por membros nomeados pelo *Presidium* do *Soviete* de Toda a União. Já a Procuradoria, nomeada pelo mesmo *Presidium*, foi inicialmente acoplada à Corte Suprema, mas depois se constituiu em órgão centralizado próprio. A criação destes órgãos centralizados acabou com a dupla subordinação dos tribunais e procuradores aos poderes soviéticos locais e centrais. Passou a existir, a partir de então, uma única hierarquia de legalidade em toda a URSS, emanada do poder central.

[120] Tragicamente, Pashukanis acabou sendo vítima da sua própria subestimação da necessidade de configurar o poder soviético como um Estado de Direito socialista: ele foi preso e fuzilado, em 1937, como "inimigo do povo".

Ao lado desta estrutura judiciária regular, o poder soviético conferiu, em momentos críticos da sua evolução, poderes judiciários efetivos a órgãos administrativos que escapavam por completo ao sistema eletivo e à própria noção de legalidade. No contexto da contraposição do "Terror Vermelho" ao "Terror Branco" na Guerra Civil, poderes especiais de investigação e julgamento (praticamente incontrolados) foram conferidos diretamente à Cheka, que foi responsável por milhares de execuções. Em meio aos conflitos em torno da coletivização ao final dos anos '20, foram conferidos poderes especiais de julgamento e punição a "colégios judiciais" (equivalentes a tribunais sumários) da GPU (órgão que sucedeu à Cheka) (Unger, 1981:138). Estes eram compostos pelo primeiro-secretário do organismo do Partido no distrito, o presidente do *soviete* da jurisdição equivalente e o chefe local da GPU (Nadine, 1989:144). Já no contexto dos violentos expurgos empreendidos após o assassinato de Kirov, nos anos '30, foram constituídas "conferências especiais" com poderes de julgamento sumário, constituídas por representantes do Comissariado do Povo (Ministério) do Interior, da Procuradoria e da direção da Milícia Operária e Camponesa (*Idem*:145). A concessão de poderes de "Justiça administrativa" às conferências especiais e outras agências extrajudiciais foi suprimida nos anos '50, após a morte de Stálin.

Para além das mudanças constitucionais e dos sistemas eleitoral e judiciário, a evolução política do poder soviético foi marcada pelo progressivo entrelaçamento das estruturas estatais com as estruturas do Partido Comunista (*Bolchevique*), e pela crescente subordinação daquelas em relação a estas. Como vimos antes, a iniciativa da formação do Conselho de Comissários do Povo enquanto novo governo revolucionário da Rússia partiu do Comitê Central do Partido *Bolchevique*. O *Sovnarkom* era composto, inicialmente, apenas por membros do Partido. Em dezembro de 1917, ele passou a incluir, também, 7 membros dos Socialistas Revolucionários (SR's) de Esquerda. A esta altura, persistia uma liberdade de organização partidária bastante ampla na sociedade russa, conforme atesta a participação de mais de 40 partidos e agremiações nas eleições para a Assembléia Constituinte em novembro de 1917 (conforme os resultados do pleito compilados em Radkey, 1990). Essa liberdade partidária, no entanto, não sobreviveria às tensões e aos conflitos da crise revolucionária russa.

Já em dezembro de 1917, o Partido Democrata Constitucionalista (*Kadets*) — o principal partido liberal da Rússia — foi colocado na ilegalidade, acusado de tentar promover um golpe de Estado em conjunto com generais tzaristas que agrupavam suas tropas no sul da Rússia. Na seqüência da dissolução da Assembléia Constituinte, as agremiações situadas no campo do Centro e da Direita que se opuseram à tomada do poder pelos *sovietes* também foram decretadas ilegais, e alguns dirigentes dos SR's de Direita foram presos. Os *sovietes* em si, no entanto, mantiveram uma composição multipartidária. O IV Congresso dos *Sovietes* de Toda a Rússia, que aprovou os termos do Tratado de Paz de Brest-Litovsk com a Alemanha em março de 1918, por exemplo, tinha a seguinte composição política: *bolcheviques* - 65%; SR's de Esquerda - 22%; outras correntes menores (entre as quais, SR's Nacionalistas, SR's de Direita, social-democratas internacionalistas, *mencheviques* e anarquistas-comunistas) e deputados sem partido - 14% (Farber, 1990:27). Este caráter multipartidário dos *sovietes*, no entanto, também estava com os dias contados.

Em repúdio às concessões feitas à Alemanha em Brest-Litovsk, os SR's de Esquerda se retiraram do *Sovnarkom* já em março de 1918, mas preservaram suas posições na direção executiva dos *sovietes*. Em junho, com o início da Guerra Civil e as primeiras intervenções militares estrangeiras, os SR's de Direita e os *mencheviques* foram excluídos dos *sovietes*, acusados de colaboração com as forças contra-revolucionárias. Por fim, em julho, os SR's de Esquerda assassinaram o embaixador alemão na Rússia e tentaram promover um levante contra o governo *bolchevique* em Moscou. O levante foi derrotado e os SR's de Esquerda interditados, tornando, para todos os efeitos, o poder soviético um sistema unipartidário (embora esses partidos tenham, ainda, vivido uma existência semilegal até 1921). O XII Congresso do Partido Comunista (*Bolchevique*), em 1922, coroou este processo, aprovando uma resolução que conclamava os militantes do Partido a porem um fim às atividades dos *mencheviques* e dos SR's nos sindicatos, cooperativas, instituições educacionais, movimento juvenil e casas editoriais (Medvedev, 1981:233-4). Vale lembrar que, a partir de 1936, foram precisamente estas organizações sociais que ficaram incumbidas, junto com o Partido, da indicação de candidaturas para os processos eleitorais dos *sovietes*.

Esta consolidação do sistema unipartidário deu uma solução inesperada para o conflito de atribuições entre os dois centros executivos-legislativos existentes na estrutura do poder soviético (o *Sovnarkom* e o *Presidium* do CEC): cada vez mais, era o Partido (e dentro deste, os seus órgãos diretivos/executivos centrais) que assumia o papel não só de árbitro de conflitos de competência, como também de iniciador de ações administrativas e resoluções legislativas. As instâncias partidárias foram se constituindo, cada vez mais, em centro real de reflexão, debate e deliberação sobre as políticas e atividades principais do poder soviético. Isto se materializou, inclusive, na generalização da prática de promulgar decretos e resoluções assinadas em conjunto pelas respectivas instâncias partidárias e soviéticas. De certa forma, tratou-se de uma evolução natural, dada a urgência das decisões (sobretudo em contextos de emergência, como a Guerra Civil) e o controle partidário sobre a composição dos órgãos dirigentes do Estado. A decisão via Partido, neste contexto, era muito mais rápida e eficiente, como foi graficamente revelado por Trotsky (quando ainda Comissário para Assuntos Militares da URSS) em discurso no II Congresso do COMINTERN em 1920:

> "*Hoje recebemos uma proposta de paz do governo polonês. Quem decide essas questões? Temos o Conselho dos Comissários do Povo, mas ele também tem de ser submetido a controle. Controle de quem? Controle da clas-*

se operária enquanto uma massa disforme e caótica? Não. O Comitê Central do Partido é chamado para discutir a proposta e resolver se deve ser respondida. E quando temos de conduzir a guerra, organizar novas divisões e encontrar os melhores elementos para compô-las, a quem recorremos? Recorremos ao Partido. Ao Comitê Central. E o Comitê Central emite diretivas a todo comitê local para dispor os comunistas no Front. *E o mesmo se aplica para a questão agrária, para a questão dos suprimentos e todas as demais questões.*"

(Citado em Mandel, 1992:119, tradução minha - L. F.)

Lênin, por sua vez, não media palavras ao afirmar, em 1919, que o poder soviético repousava sobre a ditadura do Partido *Bolchevique*: "Sim, a ditadura de um Partido! Sobre este terreno pisamos e não podemos sair dele, já que se trata do Partido que conquistou, ao longo de décadas, a posição de vanguarda de todo o proletariado fabril e industrial" (citado em Carr, 1978-91 - Vol. 1:230, tradução minha - L. F.). A resolução do VIII Congresso do Partido, nesse mesmo ano, indicava que este deveria "conquistar a supremacia política indivisa dos *sovietes* e **o controle prático sobre todo o seu trabalho**" (*Idem*:219, tradução e ênfase minhas - L. F.). Já a resolução do XII Congresso, em 1923, indicava que "a ditadura da classe operária não pode ser assegurada de outra forma que não a da ditadura da sua vanguarda dirigente, i.e., o Partido Comunista" (*Idem*:231).

Não deixa de ser curioso o fato de ter partido de Stálin a crítica mais dura a esta formulação, caracterizando-a, três anos depois, como "uma coisa absurda" que pressupunha o exercício, pelo Partido, da violência contra a classe operária (Stálin, 1977a:191). Mas o esclarecimento adicional fornecido por Stálin no mesmo texto não deixa dúvidas quanto às relações de poder no âmbito das estruturas políticas soviéticas: "A ditadura do proletariado consiste nas diretivas do Partido, mais o cumprimento dessas diretivas pelas organizações de massa, mais a sua colocação em prática pela população" (*Idem*:188). Coerente com este entendimento, o artigo 126 da Constituição de 1936 proclamou o Partido "o núcleo dirigente de todas as organizações dos trabalhadores, tanto sociais quanto estatais" (texto constitucional reproduzido em Unger, 1981:156, tradução minha - L.F.). Já o artigo 6º da Constituição de 1977 foi ainda mais explícito e direto:

"*O Partido Comunista da União Soviética será a força guia e dirigente da sociedade soviética, o núcleo do seu sistema político e de todas as organizações estatais e sociais... O Partido Comunista determinará a perspectiva geral do desenvolvimento da sociedade e as linhas de política interna e externa da URSS, dirigirá a atividade criadora do povo soviético e dará um caráter planejado e científico à luta deste pela vitória do comunismo.*"

(*Idem*:234-5)

Como conseqüência deste processo de (con)fusão Partido-Estado, os órgãos próprios do poder soviético foram se tornando cada vez mais inchados, formais e inoperantes, transformados em instâncias referendárias de deliberações partidárias. O seu tamanho foi sendo gradativamente ampliado, junto com o espaçamento entre as suas sessões e a redução da regularidade destas. A evolução do Comitê Executivo Central (CEC) do *Soviete* de Toda a Rússia (depois, União) é elucidativo disto: de um teto de 200 membros em 1918, ele passou a 500 em meados dos anos '20 e a 750 em meados dos anos '30. Já o número de deputados no Congresso da União chegou, nos anos '30, a 2.500. O *Soviete* Supremo, que substituiu ambos estes órgãos a partir de 1937, começou com 1.143 deputados neste ano, e chegou aos anos '80 com mais de 1.500 (Unger, 1981:15 e 55). Na prática, as sessões de todas essas instâncias não duravam mais do que uma semana, e serviam, mais bem, para aclamar decisões tomadas no âmbito da instância partidária correspondente.

Apesar do seu caráter formal e simbólico, o regime soviético nunca deixou de valorizar a função legitimadora da aclamação acima descrita. Assim, mesmo com a abolição do sufrágio qualificado de base classista pela Constituição de 1936, ele sempre procurou, via o controle partidário do processo eleitoral, garantir politicamente uma composição social predominantemente operário-camponesa nos *Sovietes*. Quando esse controle ruiu no final dos anos '80, com a abolição do já mencionado artigo 6º da Constituição, a composição social dos órgãos representativos se alterou drasticamente. A proporção de operários eleitos para o Congresso dos Deputados do Povo da Rússia em 1990, por exemplo, caiu de 35,3% para 7% em relação ao *Soviete* Supremo da República eleito em 1985 (quando ainda se adotava o sistema antigo) (Mann, D. 1990:11). Já a participação de camponeses das fazendas coletivas caiu de 14,7% para 1,6%, e a de mulheres de 35,3% para 5,4%. Em compensação, o Congresso assumiu poderes bem mais efetivos de deliberação e execução (que acabaram, na sua maior parte, sendo cassados pelo Presidente Iéltsin após o "autogolpe" promovido por este em 1993).

Chegamos ao fim do nosso exame tópico do destino dos "princípios da Comuna de Paris" no processo de (con)formação do Estado soviético. A narrativa histórica desenvolvida nesta seção permite concluir que a incorporação desses princípios pelo poder soviético foi seletiva e variante. No eixo do desmonte das estruturas burocráticas altamente concentradas e centralizadas, todas as medidas iniciadas foram rapidamente revogadas, ao passo que algumas (como a eleição direta de cargos administrativos não-judiciais) não chegaram sequer a ser tentadas. No eixo da configuração do novo poder, os princípios que mais se consolidaram foram os da concentração das funções executivas e legislativas em um órgão único de poder e o da extensão do preceito eletivo para instâncias mais amplas e variadas do aparelho de Estado (incluindo a composição do poder judiciário). No entanto, a lógica do mandato imperativo inscrita no procedimento eleitoral (via a revogabilidade de mandatos) foi neutralizada e revertida pelo controle partidário deste. O Partido, pela sua própria natureza existencial e organizativa, não estava submetido ao controle democrático do conjunto da população — e, no entanto, era ele que monopolizava o acesso a (e o exercício de) funções representativas no âmbito do poder soviético.

Tomando como base os dois eixos que compõem o modelo construído por Robert Dahl para examinar a evolução política das sociedades (Dahl, 1971), a evolução soviética poderia ser caracterizada como uma experiência marcada por um índice muito elevado de **participação** (i.e., incorporação da população ao processo de escolha dos ocupantes de cargos públicos) e muito baixo de **liberalização** (i.e., institucionalização da competição entre distintas alternativas nesse processo de escolha). Nos termos formulados por Dahl, trata-se de um caso extremo de "oligarquia inclusiva". Nos termos do aparato teórico-conceitual desenvolvido neste livro, trata-se de uma sociedade socialista com formas altamente concentradas de poder político, que conferiram elevada autonomia ao Estado (via a sua fusão com o Partido).

O ENIGMA REPOSTO

Isto repõe, uma vez mais, o nosso crucial enigma: como explicar, nos termos da teoria marxista, o desenvolvimento político que acabamos de narrar? Tratar-se-á de um "desenvolvimento histórico crucial" que, em termos popperianos, revela a falsidade do marxismo? A discussão desenvolvida até aqui já nos permite enfocar essa questão com maior profundidade, abstração e concretude. É hora de puxar a rede teórico-conceitual tecida e lançada ao longo deste livro.

Em primeiro lugar, cabe voltar às reflexões epistemológicas desenvolvidas anteriormente, para problematizar a versão mais simplista e ingênua do argumento falsificacionista, segundo a qual toda inconsistência entre hipóteses deduzidas e dados empíricos em "experimentos cruciais" forçaria a substituição do marco teórico inicial da investigação. Na verdade, como nos alertou Feyerabend, todas as grandes teorias científicas — desde Copérnico a Newton, Bohr, etc. — sempre estiveram imersas em um "oceano de anomalias" e só puderam avançar o conhecimento humano porque não abandonaram o seu marco teórico inicial em função dessa inconsistência empírica (Feyerabend, 1965 e 1993:39-42). Thomas Kuhn, por sua vez, indicou que o grosso da atividade científica se desenvolve sem questionar os paradigmas teóricos que adota (i.e., desenvolve-se como "ciência normal"), e, que, portanto, o critério da "revolução permanente" formulado por Popper é inadequado para caracterizar a atividade científica (Kuhn, 1970). A aplicação consistente do princípio do falsificacionismo, assim, tornaria impossível a prática científica como a conhecemos (Feyerabend, 1993:155).

Tanto para Feyerabend quanto para Kuhn, o problema básico do falsificacionismo reside na incomensurabilidade dos marcos teóricos: seria impossível ao pesquisador substituir uma teoria por outra, já que a interpretação das observações depende das próprias teorias e estas estão estruturadas sobre ontologias e linguagens distintas, que só podem ser traduzidas entre si alterando os seus marcos teóricos iniciais (Feyerabend, 1993:209-13; Kuhn, 1976b:267-77). O problema com esta crítica relativista do falsificacionismo popperiano é que ela acaba prisioneira da teorização dogmática auto-referida (embora valorizando a busca do diálogo e do equilíbrio entre distintos dogmatismos). Ela acaba esmaecendo, assim, as fronteiras entre a ciência e a religião, a superstição, a arte, etc., substituindo a busca da verdade pela construção/descontrução do consenso, a filosofia da ciência pela sua sociologia e/ou psicologia.

Lakatos (1976) propôs um enfoque distinto — e, ao meu ver, mais apropriado — sobre a questão da persistente e "promíscua" convivência entre teorias e anomalias empíricas. O problema do falsificacionismo ingênuo, segundo ele, reside na sua adoção de uma estrutura dedutiva monoteórica. É esta estrutura que lhe permite conceber a rejeição de teorias unicamente com base em evidências empírico-experimentais. Teorias, no entanto, nunca são formuladas de forma isolada, mas em série — constituindo uma espécie de "complexo" ou "sistema" teórico (ou, nos termos usados neste trabalho, um **marco teórico**). Este complexo teórico é composto por um núcleo "duro" de proposições que o estrutura, e por um "cinturão de proteção" ao seu redor, formado por teorias ou hipóteses auxiliares (em permanente desenvolvimento). São estas teorias e hipóteses auxiliares que orientam a investigação e são submetidas a verificação empírica, constituindo um "programa de pesquisa" (ou "paradigma") específico.

Resulta do enfoque acima reproduzido que, ao contrário do que supunha a versão simplista do argumento falsificacionista, a inconsistência empírica não elimina, de imediato, o programa de pesquisas como um todo, mas impõe a reformulação/ampliação das suas teorias/hipóteses auxiliares. Se estas reformulações/ampliações aumentarem o poder explanatório do marco teórico, o seu desenvolvimento é marcado por um "deslocamento progressivo" (*progressive problem-shift*). Caso contrário, sua evolução é marcada por um "deslocamento degenerativo" (*degenerating problem-shift*). Mesmo neste caso, o programa de pesquisa em questão só é "refutado" quando tiver surgido outro com maior poder explanatório e heurístico para enfocar os fenômenos.

Por tudo isto, se é inevitável a convivência de marcos teóricos e anomalias empíricas, o julgamento da validade dos primeiros remete à sua capacidade de desenvolver-se para dar conta dos últimos. Ou seja, a validade teórica continua referida a um mundo real (natural ou social) que tem existência objetiva independentemente dos nossos esforços para compreendê-lo (é este o sentido ontológico básico do realismo científico proposto por Roy Bhaskar, embora, na sua formulação, ele se desdobre em um relativismo epistêmico[Bhaskar,1987]). A existência objetiva desse mundo, portanto, nos fornece bases para comparar, ao longo do tempo, o poder explanatório e heurístico de distintos programas de pesquisa que procuram captar a sua natureza e evolução.

EXPLICANDO A AUTONOMIA DO ESTADO NA URSS I: AS IMPOSIÇÕES DO ATRASO

Como estas reflexões ontológicas e epistemológicas se relacionam com a nossa problematização das formas assumidas pelo poder de Estado na experiência soviética? Pelo ângulo discutido acima, vemos que as abordagens marxistas que reconheceram e tentaram confrontar esse enigma o fizeram através de um recurso teórico simplista e meramente defensivo: a alegação da violação das condições *ceteris paribus* pressupostas pela teoria original.[121] Em termos lakatosianos, tentou-se preservar o núcleo central do marco teórico marxista, alegando que o não estabelecimento da relação causal deduzida (abolição da propriedade privada ⟶definhamento do Estado) deveu-se à inexistência de requisitos básicos que haviam sido assumidos para a sua materialização. Mais concretamente, argumentou-se que as condições de atraso (econômico, político, social e cultural) que marcaram a experiência soviética acabaram impedindo que esta se desenvolvesse conforme as linhas originalmente projetadas para o socialismo pela teoria marxiana.

Diversas interpretações marxistas se encaixam nesta linha defensiva de raciocínio. Entre estas, encontram-se as reflexões de Otto Bauer sobre o "caminho oriental para o socialismo", as de Preobrazhenski e Santiago Carrillo sobre os imperativos da "acumulação primitiva" socialista, as de Trotsky sobre as bases da degeneração do estado operário na URSS, as de Kautsky sobre as origens da "ditadura *bolchevique*" na Rússia e as de Rudolf Bahro sobre o "despotismo industrial" nas vias de transição não-capitalista para a sociedade industrial. Diversas abordagens ocidentais reforçam esta linha de raciocínio, com destaque para as teorias da modernização e do desenvolvimento que procuraram enfocar o desenvolvimento soviético a partir das "necessidades funcionais" inerentes a qualquer processo de industrialização tardia (entre os quais, a necessidade de um poder de Estado altamente concentrado e autônomo) (Gershenkron, 1973; Inkeles, 1968).

[121] Vale lembrar que nem todas as leituras marxistas reconheceram o enigma. Algumas, como vimos, se limitaram a proclamar axiomaticamente a superioridade da democracia soviética. Já outras se limitaram à crítica moral dos dirigentes da URSS por sua "traição" ou "desvio" do caminho originalmente traçado. Neste caso, a explicação recai sobre o caráter pessoal dos dirigentes (ou da natureza "corruptora" do poder).

Estas reflexões abordam problemas muito concretos e reais associados às condições particulares de atraso que marcaram a revolução soviética. Entre estes, três me parecem particularmente relevantes para a compreensão da autonomia do Estado na URSS, conforme argumento em seguida.

1. UM ESTADO NO CONTRAFLUXO

Como vimos no Capítulo 3, Marx formulou uma concepção estratégica da transição para o socialismo no mundo centrada na expectativa de que as primeiras experiências socialistas surgiriam nos países mais avançados e centrais do sistema capitalista. Apesar do seu tamanho e importância geopolítica, a Rússia, às vésperas da revolução soviética, estava bem longe disso, constituindo muito mais uma espécie de "semiperiferia" do sistema (conforme a classificação de Wallerstein). Em grande parte, foi exatamente devido a esta condição "semiperiférica" que a revolução soviética pôde triunfar na Rússia (como nos alertaram Barrington Moore, Skocpol, Lênin e Trotsky, entre outros). Mas isto teve conseqüências.

A primeira experiência socialista teve de se deparar com um sistema internacional que, além de incomparavelmente mais forte, estava estruturado sobre princípios econômicos, políticos e sociais antagônicos aos seus. Este sistema reagiu à revolução soviética de forma análoga à que, em outros tempos, havia reagido à revolução francesa: buscando conter, isolar, minar e, por fim, derruir o foco que ameaçava a continuidade das suas normas dominantes. Esta reação, no caso soviético, assumiu diversas formas: a intervenção estrangeira na Guerra Civil; a exclusão inicial da Liga das Nações; a prolongada recusa ao reconhecimento diplomático; a tolerância conivente para com o "Pacto AntiComintern" nos anos '30; a demora estratégica em abrir uma segunda frente de luta contra o exército nazista na Segunda Guerra; a busca do enquadramento via instituições multilaterais na reorganização liberal da ordem mundial do pós-guerra; a restrição deliberada do intercâmbio econômico via os mecanismos punitivos do CoCom; a escalada da corrida armamentista; etc. (sobre estes temas, ver, entre outros, Carr, 1978-91, 1978, 1990a e 1990b; Mastanduno, 1992; Kissinger, 1996; Flynn, 1990; Halliday, 1989; Gowan, 1990; e Silveira e Moraes Neto, 1989).

A lógica estratégica (por fim, vitoriosa) que orientou este conjunto de medidas foi abertamente formulada pelo chefe do Gabinete de Planejamento Político do Departamento de Estado norte-americano, George Kennan, ainda em 1947: "Confrontar os russos com um constante contrapoder em todos os pontos em que dão sinais de invasão dos interesses de um mundo estável e pacífico" para, a longo prazo, "quebrar a unidade e a eficácia do partido como instrumento político", o que poderia mudar a Rússia soviética "de um dia para o outro, de uma das mais fortes para uma das mais fracas e mais deploráveis sociedades" (Kennan, 1947:580 e 581). O que a formulação estratégica de

Kennan indicava era que a fusão Partido-Estado na URSS gerava uma "crise de legitimidade" insolúvel para os seus dirigentes — e que caberia aos Estados Unidos usar sua liderança mundial para explorar persistentemente essa debilidade soviética no pós-guerra. Foi esta compreensão que serviu de base para a política externa americana na Guerra Fria.

Do ponto de vista da nossa discussão, cabe ver o outro lado do problema: o efeito retroativo das medidas de contenção sobre a própria fusão Partido-Estado na URSS. Aqui, não precisamos cair no "mundialismo metodológico" de Wallerstein para reconhecer que esse curso de ação por parte das forças dominantes no sistema internacional criou constrangimentos efetivos para a evolução política da URSS, sobretudo por se entrelaçar com um processo de ruptura sistêmica interna que questionava os padrões tradicionais de legitimação do poder. O resultado foi o recurso a formas políticas concentradas e fechadas, estruturadas em torno do partido revolucionário, para se contrapor tanto à superioridade das forças antagonistas no sistema internacional, quanto à reconhecida fragilidade das suas próprias bases de hegemonia interna.

2. UMA DITADURA SEM O PROLETARIADO?

Um segundo problema importante relacionado às condições de atraso que marcaram a revolução soviética é o da base social efetiva do regime socialista. Vimos, mais acima, como Marx identificou nas condições cooperativas do trabalho industrial moderno a base material do seu projeto socialista/emancipador, e no proletariado fabril a força social capaz de viabilizá-lo. O fato, entretanto, é que a sociedade russa às vésperas da revolução soviética era composta, na sua esmagadora maioria, por camponeses. Isto não significa que inexistissem importantes centros operários. Na verdade, a Rússia já havia deflagrado um processo de "industrialização tardia" acelerada (mas descontínua) desde o final do século XIX, gerando alguns centros fabris bastante concentrados. Mas apesar deste esforço, mais de 80% da população ainda trabalhavam na agricultura, com o predomínio da pequena exploração camponesa de baixo rendimento (Gerschenkron, 1973; Lênin, 1985; Bettelheim, 1976). Mesmo em 1917, a população urbana da Rússia não passava de 21% (Koenker, 1989:85).

Os resultados das eleições para a Assembléia Constituinte em novembro de 1917 revelaram uma sólida base de apoio ao Partido *Bolchevique* nos centros urbanos, sobretudo nos distritos operários. O Partido obteve uma folgada maioria simples nas duas metrópoles russas: 48% em Moscou e 45% em Petrogrado (o segundo partido mais votado em ambas as cidades foi o dos *Kadetes*, com 34 e 26%, respectivamente) (Radkey, 1990:36). Os *bolcheviques* obtiveram resultados semelhantes ou melhores em praticamente todos os centros industriais. Um exemplo representativo é o da província de Vladimir, na Região Industrial Central, onde a sua votação alcançou 56% (*Idem*:27). Fora dos centros industriais, a segunda grande base eleitoral do Partido foi a das unidades militares insatisfeitas com a continuidade da participação russa na Primeira Guerra. Duas unidades, em particular, deram uma ampla maioria aos *bolcheviques*: a da Frente Norte (62%) e a Frente Oeste (67%) (Lênin, 1979b:233). Mas dada a base majoritariamente camponesa da sociedade russa, este sólido apoio operário e militar (pelo menos de metade das Forças Armadas) representou apenas 25% do eleitorado nacional (contra 58% dos Socialistas Revolucionários).

Os resultados reproduzidos acima são coerentes com a identificação feita por Marx entre classe (operária) e projeto político (socialista). Lênin justificou, nesta base, a tomada do poder pelo proletariado (urbano) na revolução soviética, afirmando a necessidade de usar o poder de Estado conquistado para atrair para seu lado a grande massa de trabalhadores camponeses (*Idem*:235).O problema é que, sob o impacto das mobilizações para a Guerra Civil e da ocupação das terras da antiga aristocracia rural, a classe operária quase desapareceu da sociedade russa no exato período em que o novo poder soviético se formava e consolidava. Os dados são, de fato, impressionantes. A população de São Petersburgo (Petrogrado) caiu dos cerca de 2 milhões registrados em 1910 para 720 mil em 1920. Já a de Moscou caiu de um milhão e meio para um milhão. Entre a população adulta que deixava ambas as cidade, a maior participação (em termos de origem social) era de operários (Koenker, 1989:82). O mesmo processo de desurbanização, desindustrialização e desproletarização se reproduziu na maior parte dos centros industriais da Rússia (embora com menos intensidade).

Ainda hoje há muito debate entre historiadores sobre o real significado e peso desse processo na sociedade russa (Fitzpatrick, 1982; Keep, 1976; Koenker, 1989). Mas o fato é que ele preocupava a liderança soviética. Nos debates do X Congresso do Partido *Bolchevique*, o próprio Lênin alertava que, para fugir da fome, "os trabalhadores simplesmente abandonaram as fábricas, fixaram residência no campo e deixaram de ser trabalhadores" (citado em Koenker, 1989:83). É possível, portanto, que a fusão Partido-Estado na URSS seja conseqüência do enfraquecimento objetivo da classe operária russa no exato período em que as estruturas soviéticas que ele deveria sustentar estavam sendo montadas e consolidadas. Na ausência (ou debilidade extrema) do proletariado, o Partido, como seu "representante", assumiu diretamente essa função estruturadora.

3. OS IMPERATIVOS DA MODERNIZAÇÃO

O terceiro ponto associado à temática das condições de atraso que me parece relevante para a compreensão da autonomia do Estado na URSS é o dos imperativos colocados para o seu desenvolvimento pelo desafio da industrialização. Duas ordens de questão se entrelaçavam neste desafio, desdobrando os pontos que acabamos de discutir acima: por um lado, a necessidade da industrialização estava vinculada à edificação das bases materiais da sociedade e dos valores socialistas (o trabalho industrial cooperativo e o proletariado que dele emerge); por outro, era uma exigência geopolítica para garantir a sobrevivência da URSS diante de um mundo capitalista hostil. Evidentemente, diferentes caminhos de industrialização eram possíveis (e houve muito debate e polêmica em torno deles na liderança soviética). Mas desde List, passando pela CEPAL e pelos autores "desenvolvimentistas" resenhados no Capítulo 2, sabemos que é necessário um grau considerável de autonomia do estado para lançar e sustentar uma dinâmica industrializante em sociedades atrasadas, subordinando ou atraindo interesses e forças sociais que pela sua própria lógica "espontânea" não integrariam esse impulso. No caso soviético, o desafio da industrialização exigia que o Estado não ficasse subordinado aos interesses da maioria camponesa da população (o que não quer dizer que tivesse de assumir a forma traumática da industrialização/coletivização acelerada). Evidentemente, isto é um *imbroglio* do ponto de vista democrático, *imbroglio* este agravado pelas considerações geopolíticas já mencionadas. Esta pode ser uma chave importante para desvendar as formas altamente concentradas e autônomas assumidas pelo poder de Estado no *socialismo real*.

Devo dizer, no entanto, que, apesar de enfocar problemas muito concretos e reais que não podem ser ignorados ou simplesmente *wished away*, os três pontos levantados não me satisfazem enquanto explicação da **persistente** autonomia do Estado na experiência soviética. Isto porque, em relação a todos eles, houve um desenvolvimento histórico da URSS no sentido da superação das suas condições originais de atraso, **sem que se verificasse uma correspondente desconcentração do poder político**. Embora não tenha se constituído em potência hegemônica a nível mundial, a União Soviética rompeu seu isolamento absoluto inicial, e encabeçou uma articulação mundial-sistêmica alternativa que chegou a abarcar cerca de um terço da humanidade. O esforço industrializador dos planos qüinqüenais não só recompôs a classe operária soviética, como a transformou na base da estrutura de classes da sociedade soviética (ver o amplo painel traçado a esse respeito nos textos reunidos em Rosenberg e Siegelbaum, 1993). O impulso modernizador logrou manter durante décadas índices de elevação da produtividade do trabalho mais elevados na URSS do que nos países capitalistas centrais (embora nos marcos de uma dinâmica de crescimento eminentemente **extensivo**) (Apresento dados sobre isso em Fernandes, 1992). Ou seja, em termos lakatosianos, o desenvolvimento histórico da experiência soviética produziu um "deslocamento progressivo" em relação às suas condições de atraso originais, mas a anomalia das suas formas políticas persistiu. Deste ponto de vista, a lógica meramente defensiva dos três pontos abordados acima não adiciona poder explanatório e heurístico ao núcleo central da teoria marxista. Na verdade, eles não desenvolvem a teoria para dar conta do tema em questão, e a conseqüência disto é um "deslocamento degenerativo" do marco teórico (i.e., a persistência da sua crise).

A constatação acima nos lega três possíveis cursos de ação. O primeiro é o de substituir o marco teórico por outro que seja mais compreensivo e consistente. O balanço crítico desenvolvido neste livro, no entanto, indicou que as perspectivas teóricas alternativas sobre o *socialismo real* revelaram deficiências e impasses "estruturais" ainda mais graves dos que os que acometem o marxismo. O segundo é o de se contentar (ou resignar) com isto, e insistir em linhas de defesa que simplesmente reafirmam o núcleo teórico central da perspectiva adotada. Esta é a postura predominante entre as abordagens que explicam as anomalias pela chave básica das "condições de atraso", como acabamos de ver. O terceiro curso de ação possível é o de enfocar as referidas anomalias como "experimentos cruciais menores" dentro do marco teórico marxista, questionando os pressupostos deste para promover o seu desenvolvimento e ampliar o seu potencial explanatório e heurístico (para o conceito de "experimentos cruciais menores", ver Lakatos, 1976:155). É esta linha de ação que tem promovido os desenvolvimentos mais férteis e criativos nas reflexões marxistas contemporâneas sobre o socialismo (Blackburn, 1991; Roemer, 1994; Cohen, 1995; Przeworski, 1991; e, fora do âmbito estrito do marxismo, Nove, 1989). Mas a maior parte destes enfoca, centralmente, o tema da viabilidade **econômica** do socialismo (referidos, em geral, a diferentes aspectos do "dilema da produtividade" que identificamos no Capítulo 7). A seção que segue também explora (topicamente) esse curso de ação, mas privilegiando a sua dimensão **política**.

EXPLICANDO A AUTONOMIA DO ESTADO NA URSS II: AS CONTRADIÇÕES DO PROJETO SOCIALISTA

O argumento básico que proponho aqui é o de que, para além das particularidades históricas que marcaram a sua trajetória, o advento de formas altamente concentradas e autônomas do poder de Estado na URSS (e nas experiências do *socialismo real* em geral) está relacionado a contradições e impasses "estruturais" do próprio projeto socialista. Este argumento se desdobra em duas linhas básicas.

1 - ESCASSEZ, ALIENAÇÃO E O IMPERATIVO DA MEDIAÇÃO NO SOCIALISMO

A primeira refere-se a um ponto formulado mais acima, mas não explorado: a coexistência, na própria base do projeto socialista marxiano, de duas compreensões contraditórias sobre a consciência social do proletariado e sua relação com a emancipação humana. Por um lado, Marx postulou uma relação mais ou menos direta entre a inserção dos trabalhadores nos processos coletivos/cooperativos de trabalho na indústria moderna e a sua identificação com um projeto existencial/político de emancipação universal (i.e., a "inevitabilidade histórica" da sua transformação de "classe em si" em "classe para si"). Por outro, a sua concepção do socialismo como uma fase de transição histórica que ainda preserva profundas marcas e heranças da sociedade capitalista (tanto no aspecto econômico quanto no moral e no intelectual) pressupõe a continuada predominância de valores e interesses particularistas na consciência dos trabalhadores (que, por isso mesmo, ainda não identificariam no trabalho a sua "primeira necessidade vital", mas mero "meio de vida"). O proletariado, assim, parece acometido de uma singular esquizofrenia no projeto socialista marxiano, dilacerado entre uma "personalidade" cooperativa, revolucionária e universal e outra egoísta, alienada e estreita. Do ponto de vista da nossa discussão, o que importa é frisar que estas formulações têm implicações **opostas** para a configuração do poder político no socialismo.

As reflexões de Marx sobre as formas políticas da transição socialista — referenciadas na Comuna de Paris — tomaram claramente por base a primeira postulação acima (a identificação histórica do proletariado com um projeto universal de emancipação). Como vimos, este é um tema presente desde cedo nas reflexões marxianas. O seu predomínio na teorização sobre as formas do Estado proletário implicou na subestimação (ou mesmo, desconsideração) dos desafios da mediação política na transição socialista (embora o mesmo Marx tenha produzido estudos históricos extremamente ricos e complexos enfocando as múltiplas mediações entre interesses de classe e ação política em sociedades capitalistas, nomeadamente na França). A estruturação do Estado em bases comunal-democráticas no socialismo foi concebida por ele como um empreendimento essencialmente não-problemático. Vale lembrar que a perspectiva da substituição do "governo das pessoas" pelo "governo das coisas" foi uma das heranças do socialismo utópico de Saint Simon mais valorizadas pelo marxismo clássico.

Outra formulação teórica também presente desde cedo no pensamento marxiano indicava uma linha distinta de reflexão sobre esse tema. Refiro-me à sua compreensão de que "os pensamentos da classe dominante" constituem, em todas as épocas, "os pensamentos dominantes" da sociedade (Marx e Engels, s.d.a:55). Como o proletariado moderno foi constituído com base na separação dos trabalhadores dos seus instrumentos de trabalho, ele não desenvolve estruturas de propriedade próprias que os capacitem a disputar com a burguesia a dominação "espiritual" das sociedades capitalistas (diferentemente do que ocorreu com a burguesia no seio das sociedades feudais). Disto resulta o seguinte dilema: ou bem a transição para o socialismo se torna impossível (já que os trabalhadores não desenvolvem uma autoconsciência própria distinta dos valores dominantes burgueses e pré-burgueses[122]); ou então essa transição é operada **politicamente** em um contexto de continuado predomínio desses valores entre os trabalhadores[123]. Foi esta última linha de raciocínio que sustentou a compreensão mais "realista" de Marx sobre as fases da construção de uma sociedade sem classes, desenvolvida quatro anos depois da experiência da Comuna de Paris (em ***A Crítica ao Programa de Gotha***). Ele, no entanto, não chegou a extrair desta compreensão todas as suas conseqüências no que se refere à configuração do poder político dos trabalhadores no socialismo.

Vale registrar que esta mesma ambivalência contraditória foi incorporada e reproduzida por Lênin. Este, apesar de ter sido (junto com Gramsci) o grande teórico marxista da mediação e hegemonia políticas, só se referiu uma única vez (e de forma passageira) ao Partido em ***O Estado e a Revolução*** (que, como vimos, foi sua principal obra teórica sobre as formas do poder soviético). A ênfase leninista nas tarefas de controle e registro como a chave para a democratização do estado socialista, por outro lado, revela uma compreensão que situa os dilemas cruciais desta democratização no terreno do **controle administrativo**, e não no da deliberação sobre os rumos de desenvolvimento a que esse controle administrativo deveria servir (ele parecia pressupor, que, uma vez socializada a propriedade, os problemas básicos a serem enfrentados seriam de ordem técnica, e não mais política).

O problema com este tipo de pressuposição é que, conforme indicado pelo próprio Marx, os valores humanistas oriundos do trabalho cooperativo só podem se consolidar efetivamente na sociedade no transcurso da transição de um quadro geral de escassez para outro de abundância. Isto, no entanto, é uma perspectiva situada além do horizonte histórico de qualquer sociedade contemporânea. Se já é possível restringir significativamente ou mesmo eliminar carências básicas (a escassez absoluta) nos países mais desenvolvidos do planeta, a eliminaçao da escassez **relativa** de bens e serviços permanece uma perspectiva irrealizável. Na verdade, trata-se de uma perspectiva, mais bem, **impossível**, já que toda inovação produtiva ou tecnológica nasce, necessariamente, escassa. Enquanto houver progresso e desenvolvimento, portanto, haverá escassez (relativa). Nosso argumento, aqui, no entanto, não está referenciado nessa impossibilidade em si, mas na constatação de que a superação da escassez relativa não se encontra nos horizontes presentes da humanidade. Por isso, como obser-

[122] Este, como se sabe, é um tema caro ao desenvolvimento das reflexões da Escola de Frankfurt e seus múltiplos desdobramentos. Mais recentemente, ele foi reformulado por Jon Elster em termos da teoria da escolha racional, indicando que a antecipação racional dos custos da ruptura revolucionária levaria os trabalhadores a preferir uma estratégia reformista nos marcos do capitalismo (Elster, 1985 e 1989).

[123] Este foi o veio explorado por Lênin e Gramsci nas reflexões de ambos sobre o papel dos partidos na disputa da hegemonia da sociedade.

vou Alec Nove, qualquer projeto socialista que pretenda ser viável tem de estar referido a "seres humanos similares aos que existem atualmente", e não aos que surgirão no futuro, quando a escassez estiver, hipoteticamente, superada. Isto significa pensar o socialismo (e suas formas políticas) a partir dos trabalhadores do presente, permeados que estão por valores particularistas burgueses (Nove, 1989).

A decorrência mais significativa disto é que não se pode contar com uma ordem espontaneamente cooperativa a partir da socialização dos meios de produção (Przeworski, 1991:115-6). Esta socialização transforma os trabalhadores em co-proprietários de empresas coletivas. Em um quadro de escassez (absoluta **ou** relativa) e de contínua prevalência de interesses e valores particularistas, no entanto, o comportamento dos trabalhadores tende a ser "naturalmente" **não-cooperativo** e **predador do patrimônio social** (já que o ganho individual viabilizado por esse tipo de comportamento é maior do que a perda individual gerada pela socialização dos seus prejuízos) (Butenko, 1988). Assim, as unidades domésticas tendem a magnificar as suas necessidades, os coletivos de trabalho a encobrir capacidades produtivas, e os ocupantes de cargos de direção a tomar decisões em proveito próprio. Trata-se, enfim, do clássico problema olsoniano do "carona" (*free rider*). Ou seja, mesmo tendo eliminado ou restringido significativamente a propriedade privada, persistem na sociedade socialista os conflitos entre interesses individuais, setoriais e coletivos — conflitos estes que o marxismo clássico identificou como base fundamental da autonomização do Estado na forma de uma comunidade ilusória (Marx e Engels, s.d.a:39).

Sem a adoção de mecanismos que vinculem os retornos do trabalho à sua produtividade e eficiência — e sem uma autoridade pública que zele por seu cumprimento — é impossível consolidar uma ordem cooperativa no socialismo. Como observou Alec Nove, a restrição/abolição da propriedade privada e do mercado preconizada pelo projeto socialista gera a "necessidade funcional" de uma "burocracia poderosa" (Nove, 1989:62). Mas esta, por sua vez, acaba por constituir os seus próprios interesses particulares, como já nos alertaram tanto Michels quanto os autores do enfoque da *análise de políticas públicas*. O problema político que se apresenta, então, é como afirmar o interesse coletivo/universal em uma sociedade socialista ainda marcada pelo predomínio da alienação. Aqui, torna-se inviável a proposição marxiana original de simples generalização de mecanismos de democracia direta e participativa como eixo estruturador do Estado, porque estes acabam determinando a fragmentação da sociedade socialista em interesses particularistas. Esta me parece ser a chave fundamental para entender a fusão Partido-Estado na experiência soviética, já que, face à impossibilidade de afirmar e coordenar o interesse coletivo via os mecanismos de democracia direta dos *sovietes*, o Partido *Bolchevique* foi assumindo cada vez mais para si a função da determinação não-mediada desse interesse.

Dos dois pilares contraditórios do projeto socialista marxiano, portanto, estou convencido de que é o segundo — o mais "realista" — o que permite um "deslocamento progressivo" do seu programa de pesquisa, de maneira a garantir maior poder explanatório e heurístico no estudo das experiências socialistas. Para além do inevitável problema da alienação enraizada na escassez, outros traços estruturais das sociedades socialistas também reforçam a autonomia do Estado e o imperativo da mediação política no seu interior. Entre estes, a própria diferenciação estrutural, identificada por Michael Mann, do Estado, enquanto um corpo deliberativo territorialmente centralizado, em relação ao proletariado, enquanto um agrupamento (classe) social não-deliberativo com baixo grau de centramento. Estas diferenças estruturais em si já impõem uma relação mediada entre o estado e os trabalhadores, independentemente dos valores predominantes entre estes. Abordaremos, em seguida, um último elemento estrutural que tende a ser ignorado pela maioria dos analistas: o impacto da inserção no sistema internacional.

2. RUPTURA E HOMOGENEIDADE NO SISTEMA INTERNACIONAL

Diversos autores examinados neste trabalho enfatizaram, por distintos ângulos, a problemática dos impactos internacionais sobre a evolução soviética. Os mais extremados entre estes foram os autores examinados no Capítulo 6 — com destaque para Tony Cliff e Immanuel Wallerstein — que argumentaram que a posição subordinada da URSS no sistema (capitalista) internacional determinava a sua natureza **capitalista** (e não socialista). Entre os autores marxistas que se alinhavam com as forças dirigentes do *socialismo real*, o tema era normalmente tratado pelo ângulo da correlação de forças mundiais. Já Trotsky destacou o papel desempenhado pelo sistema internacional na degeneração da nascente experiência socialista soviética.

Os autores que mais se preocuparam em teorizar sobre o tema dos impactos da inserção internacional foram os da Sociologia Histórica "neo-estatista" (Barrington Moore, Theda Skocpol, Michael Mann, entre outros). Suas reflexões não se restringiam apenas aos estados do *socialismo real*, procurando situar esse impacto para os estados em geral. O ponto básico levantado por estes autores era o de que, ao monopolizar o uso legítimo da força física no interior das suas fronteiras e a representação junto aos demais poderes territoriais organizados no sistema internacional, os Estados ampliavam consideravelmente a sua margem de manobra (autonomia) em relação às forças sociais no interior das suas fronteiras. Este ponto me parece perfeitamente válido e pode ajudar a compor uma compreensão mais abrangente sobre a autonomia dos Estados socialistas. Ele nos ajuda a compreender, inclusive, como foi possível ter países de orientação socialista em estado de guerra **entre si** (URSS X China; China X Vietnã; Vietnã X Camboja [Kampuchea]). Mas **não** nos ajuda a entender por que o impacto do sistema internacional sobre a autonomia interna de diferentes estados foi tão variado, e nem a identificar o impacto **particular** que ele exerceu/exerce sobre os estados socialistas.

Quanto a este tema, o ponto básico que quero formular, aqui, é o de que, ao promover uma **ruptura sistêmica** no interior do sistema internacional, os países socialistas (e em particular a União Soviética) atraíram sobre si uma **reação sistêmica particular**, que tem de ser examinada na sua especificidade. Sustento, em particular, que o advento do socialismo, inicialmente apenas na URSS e posteriormente no "campo socialista", introduziu uma dinâmica universal antagônica à que estrutura o sistema (capitalista) internacional. Isto gerou um antagonismo sistêmico que, em última instância, só poderia ser resolvido com a eliminação de um dos dois pólos em disputa (descrevo a evolução deste antagonismo em Fernandes, 1992). Já abordamos, mais acima, algumas características centrais da política de contenção dirigida contra os estados socialistas pelas forças dominantes do sistema internacional. Como bem observou Fred Halliday, só se pode compreender adequadamente a profundidade, o alcance e a abrangência desta política no transcurso da Guerra Fria reconhecendo-a como expressão deste antagonismo sistêmico no sistema internacional (Halliday, 1989). Por razões óbvias, as teorias da "convergência" e do "capitalismo de Estado na URSS", examinadas nos Capítulos 2 e 6, eram absolutamente incapazes de enfocar a questão neste termos.

Do ponto de vista da nossa reflexão teórica sobre a autonomia do Estado no socialismo, o que cabe destacar é que, dada a inviabilidade política de uma repentina ruptura sistêmica global, **todas** as experiências socialistas terão de se desenvolver nos marcos de um sistema internacional marcado por esse antagonismo sistêmico. Este acaba operando, assim, como uma força particularmente importante na promoção de formas políticas concentradas e rígidas nas experiências socialistas. Entra em operação, aqui, uma dinâmica teorizada por Otto Hintze, que, por sua vez, a colheu de um professor inglês no final do século passado, John Robert Seeley:

> "*O grau de governo* [de autonomia do Estado - L. F.] *será diretamente proporcional, e o grau de liberdade* [de autonomia da sociedade - L. F.] *inversamente proporcional, ao grau de pressão* [exercido pelo sistema internacional - L. F.]. *Em outras palavras, dada uma comunidade que vive solta, em condições amenas e com espaço abundante, pode-se esperar que essa comunidade goze um alto grau de liberdade; dada uma comunidade que é obrigada a se manter diante de grande dificuldades e no meio de grande perigos, pode-se esperar encontrar nela pouca liberdade e muito governo.*"
>
> (Seeley, 1886:131)

Estas palavras foram escritas há mais de um século, quando inexistiam no mundo experiências socialistas. Acopladas à compreensão da intensidade do antagonismo sistêmico que estas deflagraram no mundo do século XX, fica claro que a inserção das experiências socialistas no sistema internacional tem de ser incorporada como um elemento importante da explicação da autonomia do Estado no seu interior. As ordens internacionais trazem embutidas dentro de si uma forte tendência à homogeneização interna (Aron, 1962). Para as experiências socialistas empenhadas em um processo de ruptura sistêmica, isto acarreta, em termos neo-Hintzianos, uma tensão permanente entre os objetivos da liberdade e a necessidade da sobrevivência.

IMPLICAÇÕES TEÓRICAS (E POLÍTICAS): O IMPERATIVO DA MEDIAÇÃO E A CONSTRUÇÃO DEMOCRÁTICA DO "PROLETÁRIO COLETIVO IDEAL"

Como já foi dito antes, os pontos desenvolvidos topicamente neste capítulo compõem o esqueleto de um programa de pesquisas que procura desdobrar em estudos empíricos os problemas e temas identificados ao longo deste livro. Este programa procura se inserir em um esforço coletivo de "deslocamento progressivo" do marco teórico marxista, de forma a aumentar o seu poder explanatório e heurístico (particularmente, no estudo das experiências socialistas) e confrontar os impasses que determinaram a sua presente crise. Os temas teóricos discutidos neste trabalho apontam, como leito de desdobramento natural, para um estudo empírico mais detalhado da evolução e crise do poder soviético. Resgatando a dialética entre vontade humana e circunstâncias históricas, será importante recompor as conexões entre as mudanças nas estruturas de propriedade, as alterações nos padrões de relacionamento social e a transformação das formas e práticas políticas na URSS. Nesta base, podemos situar os momentos decisivos da configuração do estado soviético e proceder a uma análise de conteúdo dos debates e deliberações relacionadas a esses momentos, procurando identificar e situar os cursos alternativos de ação que se apresentavam e os motivos manifestos que pesaram nas escolhas tomadas. Seguindo a sugestão metodológica formulada por Perry Anderson, podemos recompor, assim, em narrativa histórica, uma visão "pelo alto" e "por baixo" da evolução soviética, cotejando os resultados desse levantamento com os pontos teóricos centrais formulados neste livro. Mesmo nos limites do tratamento dado a estes, acredito que eles têm implicações bastante amplas que devem ser exploradas em toda a sua profundidade. Arrisco a apontar, desde já, algumas possíveis implicações teóricas e políticas:

1) Ao contrário do que previra originalmente a teoria marxiana, o socialismo não pode ser estruturado predominantemente sobre formas políticas de democracia direta e participativa. Desde José de Alencar (1991) e Stuart Mill (1948) no século passado até Norberto Bobbio (1986) e Giovanni Sartori (1994), o argumento básico da impossibilidade da democracia direta versa sobre impedimentos administrativos impostos pela escala e complexidade dos estados modernos, bem como pela própria extensão do sufrágio. O argumento que apre-

sentei aqui foi desenvolvido em linhas diferentes. Meu ponto básico é o de que o persistente e continuado predomínio de valores particularistas na sociedade socialista (parte da sua própria essência, conforme a teoria socialista marxiana) impede a composição de um interesse universal através dos mecanismos da democracia direta e participativa, resultando, ao contrário, na fragmentação de interesses individuais, locais e setoriais. Em última instância, isso inviabiliza a própria ordem política (e social) em sociedades modernas.

2) Persiste, portanto, o problema da construção política do interesse coletivo/universal no socialismo. Hayek argumentava que a única alternativa efetivamente universal para a regulação da sociedade era o mercado, já que qualquer planejamento ou intervenção política implicaria na imposição arbitrária (pessoal/particular) de uma determinada escala de valores à sociedade (Hayek, 1946). Para o pensamento marxiano, a subordinação da humanidade a uma força impessoal (o mercado) era a expressão mais odiosa da sua alienação moderna. À universalidade inconsciente do mercado, ele contrapôs a universalidade consciente do proletariado. Vimos, no entanto, que esta universalidade existe apenas como **potencial** radicado no trabalho cooperativo da indústria moderna. Ao longo da transição socialista, continuam predominando valores e interesses particularistas (e, portanto, uma consciência alienada) entre os trabalhadores. O interesse universal tem de ser construído pela via da mediação política. Na ausência de mecanismos **democráticos** para efetuar esta construção nas experiências do *socialismo real*, os partidos no poder acabaram assumindo de forma direta e não-mediada o papel de representantes do interesse coletivo/universal, resultando na forma política (altamente autônoma) da fusão Partido-Estado. Vale registrar que a discussão desenvolvida no presente trabalho está centrada na problemática da configuração do estado **no** socialismo. Uma outra (e crucial) ordem de problemas diz respeito às mutações na estrutura de classes das sociedade capitalistas contemporâneas, e ao enfraquecimento absoluto e relativo do operariado industrial clássico valorizado por Marx (Lojkine, 1990). Isto tem profundas implicações para o problema da agência social-política da transição **para o** socialismo, mas essa questão fica fora do escopo deste livro.

3) A resolução democrática deste desafio no socialismo exige a constituição de instituições políticas **representativas** para compor o interesse coletivo/universal de forma transparente. Em outras palavras, em analogia com a caracterização do Estado burguês como "capitalista coletivo ideal" por Engels (1977a:54), o Estado socialista também se depara com a necessidade de se constituir **politicamente** (e, de preferência, **democraticamente**) em "proletário coletivo ideal". Dado o continuado predomínio de valores particularistas na sociedade socialista, esta construção democrática tem de se assentar, principalmente, em um **mercado de representação de base universal**, embora este

possa ser **complementado** pela adoção de mecanismos e práticas de democracia direta e participativa. Corresponde a este formato representativo um mandato principalmente **delegativo**, e não **imperativo**. Para se assegurar a pluralidade da composição do interesse universal nestes termos, a base da representação deve ser **proporcional** e não **distrital-majoritária**. Só ao longo da transição socialista, na medida em que se consolidarem na sociedade novos valores cooperativos, os mecanismos e práticas da democracia participativa e direta poderão ser progressivamente ampliados até se tornar o eixo estruturador do poder de Estado. A base popular-proletária do poder deverá ser garantida pela transformação das estruturas de propriedade e a mobilidade social dela decorrente, e não por via administrativa.

4) Dada a prevalência de interesses particularistas e do formato "mercantil" da representação dele decorrente, é crucial que o poder político seja estruturado como um Estado de Direito socialista, promovendo a ampla defesa de direitos e liberdades individuais, e protegendo a pessoa humana contra violações e abusos do Estado. São necessários mecanismos de defesa da população contra a possibilidade da "monopolização" do Estado por interesses particularistas originados nos próprios cargos de direção do poder público. Estes direitos de cidadania, no entanto, devem estar fundados em um conceito abrangente de cidadania social, e não no princípio liberal da preservação da propriedade privada.

5) Dada a persistente prevalência de interesses particularistas no socialismo, vários problemas-chaves identificados pelos críticos da economia de comando (como os da economia da informação e dos incentivos) repõem-se nas sociedades mais complexas. Como mecanismo de elevação da produtividade e eficiência da economia nestas, deve-se procurar preservar a combinação de múltiplas formas de propriedade sob a direção estratégica de formas sociais e coletivas, bem como a vigência ampla (mas não dominante) das forças de mercado. Este é outro ponto crucial da crise do socialismo que só pudemos abordar topicamente ao longo do livro, mas que é objeto hoje de importantes reflexões teóricas (Roemer, 1994) e experiências práticas nos países socialistas sobreviventes (Bowles e Dong, 1994; Unger e Cui, 1994, Medeiros, 1999).

6) Enfim, a concepção marxiana do socialismo como fase de transição deve se refletir também na transitividade das formas do Estado. A perspectiva marxiana do definhamento do Estado é um objetivo histórico que envolve a superação do caráter de classe deste poder, via a progressiva eliminação dos antagonismos e diferenças de classe, mas não a superação dos mecanismos de representação, participação e administração na sociedade.

Afora o tom político das implicações elencadas acima, espero que as reflexões teóricas e epistemológicas desenvolvidas ao longo deste livro ajudem, de alguma forma, a busca de um pensamento mais consciente nas Ciências Sociais. Mas, acima de tudo, rogo que as reflexões aqui desenvolvidas contribuam para a tomada de consciência, tanto teórica quanto política, de que a chave para desvendar *o enigma do socialismo real* está no desenvolvimento de **uma concepção teórica e política mais realista do próprio socialismo**.

BIBLIOGRAFIA

ABRAMOVITCH, Rafael R.

(1962) ***The Soviet Revolution, 1917-1939***, Nova Iorque, International Universities Press.

ADORNO, Theodor *et alli.*

(1976) ***The Positivist Dispute in German Sociology***, Londres, Heinemann.

AFANASYEV, L. *et alli.*

(1974) ***The Political Economy of Capitalism***, Moscou, Progresso.

AFANASYEV, Mikhail.

(1989) "Byurokratiya kak Sotsial'no-Politicheskiy Fenomen", ***Vestnik Akademii Nauk SSSR***, vol. 59, n. 7.

AGANBEGYAN, Abel.

(1989) ***The Economic Challenge of Perestroika***, Bloomington, Indiana University Press.

ALENCAR, José de.

(1991) "Sistema Representativo", *in* W. G. dos Santos (org.), ***Dois Escritos de José de Alencar***, Rio de Janeiro, Editora UFRJ.

ALI, Tariq.

(1984) ***The Stalinist Legacy. Its Impact on Twentieth Century World Politics***, Harmondsworth, Penguin.

ALMOND, Gabriel.

(1956) "Comparative Political Systems", ***Journal of Politics***, vol. 18.

ALMOND, Gabriel e COLEMAN, James.

(1960) ***The Politics of Developing Areas***, Princeton, Princeton University Press.

ALMOND, Gabriel e POWELL, G. Bingham.

(1966) ***Comparative Politics: a Developmental Approach***, Boston, Little Brown.

(1978) ***Comparative Politics: System, Process and Policy***, Boston, Little Brown.

ALMOND, Gabriel e ROSELLE, Laura

(1990) "Model Fitting in Communism Studies", *in* G. Almond, ***A Discipline Divided: Schools and Sects in Political Science***, Newbury, Sage Publications.

ALMOND, Gabriel e VERBA, Sydney.

(1963) ***The Civic Culture***, Princeton, Princeton University Press.

ALTHUSSER, Louis.

(1983) ***Aparelhos Ideológicos de Estado***, Rio de Janeiro, Graal.

ALTVATER, Elmar.

(1980) "The Primacy of Politics in Post-Revolutionary Societies", ***The Review of Radical Political Economics***, vol. 13, n. 1.

AMIN, Samir.

(s.d.) "Expansion and Crisis of Capitalism? (Are the USSR and China Capitalist?), ***Contemporary Marxism***, n. 9.

(1983) Crisis, Socialismo y Nacionalismo", *in* Samir Amin *et alli*, ***Dinámica de la Crisis Global***, Cidade do México, Siglo Veintiuno.

(1992) "Thirty Years of Critique of the Soviet System", ***Monthly Review***, vol. 44, n. 1.

AMMAN, Ronald.

(1986) "Searching for the Appropriate Concept of Soviet Politics", ***British Journal of Political Science***, vol. 16, n. 4.

AMSDEN, Alice.
(1985) "The State and Taiwan's Economic Development", *in* P. Evans, D. Rueschemeyer e T. Skocpol (eds.), ***Bringing the State Back In***, Cambridge, Cambridge University Press.

ANDERSON, C.
(1970) ***The Political Economy of Modern Spain***, Londres, University of Wisconsin Press.

ANDERSON, Perry.
(1974a) ***Lineages of the Absolutist State***, Londres, NLB.
(1974b) ***Passages from Antiquity to Feudalism***, Londres, NLB.
(1976) ***Considerations on Western Marxism***, Londres, Verso.
(1983) "Trotsky's Interpretation of Stalinism", ***New Left Review***, n. 139.
(1984) ***A Crise da Crise do Marxismo***, São Paulo, Brasiliense.

ANTUNES, Ricardo.
(1994) "A Prevalência da Lógica do Capital", ***Crítica Marxista***, vol. 1, n. 1.

ANWEILER, Oskar.
(1974) ***The Soviets: The Russian Workers, Peasants and Soldiers' Councils, 1905-1921***, Nova Iorque, Pantheon.

ARATO, Andrew.
(1985) "Between reductionism and Relativism: Soviet Society as a World System", ***Telos***, n. 63.
(1987) "The Budapest School and Actually Existing Socialism", ***Theory and Society***, n. 16.
(1993) ***From Neo-Marxism to Democratic Theory: Essays on the Critical Theory of Soviet-Type Societies***, Armonk, M. E. Sharpe.

ARENDT, Hannah.
(1949) "Totalitarian Terror", ***Review of Politics***, n. 11.
(1951) ***The Origins of Totalitarianism***, Nova Iorque, Harcourt & Brace.

ARMSTRONG, John.
(1961) ***The Politics of Totalitarianism***, Cambridge, Harvard University Press.
(1965) "Sources of Administrative Behavior: Some Soviet and Western European Comparisons", ***American Political Science Review***, vol. 59, n. 3.

ARNASON, Johann.
(1982) "Perspectives and Problems of Critical Marxism in Eastern Europe (Part One)", ***Thesis Eleven***, n. 4.
(1993) ***The Future that Failed: Origins and Destinies of the Soviet Model***, Londres, Routledge.

ARON, Raymond.
(1962a) ***Dix-huit Leçons sur la Société Industrielle***, Paris, Gallimard.
(1962b) ***Paix et Guerre entre les Nations***, Paris, Calmann-Lévy.
(1964) ***La Luttes de Classes - Nouvelles Leçons sur les Sociétés Industrielles***, Paris, Gallimard.
(1968) ***Democracy and Totalitarianism***, Londres, Weidenfield and Nicholson.
(1983) ***Mémoires -50 Ans de Réflexion Politique***, Paris, Julliard.

ARON, Raymond, LE PAIN, Marc e MAHONEY, Daniel.
(1993) "The Essence of Totalitarianism according to Hannah Arendt", ***Partisan Review***, vol. 60, n. 3.

ARRIGHI, Giovanni.
(1996) ***O Longo Século XX***, Rio de Janeiro, Contraponto.

ASPATURIAN, Vernon.
(1971) ***Process and Power in Soviet Foreign Policy***, Boston, Little Brown.

ASSOUN, Paul-Laurent.
(1989) ***A Escola de Frankfurt***, Lisboa, Dom Quixote.

AURTHUR, Jonathan.
(1977) ***Socialism in the Soviet Union***, Chicago, Workers Press.

AUTHIER, Denis (org.).
(1975) ***A Esquerda Alemã (1918-1921)***, Porto, Afrontamento.

AVINERI, Shlomo (org.).
(1968) ***Karl Marx on Colonialism and Modernization***, Nova Iorque, Doubleday.

AZRAEL, Jeremy.
(1966) ***Managerial Power and Soviet Politics***, Cambridge, Harvard University Press.

BABY, Jean.
(s.d.) ***As Grandes Divergências do Mundo Comunista***, São Paulo, Senzala.

BACH, Robert L.
(1980) "On the Holism of a World-Systems Perspective", *in* T. K. Hopkins e I. Wallerstein (ed.), ***Processes of the World System***, Beverly Hills, Sage.

BACHRACH, P. e BARATZ, M.
(1962) "The Two Faces of Power", ***American Political Science Review***, vol. 56, n. 4.
(1963) "Decisions and Non-Decisions: an Analytical Framework", ***American Political Science Review***, vol. 57, n. 3.

BACKHAUS, H. -G.
(1969) "Zur Dialektik der Wertform", *in* A. Schmidt (ed.), ***Beiträge zur Marxistischen Erkenntnistheorie***, Frankfurt, Suhrkamp.

BAERT, Patrick.
(1995) "O Realismo Crítico e as Ciências Sociais", ***Dados***, vol. 38, n. 2.

BAHRO, Rudolf
(1980) ***A Alternativa: Para uma Crítica do Socialismo Real***, Rio de Janeiro, Paz e Terra.

BAKUNIN, Michael.
(1983) ***Bakunin - Textos Escolhidos***, Porto Alegre, L&PM.
(1989) ***Escritos contra Marx***, Brasília, Novos Tempos.

BANCO MUNDIAL.
(1990) ***Relatório sobre o Desenvolvimento Mundial 1990***, Rio de Janeiro, Fundação Getúlio Vargas.
(1996) ***From Plan to Market***, Nova Iorque, Oxford University Press.

BARAN, Paul.
(1977) ***A Economia Política do Desenvolvimento***, Rio de Janeiro, Zahar.

BARBER, Benjamin.
(1969) "Conceptual Foundations of Totalitarianism", *in* C. Friedrich, M. Curtis e B. Barber, ***Totalitarianism in Perspective: Three Views***, Londres, Pall Mall Press.

BARGHOORN, Frederic.
(1966) ***Politics in the USSR***, Boston, Little Brown.

BARNARD, F. M.
(1991) ***Pluralism, Socialism and Political Legitimacy: Reflections on Opening Up Communism***, Cambridge, Cambridge University Press.

BATSELL, W.
(1934) ***Soviet Rule in Russia***, Londres, Macmillan.

BAUER, R., INKELES, A. e KLUCKHOHN, C.
(1959) ***How the Soviet System Works***, Cambridge, Harvard University Press.

BEILHARZ, Peter, ROBINSON, Gillian, e RUNDELL, John (eds.).
(1992) ***Between Totalitarianism and Postmodernity: a Thesis Eleven Reader***, Cambridge, MIT Press.

BEIRNE, Piers e SHARLET, Robert.
(1982) "Pashukanis and Socialist Legality", *in* P. Beirne e R. Quinney (eds.), ***Marxism and Law***, Nova Iorque, John Wiley & Sons.

BELL, Daniel.
(1958) "Ten Theories in Search of Reality: The Prediction of Soviet Behavior", ***World Politics***, vol. 10, n. 3.
(1977) ***O Advento da Sociedade Pós-Industrial***, São Paulo, Editora Cultrix.

BELLIS, Paul.
(1979) ***Marxism and the USSR***, Nova Jérsei, Humanities.

BENDER, Frederic.
(1981) "The Ambiguities of Marx's Concepts of 'Proletarian Dictatorship' and 'Transition to Communism'", ***History of Political Thought***, vol. 2, n. 3.

BENJAMIN, Roger e KAUTSKY, John.
(1969) "Communism and Economic Development", *in* F. Fleron Jr. (ed.), ***Communist Studies and the Social Sciences***, Chicago, Rand McNally & Company.

BENTLEY, Arthur.
(1967) ***The Process of Government***, Cambridge, Harvard University Press.

BENVENUTI, Francesco.
(1988) ***Fuoco sui Sabotatori! Stachonovismo e Organizzazione Industriale in URSS: 1934-1938***, Roma, Valerio Levi Editore.

BENVENUTI, Francesco e PONS, Silvio.
(1988) ***Il Sistema di Potere dello Stalinismo: Partito e Stato in URSS, 1933-1953***, Milão, Franco Angeli Libri.

BERDIAEV, Nicholas.
(1937) ***The Origin of Russian Communism***, Londres, Bles.
(1948) ***The Russian Idea***, Nova Iorque, editora não especificada.
(1966) ***The Russian Revolution***, Michigan, University of Michigan Press.

BERG, Ger P. van der.
(1984) ***Arbeitweise de Sowjetishcen Regierung***, Baden-Baden, Nomos.

BERKI, R. N.
(1980) "The Retreat from idealism: Reflections on Some Aspects of Contemporary East European Marxist Thought", ***Political Studies***, vol. 28, n. 1.

BESANÇON, Alain.
(1976) ***Court Traité de Sovietologie à l'Usage des Autorités Civiles, Miliaires et Religieuses***, Paris, Hachette.
(1980) "L'Empire Russe et la Domination Sovietique", *in* M. Duverger, ***Le Concept d'Empire***, Paris, PUF.
(1981) ***Anatomie d'un Spectre: l'Economie Politique du Socialisme Réel***, Paris, Calmann-Levy.

BETTELHEIM, Charles.
(1939) ***La Planification Soviétique***, Paris, Librairie Marcel Rivière.
(1971a) "On the Transition Between Capitalism and Socialism", *in* P. Sweezy e C. Bettelheim, ***On the Transition to Socialism***, Nova Iorque, Monthly Review.

(1971b) "Dictatorship of the Proletariat, Social Classes and Proletarian Ideology", *in* P. Sweezy e C. Bettelheim, ***On the Transition to Socialism***, Nova Iorque, Monthly Review.

(1972) ***Cálculo Económico y Formas de Propriedad***, Madrid, Siglo Veintiuno.

(1976) ***A Luta de Classes na União Soviética - Primeiro Período (1917-1923)***, Rio de Janeiro, Paz e Terra.

(1977) ***A Planificação Socialista da Economia***, Lisboa, Edições 70.

(1978) ***Class Struggles in the USSR - Second Period (1923-1930)***, Nova Iorque, Monthly Review.

(1982) ***Les Luttes de Classes en URSS - Troisième Période (1931-1941) -Les Dominés***, Paris, Seuil.

(1983) ***Les Luttes de Classes en URSS - Troisième Période (1931-1941) - Les Dominants***, Paris, Maspero/Seuil.

(1985) "La Pertinence des Conepts Marxiens de Classse et Lutte de Classes pour Analyser la Société Soviétique", *in* B. Chavance, ***Marx en Perspective***, Paris, Ecole des Hautes Etudes en Sciences Sociales.

BETTELHEIM, Charles e CHAVANCE, Bernard.

(1980) "Stalinism as the Ideology of State Capitalism", ***Review of Radical Political Economics***, vol. 13, n. 1.

BEYAN, James (ed.).

(1967) ***The Origin of Forced Labor in the Soviet State, 1917-1921; Documents and Materials***, Baltimore, Johns Hopkins Press.

BEYME, Klaus von.

(1982) ***Economics and Politics within Socialist Systems***, Nova Iorque, Praeger Publishers.

BHASKAR, Roy.

(1987) ***Scientific Realism & Human Emancipation***, Londres, Verso.

BIDDULPH, H. L.

(1988) "Local Interest Articulation at CPSU Congresses", ***World Politics***, vol. 34, n. 1.

BIDELEUX, Robert.

(1985) ***Communism and Development***, Londres, Methuen.

BIHARI, Ottó.

(1979) ***The Constitutional Models of Socialist State Organization***, Budapeste, Akadémiai Kiadó.

BINNS, Peter.

(1975) "The Theory of State Capitalism", ***International Socialism***, n. 74.

BINNS, Peter e HALLAS, Duncan.

(1976) "The Soviet Union - State Capitalist or Socialist?", ***International Socialism***, n. 91.

BIRNBAUM, Pierre.

(1985) "L'Action de l'Etat", ***Traité de Science Politique*** , vol. 3.

BIRO, B.

(1969a) "Workers' States - Problems of Transition, Part I", ***Marxist Studies***, vol. 1, n. 4.

(1969b) "Workers' States - Problems of Transition, Part II", ***Marxist Studies***, vol. 1, n. 5.

BIROU, Alain.

(1982) ***Dicionário de Ciências Sociais***, Lisboa, Publicações Dom Quixote.

BLACK, Cyril (ed.).

(1960) ***The Transformation of Russian Society: Aspects of Social Change since 1861***, Cambridge, Harvard University Press.

(1975) ***The Modernization of Japan and Russia***, Nova Iorque, Free Press.

(1982) "Organizational Participation in Imperial Russia and the Soviet Union",trabalho apresentado à ***American Association for the Advancement of Slavic Studies***, Washington D. C.

BLACKBURN, Robin.

(1991) "Fin de Siècle: Socialism After the Crash", *in* R. Blackburn (ed.), ***After the Fall***, Londres, Verso.

BLACKWELL, William.

(1975) ***Russian Economic Development from Peter the Great to Stalin***, local não especificado, New Viewpoints Press.

BLANKE, B., JÜRGENS, U. e KASTENDIEK, H.

(1978) "On the Current Marxist Discussion on the Analysis of Form and Function of the Bourgeois State", *in* J. Holloway e S. Picciotto (eds.), ***State and Capital: a Marxist Debate***, Londres, Edward Arnold.

BOBBIO, Norberto.

(1987a) ***Estado, Governo, Sociedade***, São Paulo, Paz e Terra.

(1987b) ***Qual Socialismo?***, Rio de Janeiro, Paz e Terra.

BOCCARA, Paul.

(1978) ***Estudos Sobre o Capitalismo Monopolista de Estado***, Lisboa, Estampa.

BOFFA, Giuseppe.

(1978) ***Crisis del Campo Socialista***, Cidade do México, ERA.

(1992) ***The Stalin Phenomenon***, Ithaca, Cornell University Press.

BOLÓTIN, B.

(1989) "A União Soviética na economia mundial (renda nacional, produção industrial e agrícola segundo os cálculos da Academia de Ciências da URSS)", ***Economias Socialistas***, vol. 2, n. 8.

BORDIGA, Amadeo.

(1966) ***Struttura Economica e Sociale della Russia d'Oggi***, Milão, editora não especificada.

BOTTOMORE, Tom.

(1973) "Is There a Totalitarian View of Human Nature?", ***Social Research***, vol. 40, n. 3.

BOTTOMORE, Tom (ed.).

(1988) ***Dicionário do Pensamento Marxista***, Rio de Janeiro, Jorge Zahar.

BOURDERON, Roger.

(1992) "Sobre a Análise dos Países Socialistas", *in* R. P. Lyra (org.), ***Socialismo: Impasses e Perspectivas***, São Paulo, Scritta.

BOWLES, Paul e DONG, Xiao-yuan.

(1994) "Current Successes and Future Challenges in China's Economic Reforms", ***New Left Review***, n. 208.

BRABANT, J. M. van.

(1990)"Socialist Economics: the Disequilibrium School and the Shortage Economy", ***Journal of Economic Perspectives***, vol. 4, n. 2.

BRAUDEL, Fernand.

(1972) "History and the Social Sciences", *in* P. Burke (ed.), ***Economy and Society in Early Modern Europe***, Londres, Routledge & Kegan Paul.

(1985) ***Civilization & Capitalism 15th-18th Century - 3 Vols.***, Londres, Fontana Press.

BREJNEV, Leonid.

(1970) "K 100-letiiu so dnia rozhdeniia Vladimira Il'icha Lenina", ***Kommunist***, n. 1.

(1981) ***Relatório do Comitê Central do PCUS ao XXVI Congresso do Partido Comunista da União Soviética e as Tarefas Imediatas do Partido no Campo da Política Interna e Externa***, Moscou, Nóvosti.

BRESSER PEREIRA, Luiz Carlos.
(1981) ***A Sociedade Estatal e a Tecnoburocracia***, São Paulo, Brasiliense.

BRICIANER, Serge (org.).
(1969) ***Pannekoek et les Conseils Ouvriers***, Paris, EDI.

BROWN, A. H.
(1974) ***Soviet Politics and Political Science***, Londres, Macmillan.
(1983) "Pluralism, Power and the Soviet Political System: a Comparative Perspective", *in* S. G. Solomon (ed.), ***Pluralism in the Soviet Union***, Londres, Macmillan.

BROWN, Archie e GRAY, Jack (eds.).
(1977) ***Political Culture and Political Change in Communist States***, Londres, Macmillan.

BRUCAN, Silviu.
(1990) ***Pluralism and Social Conflict: a Social Analysis of the Communist World***, Nova Iorque, Praeger Publishers.

BRUNSCHWIG, J. *et alli.*
(1982) ***Crítica ao SOREX - Debatendo as Idéias de Rudolf Bahro***, São Paulo, Brasiliense.

BRUS, Wlodzimierz.
(1972) ***The Market in a Socialist Economy***, Londres, Routledge & Kegan Paul.
(1973) ***The Economics and Politics of Socialism***, Londres, Routledge & Kegan Paul.
(1975) ***Socialist Ownership and Political Systems***, Londres, Routledge & Kegan Paul.
(1977) "Stalinism and the 'People's Democracies'", *in* R. Tucker (ed.), ***Stalinism***, Nova Iorque, W. W. Norton.
(1988) ***Storia Economica de la Europa Orientale***, Roma, Riunit.

BRZEZINSKI, Zbigniew.
(1967) ***Ideology and Power in Soviet Politics***, Nova Iorque, Praeger Publishers.
(1989) ***The Grand Failure***, Londres, MacDonald.

BUCHANAN, James.
(1949) "The Pure Theory of Government Finance: a Suggested Approach", ***Journal of Political Economy***, vol. 57, dezembro.
(1975) ***The Limits of Liberty***, Chicago, University of Chicago Press.
(1986) ***Liberty, Market and the State***, Brighton, Wheatsheaf.

BUCKLEY, Mary.
(1993) ***Redefining Russian Society and Polity***, Boulder, Westview Press.

BUICK, Adam.
(1975) "The Myth of Transitional Society", ***Critique***, n. 5.

BUKHARIN, Nikolai.
(1970) ***Tratado de Materialismo Histórico***, Rio de Janeiro, Laemmert.
(1979) ***The Politics and Economics of the Transition Period***, Londres, Routledge & Kegan Paul.
(1980) ***ABC do Comunismo***, São Paulo, Global.
(1987) "O Partido e o Bloco de Oposição", ", *in* A. Bertelli (org.), ***A Nova Política Econômica (NEP)***, São Paulo, Global.

BUNCE, Valerie.
(1983) "The Political Economy of the Brezhnev Era: the Rise and Fall of Corporatism", ***British Journal of Political Science***, vol. 13, Parte 2.

BUNCE, Valerie e ECHOLS III, John.
(1980) "Soviet Politics in the Brezhnev Era: 'Pluralism' or 'Corporatism'", *in* Donald R. Kelley (ed.), ***Soviet Politics in the Brezhnev Era***, Nova Iorque, Praeger Publishers.

BURNHAM, James.
(1941) ***The Managerial Revolution***, Nova Iorque, John Day.
(1943) ***The Machiavellians***, Nova Iorque, John Day.

BUROWAY, Michael.
(1992) "The End of Sovietology and the Renaissance of Modernization Theory", ***Contemporary Sociology***, vol. 21, n. 6.

BUTENKO, Anatoli.
(1988) ***Sovremenyinyi Socializm: Aktualnyie Teoreticheskiyie Problemi***, Moscou, Nauka.

CALLINICOS, Alex.
(1991) ***The Revenge of History***, Cambridge, Polity.

CAMPEANU, Pavel.
(1986) ***The Origins of Stalinism: From Leninist Revolution to Stalinist Society***, Armonk, M. E. Sharpe.
(1988) ***The Genesis of the Stalinist Social Order***, Armonk, M. E. Sharpe.

CARDOSO, Fernando Henrique.
(1970) "'Teoria da Dependência' ou análises concretas de situações de dependência?", ***Estudos CEBRAP***, n. 1.
(1993) "Originalidade da Cópia: a CEPAL e a Idéia do Desenvolvimento", *in* F. H. Cardoso, ***As Idéias e o seu Lugar***, Petrópolis, Vozes.

CARDOSO, Fernando Henrique e FALETTO, Enzo.
(1970) ***Dependência e Desenvolvimento na América Latina***, Rio de Janeiro, Zahar.

CARLO, Antonio.
(1974) "The Socio-Economic Nature of the USSR", ***Telos***, n. 21.
(1989) "Contradictions of Perestroika", ***Telos***, n 79.

CARR, E. H.
(1978-91) ***The Bolshevik Revolution, 1917-1923 - 3 Vols.***, Londres, Macmillan.
(1978) ***Foundations of a Planned Economy, 1926-1929 - 4 Partes***, Londres, Macmillan.
(1990a) ***The Interregnum, 1923-1924***, Londres, Macmillan.
(1990b) ***Socialism in One Country, 1924-1926 - 3 Vols.***, Londres, Macmillan.

CARR, E. H., e DAVIES, R. W.
(1971-74) ***Foundations of a Planned Economy, 1926-1929 - 2 Partes.***, Londres, Macmillan.

CARRILLO, Santiago.
(1978) ***"Eurocomunismo" e Estado***, Rio de Janeiro, DIFEL.

CARSON, G. B.
(1959) "The State and Economic Development: Russia, 1890-1930", *in* H. Aitken (ed.), ***The State and Economic Growth***, Nova Iorque, Social Science Research Council.

CASTORIADIS, Cornelius (obs.: alguns destes trabalhos foram inicialmente publicados sob os pseudônimos Pierre Chaulieu ou Paul Cardan).
(s.d.) ***As Relações de Produção na URSS***, Lisboa, Presença.
(1973a) "Sur le Règime et Contre la Défense de l'URSS", *in* C. Castoriadis, ***La Société Bureaucratique 1: Les Rapports de Production en Russie***, Paris, UGE.
(1973b) ***La Société Bureaucratique 2: La Révolution Contre La Bureaucratie***, Paris, UGE.
(1977) "A Revolução Proletária Contra a Burocracia", *in* A. Neves (org.), ***A Natureza da URSS (Antologia)***, Porto, Afrontamento.

(1985a) "O papel da Ideologia *Bolchevique* no Nascimento da Burocracia", *in* C. Castoriadis, ***A Experiência do Movimento Operário***, São Paulo, Brasiliense.
(1985b) "Balanço, Perspectivas, Tarefas", *in* C. Castoriadis, ***A Experiência do Movimento Operário***, São Paulo, Brasiliense.
(1985c) "Proletariado e Organização, II", *in* C. Castoriadis, ***A Experiência do Movimento Operário***, São Paulo, Brasiliense.
(1987a) "O Regime Social da Rússia", *in* C. Castoriadis, ***As Encruzilhadas do Labirinto***, Rio de Janeiro, Paz e Terra.
(1987b) "Os Destinos do Totalitarismo", *in* C. Castoriadis, ***As Encruzilhadas do Labirinto***, Rio de Janeiro, Paz e Terra.

CAWSON, Alan.
(1982) ***Corporatism and Welfare***, Londres, Heinemann.
(1983) "Functional Representation and Democratic Politics; Towards Corporatist Democracy", *in* G. Duncan (ed.), ***Democratic Theory and Practice***, Cambridge, Cambridge University Press.
(1985) "Varieties of Corporatism: The Importance of the Meso-Level of Interest Intermediation", *in* A. Cawson (ed.), ***Organized Interests and the State***, Londres, Sage.
(1989) "Is There a Corporatist Theory of the State?", *in* G. Duncan (ed.), ***Democracy and the Capitalist State***, Cambridge, Cambridge University Press.

CERRONI, Umberto.
(1979) "Problemas de la Transición al Socialismo", ***Revista de Estudios Politicos***, n. 17.

CHAMBERLIN, William.
(1930) ***Soviet Russia***, Boston, Little, Brown.
(1935a) ***The Russian Revolution, 1917-1921***, editora não especificada
(1935b) "Russia and Germany -Parallels and Contrasts", ***Atlantic Monthly***, vol. 156, n. 3.

CHARLIER, Fernand.
(1972) ***Capitalismo ou Socialismo?***, Porto, Delfos.

CHASE, William J.
(1987) ***Workers, Society and the Soviet State: Labor and Life in Moscow, 1918-1929***, Urbana, University of Illinois Press.

CHAVANCE, Bernard
(1980) "Sobre as Relações de Produção na URSS", ***Teoria e Debate***, n. 3.
(1981) "La Nature du Système Soviétique, Questions et Enjeux", ***Les Tempes Modernes***, vol. 37, n. 419.
(1982) "Trois Types d'Economie Socialiste: Union Soviétique, Yougoslavie, Chine. Pour Une Approche Comparative", ***Critiques de l'Economie Politique***, n. 19.
(1983) "Pourquoi le Capitalisme Étatique?", ***Babylone***, n. 2/3.

CHEVSTOV, V.
(1981) ***O PCUS e o Estado na Sociedade Socialista Desenvolvida***, Moscou, Progresso.

CHIRKIN, V. E.
(1985) "The Forms of the Socialist State", *in* A. Kazancigil (ed.), ***The State in Global Perspective***, Aldershot, Gower.

CHUNCHIAO, Chang.
(1975) ***On Exercising All-Round Dictatorship Over the Bourgeoisie***, Pequim, Edições em Línguas Estrangeiras.

CILIGA, Ante.
(1940) ***The Russian Enigma***, Londres, editora não especificada.
(1951) ***Au Pays du Mensonge Déconcertant***, Paris, Plon.

CLARKE, Simon.
(1977) "Marxism, Sociology and Poulantzas's Theory of the State", ***Capital and Class***, n. 2.
(1983) "State, Class Struggle and the Reproduction of Capital", ***Kapitalistate***, n. 10/11.
(1991) "The State Debate", *in* S. Clarke (ed.), ***The State Debate***, Londres, Macmillan.

CLARKE, Simon, FAIRBROTHER, Peter, BURAWOY, Michael e KROTOV, Pavel.
(1993) ***What About the Workers?***, Londres, Verso.

CLAUDIN, Fernando.
(1970) ***La Crisis del Movimiento Comunista***, Paris, Ruedo Ibérico.
(1983) ***A Oposição no "Socialismo Real"***, Rio de Janeiro, Marco Zero.

CLEMENTS, Barbara Evans.
(1982) "Working-Class and Peasant Women in the Russian Revolution, 1917-1923", ***Signs***, vol. 8, n. 2.

CLIFF, Tony.
(1957) "Perspectives on the Permanent War Economy", ***Socialist Review***, vol. 4, n. 8.
(1974) ***State Capitalism in Russia***, Londres, Pluto.

COGGIOLA, Oswaldo.
(1990) ***Trotsky Ontem e Hoje***, Belo Horizonte, Oficina de Livros.

COHEN, G. A.
(1984) ***Karl Marx's Theory of History: A Defense***, Oxford, Clarendon.
(1995)***Self-Ownership and Equality***, Cambridge, Cambridge University Press.

COHEN, Stephen.
(1977) "Bolshevism and Stalinism", *in* R. Tucker (ed.), ***Stalinism: Essays in Historical Interpretation***, Nova Iorque, Norton.
(1980) ***Bukharin and the Bolshevik Revolution***, Oxford, Oxford University Press.
(1985) ***Rethinking the Soviet Experience***, Oxford, Oxford University Press.
(1986) "Stalin's Terror as Social History", ***The Russian Review***, vol. 45, n. 4.

COHN, Stanley Harold.
(1970) ***Economic Development in the USSR***, Lexington, D. C. Heath.

COHN-BENDIT, Gabriel e COHN-BENDIT, Daniel.
(1969) ***Obsolete Communism - The Left-Wing Alternative***, Harmondsworth, Penguin.

COLLETTI, Lucio.
(1977) "The Question of Stalin", *in* R. Blackburn (ed.), ***Revolution and the Class Struggle. A Reader in Marxist Politics***, Glasgow, Fontana/Collins.

CONNOR, Walter.
(1988) ***Socialism's Dilemmas: State and Society in the Soviet Bloc***, Nova Iorque, Columbia University Press.

CONQUEST, Robert.
(1960) ***Power and Policy in the USSR***, Londres, Macmillan.
(1971) ***The Great Terror: Stalin's Purges of the Thirties***, Harmondsworth, Penguin.
(1986) ***The Harvest of Sorrow: Soviet Collectivization and the Terror Famine***, Londres, Hutchinson.

COUTINHO, Carlos Nelson.
(1984) "A Democracia Como Valor Universal", *in* C. Coutinho, ***A Democracia Como Valor Universal e Outros Textos***, Rio de Janeiro, Salamandra.
(1985) ***A Dualidade de Poderes: Introdução à Teoria Marxista do Estado e Revolução***, São Paulo, Brasiliense.

COX, Michael.
(1992) "Trotsky and His Interpreters; or, Will the Real Leon Trotsky Please Stand Up?", ***The Russian Review***, vol. 51, n. 1.

CURTIS, Michael.
(1969) "Retreat from Totalitarianism", *in* C. Friedrich, M. Curtis e B. Barber, ***Totalitarianism in Perspective: Three Views***, Londres, Pall Mall Press.

D'AGOSTINO, A.
(1969) "Intelligentsia Socialism and the Workers' Revolution: the Views of J. W. Machajski", ***International Review of Social History***, vol. 17, parte 1.

D'ENCAUSSE, Helene Carrère.
(1982) ***Confiscated Power: How Soviet Society Really Works***, Nova Iorque, Harper & Row.
(1985) "L'URSS ou le Totalitarisme Exemplaire", *in* M. Grawitz e J. Leca (eds.), ***Traité de Science Politique - Vol. 2: Les Regimes Politiques Contemporains***, Paris, PUF.

DAHL, Robert .
(1956) ***A Preface to Democratic Theory***, Chicago, Chicago University Press.
(1963) ***Modern Political Analysis***, Nova Jérsei, Prentice-Hall.
(1971) ***Polyarchy***, New Haven, Yale University Press.

DAHRENDORF, Ralf.
(1988) "Totalitarianism Revisited", ***Partisan Review***, vol. 55, n. 4.

DALLIN, David.
(1923) "Gusudarstvenni Kapitalizm", ***Socialistitcheski Vestnik***, 1° de julho.

DAN, Theodore.
(1964) ***The Origins of Bolshevism***, Nova Iorque, editora não especificada.

DANIELS, Robert.
(1951) "The Kronstadt Revolt of 1921: A Study in the Dynamics of Revolutions", ***American Slavic and East European Review***, vol. 10, n. 4.
(1969) ***The Conscience of the Revolution***, Nova Iorque, Simon and Schuster.
(1972) ***The Stalin Revolution: Foundations of Soviet Totalitarianism***, Lexington, Heath.

DAVIES, Joseph.
(1942) ***Missão em Moscou***, Rio de Janeiro, Editorial Calvino.

DAVIES, R.
(1980a) ***The Socialist Offensive: The Collectivization of Soviet Agriculture***, Londres, Macmillan.
(1980b) ***The Soviet Collective Farm, 1929-30***, Londres, Macmillan.

DAVIES, R., HARRISON, M. e WHEATCROFT, S. (eds.).
(1994) ***The Economic Transformation of the Soviet Union***, Cambridge, Cambridge University Press.

DAVIS, Howard e SCASE, Richard.
(1985) ***Western Capitalism and State Socialism***, Oxford, Basil Blackwell.

DAWISHA, Karen.
(1992) "Estado e Política no Socialismo Desenvolvido: Fatos Recentes na Teoria Soviética", *in* J. Hall (org.), ***Os Estados na História***, Rio de Janeiro, Imago.

DESJARDINS, Robert.
(1988) ***The Soviet Union Through French Eyes***, Londres, Macmillan.

DEUTSCHER, Isaac.
(1954) ***The Prophet Armed***, Londres, Oxford University Press.

(1959) ***The Prophet Unarmed***, Londres, Oxford University Press.
(1963) ***The Prophet Outcast***, Londres, Oxford University Press.
(1968) ***A Revolução Inacabada***, Rio de Janeiro, Civilização Brasileira.
(1969) ***Russia After Stalin***, Londres, Jonathan Cape.
(1973) ***Soviet Trade Unions: Their Place in Soviet Labor Policy***, Westport, Hyperion.
(1984) ***Marxism, Wars and Revolutions***, Londres, Verso.

DJILAS, Milovan.
(1958) ***A Nova Classe***, Rio de Janeiro, Agir.

DOBB, Maurice.
(1955) ***Economic Theory and Socialism***, Nova Iorque, International Publishers.
(1978) ***Soviet Economic Development since 1917***, Londres, Routledge & Kegan Paul.

DOMINGUES, José Maurício.
(1995) ***Sociological Theory and Collective Subjectivity***, Londres, Macmillan.

DOWNS, Anthony.
(1957) ***An Economic Theory of Democracy***, Nova Iorque, Harper & Row.

DRAPER, Hal.
(1987) ***The 'Dictatorship of the Proletariat' from Marx to Lenin***, Nova Iorque, Monthly Review.

DUHEM, Pierre.
(1954) ***The Aim and Structure of Scientific Theory***, Princeton, Princeton University Press.

DUMONT, René.
(1973) ***Socialism and Development***, Londres, Andre Deutsch.

DUNAIEVSKAIA, Raia.
(1944) "New Revision of Marxian Economics", ***American Economic Review***, setembro.
(1945) "Revision or Affirmation of Marxism? A Rejoinder", ***American Economic Review***, setembro.
(1964) ***Marxism and Freedom from 1776 until Today***, Nova Iorque, Twayne.
(1966) "State Capitalism and Marx's Humanism", ***News and Letters***, vol. 11, n. 9.
(1973) ***Russia As a State Capitalist Society***, Detroit, News and Letters Committees.

DUVERGER, Maurice.
(1956) "La Seconde Etape", ***Le Monde***, edição de 28 de junho.
(1964) ***Introduction a la Politique***, Paris, Gallimard.
(1972) ***Janus, Les Deux Faces d l'Occident***, Paris, Fayard.

EASTON, David.
(1965) ***A Systems Analysis of Political Life***, Nova Iorque, John Wiley.

EDITORIAL NÓVOSTI.
(1981) ***Pekin: Rumbo Peligroso***, Moscou, Nóvosti.

ELEY, Geoff.
(1986) "History With the Politics Left Out - Again?", ***The Russian Review***, vol. 45, n. 4.

ELLENSTEIN, Jean.
(1975a) ***L'URSS Contemporaine - Histoire de l'URSS Tome 4***, Paris, Editions Sociales.
(1975b) ***Histoire du Phenomène Stalinien***, Paris, Grasset

ELLENSTEIN, Jean e LATHAM, Peter.
(1976) ***The Stalin Phenomenon***, Londres, Lawrence and Wishart.

ELLMAN, Michael.
(1971) ***Soviet Planning Today: Proposals for an Optimally Functioning Economic System***, Cambridge, Cambridge University Press.
(1973) ***Planning Problems in the USSR***, Cambridge, Cambridge University Press.

ELSTER, Jon.
(1985) ***Making Sense of Marx***, Cambridge, Cambridge University Press.
(1986) "The Theory of Combined and Unequal Development: A Critique", *in* J. Roemer (ed.), ***Analytical Marxism***, Cambridge, Cambridge University Press.
(1989) ***Marx Hoje***, São Paulo, Paz e Terra.

ENGELS, Friedrich.
(s.d.) "Carta de Engels a Schmidt, de 27 de outubro de 1890", *in* K. Marx e F. Engels, ***Obras Escolhidas - Vol. 3***, São Paulo, Alfa-Omega.
(1977a) "Do Socialismo Utópico ao Socialismo Científico", *in* K. Marx e F. Engels, ***Textos - Vol. 1***, São Paulo, Alfa-Omega.
(1977b) "Introdução a 'A Guerra Civil na França'", *in* K. Marx e F. Engels, ***Textos - Vol. 1***, São Paulo, Alfa-Omega.
(1979) ***A Origem da Família, da Propriedade Privada e do Estado***, Rio de Janeiro, Civilização Brasileira.

ERLICH, Alexander.
(1960) ***The Soviet Industrialization Debate, 1924-1928***, Cambridge, Harvard University Press.

EVANS, Peter.
(1985) "Transnational Linkages and the Economic Role of the State: An Analysis of Developing and Industrialized Nations in the Post-World War II Period", *in* P. Evans, D. Rueschemeyer e T. Skocpol (eds.), ***Bringing the State Back In***, Cambridge, Cambridge University Press.
(1992) "The State as Problem and Solution: Predation, Embedded Autonomy and Structural Change", *in* S. Haggard e R. Kaufman, ***The Politics of Economic Adjustment***, Princeton, Princeton University Press.

EVANS, Peter, RUESCHEMEYER, Dietrich e SKOCPOL, Theda.
(1985) "On the Road to a More Adequate Understanding of the State", *in* P. Evans, D. Rueschemeyer e T. Skocpol (eds.), ***Bringing the State Back In***, Cambridge, Cambridge University Press.

FAGES, J. B.
(1974) ***Introdução aos Marxismos***, Lisboa, Moraes.

FAINSOD, Merle.
(1953) ***How Russia is Ruled***, Cambridge, Harvard University Press.

FAINSOD, Merle e HOUGH, Jerry.
(1979) ***How the Soviet Union is Governed***, Cambridge, Harvard University Press.

FARBER, Samuel.
(1990) ***Before Stalinism: The Rise and Fall of Soviet Democracy***, Cambridge, Polity.

FEHÉR, Ferenc.
(1988) "Inherent Weakness and Unfounded Optimism", ***Society***, vol. 25, n. 4.
(1990) "Soviet-Type Societies: The Need for New Theory", ***Problems of Communism***, vol. 40, n. 3.
(1991) "Marxism as Politics: An Obituary", ***Problems of Communism***, vol. 41, n. 1-2

FEHÉR, Ferenc, e HELLER, Agnes.
(1977) "Forms of Equality", ***Telos***, n. 32.
(1981) ***Marxisme et Démocratie***, Paris, Maspero.
(1985) "Are There Prospects for Change in the USSR and Eastern Europe?", ***Praxis International***, n. 3.
(1987) ***Eastern Left, Western Left***, Cambridge, Polity.

FEHÉR, Ferenc, HELLER, Agnes e MÁRKUS, György.
(1983) ***Dictatorship Over needs***, Oxford, Basil Blackwell.

FEJTÖ, François.
(1975) ***As Democracias Populares: 1. A Era de Estaline***, Mem Martins, Europa-América.
(1976) ***O Conflito China - URSS - 2 Vols.***, Mem Martins, Europa-América
FERNANDES, Luis.
(1987) "O Marxismo e o Debate Sobre a Natureza da Sociedade Soviética", ***Comunicação e Política***, vol. 1, n. 7.
(1990a) "...E o Vento (do Oeste) Levou: Implicações para a América Latina das Mudanças no Leste", ***Contexto Internacional***, n. 11.
(1990b) "A Democracia como Valor Histórico: a Teoria de Marx e Engels sobre o Estado", ***Princípios***, n. 19.
(1991) "Sobre a Natureza das Sociedades do Leste", ***Princípios***, n. 23.
(1992) ***URSS - Ascensão e Queda***, São Paulo, Anita Garibaldi.
(1994) "Conceitos Fora do Lugar: uma crítica epistemológica das principais teorias ocidentais sobre os estados socialistas do Leste", ***Dados***, vol. 37, n. 2.
(1999) "Rússia: do capitalismo tardio ao socialismo real", *in* J. L. Fiori (org.), ***Estados e Moedas no Desenvolvimento das Nações***, Petrópolis, Vozes.

FERNANDES, Rubem César.
(1990) "O Fim do 'Outro Mundo' Socialista", ***Caderno de Idéias do Jornal do Brasil***, edição de 12 de agosto.
(1993) ***Vocabulário de Idéias Passadas***, Rio de Janeiro, Relume Dumará.

FEYERABEND, Paul.
(1965) "Reply to Criticism", *in* Cohen e Wartofsky (eds.), ***Boston Studies in the Philosophy of Science - Vol. 2***, Boston, editora não especificada.
(1970) "How to be a Good Empiricist: a Plea for Tolerance in Matters Epistemological", *in* B. Brody (ed.), ***Readings in the Philosophy of Science***, Nova Jérsei, Prentice-Hall.
(1976) "Consolations for the Specialist", *in* I. Lakatos e A. Musgrave, ***Criticism and the Growth of Knowledge***, Cambridge, Cambridge University Press.
(1987) ***Farewell to Reason***, Londres, Verso.
(1993) ***Against Method***, Londres, Verso.

FIELD, G. L.
(1938) ***The Syndical and Corporative Institutions of Italian Fascism***, Nova Iorque, Columbia University Press.

FINE, Ben e HARRIS, Lawrence.
(1981) ***Para Reler "O Capital"***, Rio de Janeiro, Zahar.

FISCHER, Ruth.
(1948) ***Stalin and German Communism***, Cambridge, editora não especificada.

FITZPATRICK, Sheila.
(1970) ***The Commissariat of Enlightenment***, Cambridge, Cambridge University Press.
(1979) ***Education and Social Mobility in the Soviet Union 1921-1934***, Cambridge, Cambridge University Press.
(1982) ***The Russian Revolution***, Oxford, Oxford University Press.
(1984) "The Russian Revolution and Social Mobility: a Re-examination of the Question of Social Support for the Soviet Regime in the 1920s and 1930s", ***Politics & Society***, vol. 13, N 2.
(1986a) "New Perspectives on Stalinism", ***The Russian Review***, vol. 45, n. 4.
(1986b) "Afterword: Revisionism Revisited", ***The Russian Review***, vol. 45, n. 4.
(1992) ***The Cultural Front: Power and Culture in Revolutionary Russia***, Ithaca, Cornell University Press.

FITZPATRICK, Sheila e VIOLA, Lynne (eds.).
(1990) ***A Researcher's Guide to Sources on Soviet Social History in the 1930's***, Nova Iorque, M. E. Sharpe.

FLERON Jr., Frederic.
(1969) "Soviet Area Studies and the Social Sciences", *in* F. Fleron Jr. (ed.), ***Communist Studies and the Social Sciences***, Chicago, Rand McNally & Company.

FLERON Jr., Frederic e HOFFMAN, Erik (eds.).
(1993) ***Post-Communist Studies and Political Science***, Boulder, Westview Press.

FLITZER, Donald.
(1946) ***Soviet Workers and StalinistIndustria;ization: Formation of Modern Soviet Production Relations, 1928-41***, Londres, Pluto.
(1978) "Preobrazhensky and the Problem of the Soviet Transition", ***Critique***, n. 9.

FLORINSKY, M.
(1936) ***Fascism and National Socialism: a Study of the Economic and Social Policies of the Totalitarian State***, Nova Iorque, editora não especificada.

FLYNN, Gregory (ed.).
(1990) ***The West and the Soviet Union***, Londres, Macmillan.

FRANK, Andre Gunder.
(1967) ***Capitalism and Underdevelopment in Latin America***, Nova Iorque, Monthly Review.
(1969) "Sociology of Development and Underdevelopment of Sociology", *in* A. G. Frank, ***Latin America: Underdevelopment or Revolution***, Nova Iorque, Monthly Review.

FRANKEL, Boris.
(1979) "On the State of the State: Marxist Theories of the State after Leninism", ***Economy and Society***, n. 7.

FREDERICO, Celso.
(1994) ***Crise do Socialismo e Movimento Operário***, São Paulo, Cortez.
(1995) "A Desintegração de um Modelo e a Permanência do Marxismo", *in* P. Vicente Sobrinho (org.), ***Reflexões sobre a Desintegração do Comunismo Soviético***, São Paulo, Alfa-Omega.
(1995) "A Desintegração de Um Modelo e a Permanência do Marxismo", *in* P. Vicente Sobrinho (org.), ***Reflexões sobre a Desintegração do Comunismo Soviético***, São Paulo, Alfa-Omega.

FRIEDGUT, Theodore.
(1976) "Interest Groups in Soviet Policy-Making: the MTS Reforms", ***Soviet Studies***, vol. 28, n. 4.
(1979) ***Political Participation in the USSR***, Princeton, Princeton University Press.

FRIEDRICH, Carl.
(1969) "The Evolving Theory and Practice of Totalitarian Regimes", *in* C. Friedrich, M. Curtis e B. Barber, ***Totalitarianism in Perspective: Three Views***, Londres, Pall Mall Press.

FRIEDRICH, Carl e BRZEZINSKI, Zbigniew.
(1965) ***Totalitarian Dictatorship and Autocracy***, Nova Iorque, Praeger Publishers.

FRYDMAN, Roman, ANDRZEJ, Rapaczynski e EARLE, John.
(1993) ***The Privatization Process in Russia, Ukraine and the Baltic States***, Londres, Central European University Press.

FURET, François.
(1996) ***O Passado de uma Ilusão***, Lisboa, Editorial Presença.

GABBERT, Mark.
(1985) "Stalinism, Soviet Society and the 'Worker's State': Trotsky's Theory Re-examined", ***Contemporary Crises***, vol. 9, n. 2.

GALBRAITH, John K.
(1985) ***O Novo Estado Industrial***, São Paulo, Nova Cultural.

GALTUNG, Johan.
(1992) "Eastern Europe Fall 1989 - What Happened and Why? A Theory Sketch", ***Research in Social Movements, Conflicts and Change***, n. 14.

GARTHOFF, L.
(1960) "The Military as a Social Force", *in* C. Black (ed.), ***The Transformation of Russian Society: Aspects of Social Change since 1861***, Cambridge, Harvard University Press.

GAULLE, Charles de.
(1960) ***The War Memoirs: Salvation,1944-46***, Nova Iorque, editora não especificada.

GEARY, Dick.
(1987) ***Karl Kautsky***, Manchester, Manchester University Press.

GEHLEN, Michael.
(1986) ***The Communist Party of the Soviet Union: a Functional Analysis***, Bloomington, Indiana University Press.

GELLNER, Ernest.
(1988) ***State and Society in Soviet Thought***, Oxford, Basil Blackwell.
(1992) "Os Soviéticos contra Wittfogel: ou as Precondições Antropológicas do Marxismo Maduro", *in* J. Hall (org.), ***Os Estados na História***, Rio de Janeiro, Imago.

GERRATANA, Valentini.
(1987) "Estado Socialista e Capitalismo de Estado", *in* A. Bertelli (org.), ***A Nova Política Econômica (NEP)***, São Paulo, Global.

GERSCHENKRON, Alexander.
(1968) ***Continuity in History and Other Essays***, Cambridge, Belknap Press.
(1970) ***Europe in the Russian Mirror***, Cambridge, Cambridge University Press.
(1973) ***El Atraso Economico en su Perspectiva Historica***, Barcelona, Ariel.

GETTY, J. Arch.
(1985) ***Origins of the Great Purges***, Cambridge, Cambridge University Press.

GETZLER, Israel.
(1972) "Marxist Revolutionaries and the Dilemma of Power", *in* A. Rabinowitch e J. Rabinowitch (eds.), ***Revolutions and Politics in Russia***, Bloomington, University of Indiana Press.

GIANNOTTI, José.
(1977) "Em Torno da Questão do Estado e da Burocracia", ***Estudos Cebrap***, n. 20.

GIDDENS, Anthony.
(1985) ***The Nation-State and Violence***, Cambridge, Polity.
(1988) ***Central Problems in Social Theory***, Londres, Macmillan

GIDE, André.
(1936) ***Return from the USSR***, editora não especificada.

GILL, Graeme.
(1988) ***The Rules of the Communist Party of the Soviet Union***, Londres, Macmillan.
(1990) ***The Origins of the Stalinist Political System***, Cambridge, Cambridge University Press.

GILLY, Adolfo.
(1985) ***Sacerdotes e Burocratas: Introdução ao Socialismo Real***, São Paulo, Brasiliense.

GLEASON, Abbott.
(1984) "*Totalitarianism* in 1984", ***The Russian Review***, vol. 43, n. 2.

GOLDENSTEIN, Lídia.
(1994) ***Repensando a Dependência***, São Paulo, Paz e Terra.

GOLDFIELD, Michael e ROTHENBERG, Melvin.
(1980) ***The Myth of Capitalism Reborn***, São Francisco, Line of March.

GOLUBOVIC, Zagorka.
(1981) "Stalinism and Socialism", ***Praxis International***, vol. 1, n. 2.

GORENDER, Jacob.
(1994) "Sobre a Dissolução da União Soviética", ***Crítica Marxista***, vol. 1, n. 1.

GOULNER, Alvin.
(1980) "Stalinism: a Study of Internal Colonialism", ***Political Power and Social Theory***, n. 1.

GOWAN, Peter.
(1990) "Western Economic Diplomacy and the New Eastern Europe", ***New Left Review***, n. 182.

GRAMSCI, Antônio.
(1977a) "Workers Democracy", *in* A. Gramsci, ***Selections from Political Writings, 1910-1920***, Londres, Lawrence & Wishart.
(1977b) "The Factory Council", *in* A. Gramsci, ***Selections from Political Writings, 1910-1920***, Londres, Lawrence & Wishart.
(1982) ***Os Intelectuais e a Organização da Cultura***, Rio de Janeiro, Civilização Brasileira.
(1984) ***Maquiavel, a Política e o Estado Moderno***, Rio de Janeiro, Civilização Brasileira.

GURVITCH, Georges .
(1922) ***Istoriya Sovetskoi Konstitutsii***, Moscou, editora não especificada.

GUSTAFSON, T.
(1981) ***Reform in Soviet Politics: Lessons of Recent Policies on Land and Water***, Cambridge, Cambridge University Press.

HABERMAS, Jürgen.
(1980) ***A Crise de Legitimação no Capitalismo Tardio***, Rio de Janeiro, Tempo Brasileiro.
(1990) ***Para a Reconstrução do Materialismo Histórico***, São Paulo, Brasiliense.
(1991) "El Futuro del Socialismo Occidental", ***Leviatan***, n. 43/44.
(1992) "Political Experience and the Renewal of Marxist Theory", *in* P. Dews (ed.), ***Autonomy and Solidarity***, Londres, Verso.

HADDAD, Fernando.
(1992) ***O Sistema Soviético***, São Paulo, Scritta.

HAHN, Jeffrey H.
(1988) ***Soviet Grassroots: Citizen Participation in Local Soviet Government***, Londres, I. B. Taurus.

HALDON, John.
(1993) ***The State and the Tributary Mode of Production***, Londres, Verso.

HALLIDAY, Fred.
(1989) ***The Making of the Second Cold War***, Londres, Verso.
(1994) "A Singular Collapse", in F. Halliday, ***Rethinking International Relations***, Londres, Macmillan.

HAMILTON, Nora.
(1982) ***The Limits of State Autonomy***, Princeton, Princeton University Press.

HAMMER, D.
(1974) ***USSR: the Politics of Oligarchy***, Hinsdale, Dryden.
(1979) ***Bureaucratic Pluralism***, Moscou, mimeo.

HARDING, Neil (ed.).
(1984) ***The State in Socialist Society***, Londres, Macmillan.

HARMAN, Chris.
(1969) "The Inconsistencies of Ernest Mandel", ***International Socialism***, n. 41.

HARPER, Samuel.
(1937) ***The Government of the Soviet Union***, Nova Iorque, D. Van Nostrand.

HASHORVA, Omer.
(1981) "The Present Socio-Economic Order in the Soviet Union - A Capitalist Order", ***Albania Today***, n. 1.

HAYEK, Friedrich von.
(1935a) "The nature and history of the problem", *in* F. Hayek (ed.), ***Collectivist Economic Planning***, Londres, Routledge and Kegan Paul.
(1935b) "The present state of debate", *in* F. Hayek (ed.), ***Collectivist Economic Planning***, Londres, Routledge and Kegan Paul.
(1940) "Socialist Calçulation: the Competitive Solution", ***Economica***, maio.
(1946) ***O Caminho da Servidão***, Rio de Janeiro, Editora Globo.
(1948) ***Individualism and Economic Order***, Londres, editora não especificada.

HAYES, C. J. H.
(1940) "The Novelty of Totalitarianism in the History of Western Civilization", ***Proceedings of the American Philosophical Society, November 1939***, Filadélfia, APS.

HELLER, Agnes.
(1976) ***The Theory of Need in Marx***, Londres, Allison & Busby.
(1985) "The Great Republic", ***Praxis International***, n. 5.
(1988) "Can Communist Regimes be Reformed?", ***Society***, vol. 24, n. 5.

HELLER, Michel.
(1984) "Boris Souvarine 1895-1984", ***Survey***, vol. 28, n. 4.

HEWITT, A. (ed.).
(1988) ***Reforming the Soviet Economy: Equality vs. Efficiency***, Washington D. C., Brookings Institution.

HILFERDING, Rudolf.
(1977) "Capitalismo de Estado ou Economia Totalitária?", *in* A. Neves (org.), ***A Natureza da URSS (Antologia)***, Porto, Afrontamento.
(1985) ***Finance Capital***, Londres, Routledge & Kegan Paul.

HINTZE, Otto.
(1975) ***The Historical Essays of Otto Hintze***, Oxford, Oxford University Press.

HIRSCH, Joachim.
(1978) "The State Apparatus and Social Reproduction: Elements of a Theory of the Bourgeois State", *in* J. Holloway e S. Picciotto (eds.), ***State and Capital: a Marxist Debate***, Londres, Edward Arnold.
(1983) "The Fordist Security State and New Social Movements", ***Kapitalistate***, n. 10/11.
(1984) "Notes Towards a Reformulation of State Theory", *mimeo*.
(1991) "Fordism and Post-Fordism: the Present Social Crisis and its Consequences", *in* W. Bonefield e J. Holloway, ***Post-Fordism and Social Form***, Londres, Macmillan.

HIRST, Paul Q.
(1992) ***A Democracia Representativa e Seus Limites***, Rio de Janeiro, Jorge Zahar.

HIRST, Paul (ed.)
(1989) ***The Pluralist Theory of the State***, Londres, Routledge.

HIRSZOWICZ, Maria.
(1980) ***The Bureaucratic Leviathan: a Study in the Sociology of Communism***, Londres, Martin Robertson.
(1986) ***Coercion and Control in Communist Society***, Nova Iorque, St. Martin's Press.

HOBSBAWM, Eric.
(1994) ***A Era dos Extremos***, São Paulo, Companhia das Letras.

HOFFMAN, John.
(1988) ***State Power and Democracy***, Brighton, Wheatsheaf.
(1992) "The State: Has the 'Withering Away' Thesis Finally Withered Away?", *in* R. Hill, ***Beyond Stalinism: Communist Political Evolution***, Londres, Frank Cass.

HOFFMAN, P. e LAIRD, R.
(1982) ***The Politics of Economic Modernization in the Soviet Union***, Ithaca, Cornell University Press.

HOLLANDER, Paul.
(1983) ***The Many Faces of Socialism: Comparative Sociology and Politics***, Nova Brunswick, Transaction Books.

HOLLOWAY, John e PICCIOTTO, Sol.
(1977) "Capital, Crisis and the State", ***Capital and Class***, n. 2.
(1978) ***State and Capital: a Marxist Debate***, Londres, Edward Arnold.

HOLMES, Leslie (ed.).
(s.d.) ***The Withering Away of State?: Party and State under Communism***, Newbury, Sage.

HONNETH, Axel e ROBINSON, Gary.
(1986) "Rescuing the Revolution with an Ontology: On Cornelius Castoriadis' Theory of Society", ***Thesis Eleven***, n. 14.

HORKHEIMER, Max.
(1973) "The Authoritarian State" ***Telos***, n. 15.

HORTON, John.
(1979) "Marxist versus Revisionist Concepts of Socialism", ***Synthesis***, vol. 3, n. 1.

HOSKING, Geoffrey.
(1990) ***The Awakening of the Soviet Union***, Cambridge, Harvard University Press.

HOUGH, Jerry.
(1977) ***The Soviet Union and Social Science Theory***, Cambridge, Cambridge University Press.
(1983) "Pluralism, Corporatism and the Soviet Union", *in* S. Solomon (ed.), ***Pluralism in the Soviet Union***, Londres, Macmillan.

HOWARD, Dick.
(1988) ***The Marxian Legacy***, Londres, Macmillan.

HOXHA, Enver.
(1975a) ***A Batalha da Classe Operária nos Países Revisionistas***, Lisboa, Povo e Cultura.
(1975b) ***Informe da Atividade do CC do Partido do Trabalho da Albânia - Apresentado ao VI Congresso do PTA em 1 de Novembro de 1971***, Lisboa, Maria da Fonte.
(1979) ***El Imperialismo y la Revolución***, Tirana, 8 Nëntori.
(1980) ***Los Jruschovistas***, Tirana, 8 Nëntori.

HSIAOPING, Teng.
(1974) ***Speech at the Special Session of the UN General Assembly - April 10, 1974***, Pequim, Edições de Línguas Estrangeiras.

HUNTINGTON, Samuel.
(1968) ***Political Order in Changing Societies***, New Haven, Yale University Press.
(1993) "The Clash of Civilizations?", ***Foreign Affairs***, Summer.

HUSKEY, Eugene.
(1992) "Executive-Legislative Relations", *in* E. Huskey, ***Executive Power and Soviet Politics***, Armonk, M. E. Sharpe.

HUTCHINGS, Raymond.
(1983) ***The Soviet Budget***, Londres, Macmillan.

IAKOVLEV, Alexander.
(1991) ***O Que Queremos Fazer da União Soviética***, Rio de Janeiro, Civilização Brasileira.

INKELES, Alex.
(1966) "Models and Issues in the Study of Soviet Society", ***Survey***, n. 60.
(1968) ***Social Change in Soviet Russia***, Cambridge, Harvard University Press.

INKELES, Alex e SMITH, David.
(1974) ***Becoming Modern***, Cambridge, Harvard University Press.

IONESCU, Ghita.
(1967) ***The Politics of East European States***, Londres, Weidenfield and Nicholson.
(1972) ***Comparative Communist Politics***, Londres, Macmillan.

JACOBS, Everett.
(1983) ***Soviet Local Politics and Government***, Londres, George Allen & Unwin.

JACOBSON, Julius.
(1972) "Isaac Deutscher: The Anatomy of an Apologist", *in* J. Jacobson (ed.), ***Soviet Communism and the Socialist Vision***, Nova Jérsei, Transaction Books.

JAMES, C. L. R.
(1964) "Trotsky's Revolution Betrayed", ***International Socialism***, n. 16.

JANOS, Andrew.
(1971) "Group Politics in Communist Societies: a Second Look at the Pluralist Model", *in* S. P. Huntington e C. H. Moore (eds.), ***Authoritarian Politics in Modern Society: the Dynamics of Established One-Party Systems***, Nova Iorque, Basic Books.

JEROME, W. e BUICK, A.
(1977) "Capitalismo de Estado Soviético? História de uma Idéia", *in* A. Neves (org.), ***A Natureza da URSS (Antologia)***, Porto, Afrontamento.

JESSOP, Bob.
(1983) Accumulation Strategies, State Forms and Hegemonic Projects", ***Kapitalistate***, n. 10/11.
(1988) "Regulation Theory, Post-Fordism and the State", ***Capital and Class***, n. 34.
(1990) "Recent Theories on Capitalist States", *in* B. Jessop, ***State Theory***, Cambridge, Polity.

JOHNSON, Chalmers.
(1970) "Comparing Communist Nations", *in* C. Johnson (ed.), ***Change in Communist Systems***, Stanford, Stanford University Press.

JOHNSON, Hewlett.
(1940) ***The Soviet Power***, Nova Iorque, International Publishers.

JONES, A. e MOSKOFF, W. (eds.).
(1991) ***The Great Market Debate in Soviet Economics***, Armonk, M. E. Sharpe.

KAGARLITSKY, Bóris.
(1988) ***The Thinking Reed***, Londres, Verso.
(1992) ***The Disintegration of the Monolith***, Londres, Verso.

KAI (Internacional Comunista Operária).
(1975) "Linhas de Orientação da KAI", *in* D. Authier (org.), ***A Esquerda Alemã (1918-1921)***, Porto, Afrontamento.

KALECKI, Michal.
(1969) ***Introduction to a Theory of Growth in a Socialist Economy***, Oxford, Basil Blackwell.
(1972) ***Selected Essays on the Economic Growth of the Socialist and Mixed Economy***, Cambridge, Cambridge University Press.

KANET, Roger (ed.).
(1971) ***The Behavioral Revolution and Communist Studies***, Nova Iorque, The Free Press e Collier-Macmillan.

KARPOVICH, Michael.
(1930) "The Russian Revolution of 1917", ***Journal of Modern History***, vol. 2, n. 2.

KASER, Michael.
(1970) ***The Economic History of Eastern Europe, 1919-75 - 3 Vols.***, Oxford, Clarendon.

KASSOFF, Allen.
(1964) "The Administered Society: Totalitarianism Without Terror", ***World Politics***, vol. 16, n. 4.

KATZENSTEIN, Peter.
(1985) "Small Nations in an Open International Economy: The Converging Balance of State and Society in Switzerland and Austria", *in* P. Evans, D. Rueschemeyer e T. Skocpol (eds.), ***Bringing the State Back In***, Cambridge, Cambridge University Press.

KATZNELSON, Ira.
(1985) "Working-Class Formation and the State: Nineteenth Century England in American Perspective", *in* P. Evans, D. Rueschemeyer e T. Skocpol (eds.), ***Bringing the State Back In***, Cambridge, Cambridge University Press.

KAUTSKY, John.
(1968) ***Communism and the Politics of Development***, Nova Iorque, John Wiley.

KAUTSKY, Karl.
(1925) ***Die Internationale und Sowietsrussland***, Berlim, editora não especificada.
(1973) ***Terrorism and Communism***, Westport, Hyperion.
(1979) ***A Ditadura do Proletariado***, São Paulo, Ciências Humanas.

KAVANAGH, Dennis.
(1972) ***Political Culture***, Londres, Allen & Unwin.
(1980) ***Political Science and Political Behaviour***, Londres, Allen & Unwin

KAY, Cristóbal.
(1989) ***Latin-American Theories of Development and Underdevelopment***, Londres, Routledge.

KEEP, John.
(1976) ***The Russian Revolution: A Study in Mass Mobilization***, Nova Iorque, Norton.

KELLEY, D. R.
(1972) "Interest Groups in the USSR: the Impact of Political Sensitivity on Group Influence", ***The Journal of Politics***, vol. 34, n. 3.
(1976) "Environmental Policy-Making in the USSR: the Role of Industrial and Environmental Groups", ***Soviet Studies***, vol. 28, n. 4.
(1985) "Capitalism, Socialism, Barbarism: Marxist Conceptions of the Soviet Union", ***Review of Radical Political Economy***, vol. 17, n. 4.

KENEZ, Peter.
(1986) "Stalinism as Humdrum Politics", ***The Russian Review***, vol. 45, n. 4.

KENNAN, George.
(1947) "The Sources of Soviet Conduct", ***Foreign Affairs***, vol. 25, n. 4.

KEROMOV, D. A. (org.) .
(1979) ***Soviet Democracy in the Period of Developed Socialism***, Moscou, Edições Progresso.

KISSINGER, Henry.
(1996) ***Diplomacia***, Lisboa, Gradiva.

KNEI-PAZ, Barush.
(1978) ***The Social and Political Thought of Leon Trotsky***, Oxford, Clarendon Press.
(1986) "Trotsky: Revolução Permanente e Revolução do Atraso", *in* E. Hobsbawm *et alli*, ***História do Marxismo - Vol. 5***, Rio de Janeiro, Paz e Terra.

KOENKER, D. (ed.).
(1989) ***Party, State and Society in the Russian Civil War: Explorations in Social History***, Bloomington, Indiana University Press.

KOLAKOWSKI, Leszek.
(1977) "Marxist Roots of Stalinism", *in* R. Tucker (ed.), ***Stalinism***, Nova Iorque, W. W. Norton.
(1985) ***Main Currents of Marxism - 3 Vols.***, Oxford, Oxford University Press.

KONRÁD, George e SZELÉNYI, Ivan.
(1979) ***The Intellectuals on the Road to Power***, Brighton, Harvester.

KORNAI, Janos.
(1980) ***Economics of Shortage***, Amsterdã, North Holland Publishing Company.
(1986) "The Hungarian Reform Process: Visions, Hopes and Reality", ***Journal of Economic Literature***, vol. 24, n. 4.
(1990) ***Vision and Reality, Market and State***, Nova Iorque, Harvester Wheatsheaf.
(1992) ***The Socialist System***, Oxford, Clarendon Press.

KORSCH, Karl.
(1967) ***Karl Marx***, Londres, Chapman & Hall.
(1970) ***Marxism and Philosophy***, Londres, New Left.
(1975a) ***Marxisme et Contre-Révolution dans la Primière Moitié du XX Siècle***, Paris, Seuil.
(1975b) "Lenin's Philosophy", *in* A. Pannekoek, ***Lenin as a Philosopher***, Londres, Merlin.
(1989) "A Crise do Marxismo", ***Teoria & Política***, n. 12.

KORSCH, Karl *et alli.*
(1975) ***La Contre-Révolution Bureaucratique***, Paris, UGE.

KRUSCHEV, Nikita.
(1970) ***Rapport Secret de Krouchtchev sur Staline au XX Congrés du P.C. Soviétique***, Paris, Champ Libre.

KRYGIER, Martin.
(1978) "'Bureaucracy' in Trotsky's Analysis of Stalinism", *in* M. Sawer (ed.), ***Socialism and the New Class***, Bedford Park, APSA Monograph.

KUHN, Thomas.
(1970) ***The Structure of Scientific Revolutions***, Chicago, University of Chicago Press.
(1976a) "Logic of Discovery or Psychology of Research?", *in* I. Lakatos e A. Musgrave, ***Criticism and the Growth of Knowledge***, Cambridge, Cambridge University Press.
(1976b) "Reflections on my Critics", *in* I. Lakatos e A. Musgrave, ***Criticism and the Growth of Knowledge***, Cambridge, Cambridge University Press.

KUROMIYA, Horoaki.
(1988) ***Stalin's Industrial Revolution: Politics and Workers: 1928-1932***, Cambridge, Cambridge University Press.

KURZ, Robert.
(1993) ***O Colapso da Modernização***, São Paulo, Paz e Terra.

LACLAU, Ernesto.
(1975) "The Specificity of the Political: the Poulantzas-Miliband Debate", ***Economy and Society***, n. 1.
(1977) ***Politics and Ideology in Marxist Theory***, Londres, NLB.
(1990) ***New Reflections on the Revolution of Our Time***, Londres, Verso.

LACLAU, Ernesto e Mouffe, Chantal.
(1985) ***Hegemony & Socialist Strategy***, Londres, Verso.

LAIBAN, David.
(1983) "The 'State Capitalist' and 'Bureaucratic-Exploitative' Interpretations of the Soviet Social Formation: A Critique", *in* D. Laibman *et alli*, ***The Soviet Union: Socialist or Social-Imperialist? - Part 1***, Chicago, RCP.

LAITAN, David.
(1985) "Hegemony and Religious Conflict: British Imperial Control and Political Cleavages in Yorubaland", *in* P. Evans, D. Rueschemeyer e T. Skocpol (eds.), ***Bringing the State Back In***, Cambridge, Cambridge University Press.

LAKATOS, Imre.
(1976) "Falsification and the Methodology of Scientific Research Programmes", *in* I. Lakatos e A. Musgrave, ***Criticism and the Growth of Knowledge***, Cambridge, Cambridge University Press.

LAMPERT, Nick e RITTERSPORN, Gábor (eds.).
(1992) ***Stalinism: Its Nature and Aftermath***, Londres, Macmillan.

LANE, David.
(1970) ***Politics and Society in the USSR***, Londres, Weidenfield and Nicholson.
(1978a) ***The Socialist Industrial State***, Londres, George Allen & Unwin.
(1978b) "Towards a Political Sociology of State Socialist Society", *in* S. McInnes *et alli*, ***The Soviet Union and East Europe in the 1980's***, Ontario, Mosaic.
(1981) ***Leninism: A Sociological Interpretation***, Cambridge, Cambridge University Press.
(1982) ***The End of Social Inequality: Class, Status and Power under State Socialism***, Londres, George Allen & Unwin.
(1984) "The Structure of Soviet Socialism: Recent Western Theoretical Approaches", ***Insurgent Sociologist***, n. 12.
(1985) ***Soviet Economy and Society***, Oxford, Blackwell.
(1986) ***Politics in the USSR***, Boston, Little Brown.
(1992) ***Russia in Flux: the Political and Social Consequences of Reform***, Londres, Edward Elgar.

LANGE, Oskar.
(1956) "On the Economic Theory of Socialism", *in* O. Lange e F. Taylor (eds.), ***On the Economic Theory of Socialism***, Minneapolis, University of Minnesota Press.
(1963) ***Moderna Economia Política***, Rio de Janeiro, Fundo de Cultura.

LAPENNA, Ivo.
(1965) ***State and Law in Soviet and Yugoslav Theory***, New Haven, editora não especificada.

LAQUER, Walter.
(1964) "In Search of Russia", ***Survey***, n. 50.
(1990) "Why Stalin? A National Debate", ***Society***, vol. 27, n. 3.

LAUE, Theodor von.
(1960) "The State and the Economy", *in* C. Black (ed.), ***The Transformation of Russian Society: Aspects of Social Change since 1861***, Cambridge, Harvard University Press.
(1963) ***Sergei Witte and the Industrialization of Russia***, Nova Iorque, Columbia University Press.

LAURAT, Lucien.
(1931) ***L'Economie Soviétique. Sa Dynamique. Son Mechanisme***, Paris, Valois.

LAVIGNE, Marie.
(1979) ***Les Économies Socialistes Sovietique et Européenes***, Paris, Armand Colin.

LAVIGNE, Marie e ANDREFF, Wladimir.
(1985a) ***La Réalité Socialiste - Crise, Adaptation, Progrès***, Paris, Economica.
(1985b) ***Economie Internationale des Pays Socialistes***, Paris, Armand Colin.

LEFORT, Claude.
(1974-5) "What is Bureaucracy", ***Telos***, n. 22.
(1977) "O Totalitarismo sem Estaline", *in* A. Neves (org.), ***A Natureza da URSS (Antologia)***, Porto, Afrontamento.
(1979) ***Éléments d'Une Critique de la Bureaucratie***, Paris, Gallimard.
(1981) ***L'Invention Democratique: Les Limites de la Domination Totalitaire***, Paris, Fayard.

LEGGETT, George.
(1981) ***The Cheka: Lenin's Political Police***, Oxford, Oxford University Press.

LEHMBRUCH, Gerhard.
(1983) "Interest Group Intermediation in Capitalist and Socialist Systems: Some Structural and Functional Perspectives in Comparative Research", ***International Political Science Review***, vol. 4, n. 2.

LÊNIN, Vladimir Ilitch.
(1957) "Address to the Second All-Russian Congress of Communist Organizations of the Peoples of the East", *in* V. I. Lênin, ***The National Liberation Movements in the East***, Moscou, Editora de Línguas Estrangeiras.
(1978a) "As Tarefas Imediatas do Poder Soviético", *in* V. I. Lênin, ***Obras Escolhidas - Vol. 2***, Lisboa, Avante!.
(1978b) "A Catástrofe Que Nos Ameaça e Como Combatê-la", *in* V. I. Lênin, ***Obras Escolhidas - Vol. 2***, Lisboa, Avante!.
(1978c) "O Estado e a Revolução", *in* V. I. Lênin, ***Obras Escolhidas - Vol. 2***, Lisboa, Avante!.
(1978d) "Sobre as Tarefas do Proletariado na Presente Revolução", *in* V. I. Lênin, ***Obras Escolhidas - Vol. 2***, Lisboa, Avante!.
(1978e) "As Tarefas do Proletariado na Presente Revolução (Projeto de Plataforma do Partido Proletário)", *in* V. I. Lênin, ***Obras Escolhidas - Vol. 2***, Lisboa, Avante!.
(1978f) "O Infantilismo 'de Esquerda' e o Espírito Pequeno-Burguês", *in* V. I. Lênin, ***Obras Escolhidas - Vol. 2***, Lisboa, Avante!.
(1979a) "Relatório ao VIII Congresso do PCR(b)", *in* V. I. Lênin, ***Obras Escolhidas - Vol. 3***, Lisboa, Avante!.
(1979b) "As Eleições para a Assembléia Nacional Constituinte e a Ditadura do Proletariado", *in* V. I. Lênin, ***Obras Escolhidas - Vol. 3***, Lisboa, Avante!.
(1979c) "IV Congresso da Internacional Comunista", *in* V. I. Lênin, ***Obras Escolhidas - Vol. 3***, Lisboa, Avante!.
(1979d) "A Doença Infantil do 'Esquerdismo' no Comunismo", *in* V. I. Lênin, ***Obras Escolhidas - Vol. 3***, Lisboa, Avante!.
(1979e) "Sobre a Cooperação", *in* V. I. Lênin, ***Obras Escolhidas - Vol. 3***, Lisboa, Avante!.
(1979f) "Sobre a Nossa Revolução", *in* V. I. Lênin, ***Obras Escolhidas - Vol. 3***, Lisboa, Avante!.
(1979g) "Sobre o Imposto em Espécie", *in* V. I. Lênin, ***Obras Escolhidas - Vol. 3***, Lisboa, Avante!.
(1979h) "Mais Uma Vez sobre os Sindicatos, o Momento Atual e os Erros dos Camaradas Trotsky e Bukharin", *in* V. I. Lênin, ***Obras Escolhidas - Vol. 3***, Lisboa, Avante!.

(1979i) ***A Revolução Proletária e o Renegado Kautsky***, São Paulo, Ciências Humanas.
(1979j) "Sobre los Sindicatos, el Momento Actual y los Errores del Camarada Trotsky", *in* V. I. Lênin, ***Acerca de los Sindicatos***, Moscou, Progresso.
(1985) ***O Desenvolvimento do Capitalismo na Rússia***, São Paulo, Abril Cultural.

LEONHARD, Wolfgang .
(1977) ***O Futuro do Comunismo Soviético***, Rio de Janeiro, Nórdica.

LEPESHKIN, A. I.
(1961) ***Kurs Sovetskogo Gosudarstva i Prava***, Moscou, Iurid. Lit.

LEW, Roland.
(1992) "Grappling with Social Realities: Moshe Lewin and the Making of Social History", *in* N. Lampert e G. Rittersporn (eds.), ***Stalinism: Its Nature and Aftermath***, Londres, Macmillan.

LEWIN, Moshe.
(1968) ***Russian Peasants and Soviet Power: a Study of Collectivization***, Londres, Allen and Unwin.
(1974) ***Political Undercurrents in Soviet Economic Debates***, Princeton, Princeton University Press.
(1977) "The Social Background of Stalinism", *in* R. C. Tucker (ed.), ***Stalinism: Essays in Historical Interpretation***, Nova Iorque, Norton & Company.
(1985) ***The Making of the Soviet System: Essays in the Social History of Interwar Russia***, Nova Iorque, Pantheon Books.
(1988) ***O Fenômeno Gorbachev***, Rio de Janeiro, Editora Paz e Terra.

LEWIN, Moshe e KIHM, Alain.
(1982) "Aux Prises avec le Stalinisme: Quelques Reflexions Historiques", ***Actes de la Recherche en Sciences Sociales***, n. 43.

LICHTHEIM, George.
(1981) "Marx e o 'Modo de Produção Asiático'", *in* Tom Bottomore (ed.), ***Karl Marx***, Rio de Janeiro, Zahar.

LIEBICH, André
(1986) "Os Mencheviques diante da Construção da URSS", *in* E. Hobsbawm *et alli*, ***História do Marxismo - Vol. 7***, Rio de Janeiro, Paz e Terra.

LIEBMAN, Marcel.
(1972) ***The Russian Revolution***, Nova Iorque, Vintage Books.

LINZ, Juan.
(1975) "Totalitarian and Authoritarian Regimes", *in* F. Greenstein e N. Polsby (eds.), ***Handbook of Political Science - Volume 3: Macropolitical Theory***, Reading, Addison-Wesley.

LITTLEJOHN, Gary.
(1984) ***A Sociology of the Soviet Union***, Londres, Macmillan.

LOJKINE, Jean.
(1990) ***A Classe Operária em Mutações***, Belo Horizonte, Oficina de Livros.

LOWENHARDT, J. S.
(1981) ***Decision-Making in Soviet Politics***, Nova Iorque, St. Martin's Press.

LÖWY, Michael.
(1983) "La Bureaucracie Stalinienne comme 'État' Social", *in* E. Pisier-Kouchner (ed.), ***Les Interprétations du Stalinisme***, Paris, PUF.
(1987) ***As Aventuras de Karl Marx contra o Barão de Münchausen***, São Paulo, Busca Vida.
(1991) "Twelve Theses on the Crisis of 'Really Existing Socialism'", ***Monthly Review***, vol. 43, n. 1.

LOWI, Theodore.
(1964) "American Business, Public Policy, Case Studies and Political Theory", ***World Politics***, vol. 16, n. 4.

LUCIUS, P.
(1933) ***Renovation du Capitalisme***, Paris, Payott.

LUKÁCS, György.
(1967) "Carta sobre o Stalinismo", ***Revista da Civilização Brasileira***, vol. 3, Caderno Especial n. 1.
(1989) ***História e Consciência de Classe***, Rio de Janeiro, Elfos.

LUKE, Tim.
(1985) "On the Nature of Soviet Society", ***Telos***, n. 63.

LUKES, Steven.
(1974) ***Power: a Radical View***, Londres, Macmillan.

LUXEMBURGO, Rosa.
(1972a) "The Russian Revolution", *in* R. Luxemburgo, ***The Russian Revolution and Leninism or Marxism***, Ann Arbor, University of Michigan Press.
(1972b) "Leninism or Marxism", *in* R. Luxemburgo, ***The Russian Revolution and Leninism or Marxism***, Ann Arbor, University of Michigan Press.
(1983) ***A Acumulação do Capital***, Rio de Janeiro, Zahar.

LYRA, Rubens Pinto.
(1995) "As Lições do Leste", *in* P. Vicente Sobrinho (org.), ***Reflexões sobre a Desintegração do Comunismo Soviético***, São Paulo Alfa-Omega.

MACHAJSKI, Vaclav.
(1937) "On the Expropriation of Capitalists", *in* R. Calverton (ed.), ***The Making of Society***, Nova Iorque, Random House.

MALLOY, James.
(1977) ***Authoritarianism and Corporatism in Latin America***, Pittsburgh, University of Pittsburgh Press.

MANDEL, David.
(1984) ***The Petrograd Workers and the Soviet Seizure of Power, From the July Days 1917 to 1918***, Nova Iorque, St. Martins.

MANDEL, Ernest.
(1970) "On the Mystifications of State Capitalism", ***International***, vol. 1, n. 2.
(1972) "The Soviet Economy Today: Towards Capitalism or Socialism?", ***International Socialist Review***, Junho.
(1974) "Ten Theses on the Social and Economic Laws Governing the Society Transitional Between Capitalism and Socialism", ***Critique***, n. 3.
(1977) "On the Nature of the Soviet State", ***New Left Review***, n. 108.
(1980) "The Laws of Motion of the Soviet Economy", ***The Review of Radical Political Economics***, vol. 13, n. 1.
(1985) "Marx e Engels: A Produção de Mercadorias e a Burocracia - As Bases Teóricas para a Compreensão Marxista da União Soviética", ***Ensaio***, n. 14.
(1989) ***Além da Perestroika - 2 Vols.***, São Paulo, Busca Vida.
(1992) ***Power and Money***, Londres, Verso.

MANN, D.
(1990) "The RSFSR Elections: The Congress of People's Deputies", ***Report on the USSR***, vol. 3, n. 15.

MANN, Michael.
(1986) ***The Sources of Social Power - Vol. 1: a History of Power from the Beginnings to 1760 AD***, Cambridge, Cambridge University Press.
(1988) ***States, War and Capitalism***, Oxford, Basil Blackwell.
(1992) "O Poder Autônomo do Estado: Suas Origens, Mecanismos e Resultados", *in* J. Hall (ed.), ***Os Estados na História***, Rio de Janeiro, Imago.
(1993) ***The Sources of Social Power - Vol. 2: The Rise of Classes and Nation States, 1760-1914***, Cambridge, Cambridge University Press.

MANNING, Nick.
(1984) "Social Policy in the USSR and the Nature of Soviet Society", ***Critical Social Policy***, vol. 4, n. 2.

MANNING, Roberta.
(1985) ***Government in the Soviet Countryside in the Stalinist Thirties: the Case of the Delvi Raion in 1937***, Pittsburgh, University of Pittsburgh.

MANOELESCO, Manoel.
(1934) ***Le Siècle du Corporatisme***, Paris, Felix Alcan.

MARCUSE, Herbert.
(1964) ***One Dimensional Man***, Boston, Beacon.
(1969) ***Marxismo Soviético***, Rio de Janeiro, Saga.
(1978) "Some Social Implications of Modern Technology", *in* A. Arato e E. Gebhardt (eds.), ***The Essential Frankfurt School Reader***, Oxford, Oxford University Press.
(1980) "Protosocialism and Late Capitalism - Towards a Theoretical Synthesis", *in* U. Wolter (ed.), ***Rudolf Bahro - Critical Responses***, Nova Iorque, M. E. Sharpe.

MARCZEWSKI, Jan.
(1974) ***Crisis in Socialist Planning***, Nova Iorque, Praeger.

MARKOVIC, Mihailo.
(1976) ***On the Legal Institutions of Socialist Democracy***, Nottingham, Spokesman.
(1977) "Stalinism and Marxism", *in* R. Tucker (ed.), ***Stalinism***, Nova Iorque, W. W. Norton.
(1982) ***Democratic Socialism***, Brighton, Harvester.

MÁRKUS, György .
(1981) "Planning the Crisis: Some Remarks on the Economic System of Soviet-Type Societies", ***Praxis International***, n. 3.

MARRAMAO, Giacomo.
(1990) ***O Político e as Transformações***, Belo Horizonte, Oficina de Livros.

MARTELLI, Roger.
(1990) "Reflexions sur le Stalinisme", ***Cahiers d'Histoire***, n. 43.

MARTINET, Gilles.
(1992) "Por uma Análise Social das Mudanças no Leste", *in* R. P. Lyra (org.), ***Socialismo: Impasses e Perspectivas***, São Paulo, Scritta.

MARX, Karl.
(s.d.a) "O Dezoito Brumário de Luís Bonaparte", *in* K. Marx e F. Engels, ***Obras Escolhidas - Vol. 1***, São Paulo, Alfa-Omega.
(s.d.b) "Carta a L. Kugelmann, de 12 de abril de 1871", *in* K. Marx e F. Engels, ***Obras Escolhidas - Vol. 3***, São Paulo, Alfa-Omega.
(1976) "Prefácio à 'Contribuição à Crítica da Economia Política' ", *in* K. Marx e F. Engels, ***Textos - Vol. 3***, São Paulo, Alfa-Omega.
(1977a) "A Guerra Civil na França", *in* K. Marx e F. Engels, ***Textos - Vol. 1***, São Paulo, Alfa-Omega.

(1977b) "Crítica ao Programa de Gotha", *in* K. Marx e F. Engels, ***Textos - Vol. 1***, São Paulo, Alfa-Omega.

(1977c) "On Bakunin's *State and Anarchy*", *in* David McLellan (ed.), ***Karl Marx - Selected Writings***, Oxford, Oxford University Press.

(1977d) ***Formações Econômicas Pré-Capitalistas***, Rio de Janeiro, Paz e Terra.

(1978) ***Capital - Vol. 3***, Moscou, Progresso.

(1989) ***Manuscritos Económico-Filosóficos***, Lisboa, Edições 70.

MARX, Karl e ENGELS, Friedrich.

(s.d.a) ***A Ideologia Alemã - Vol. I***, Lisboa, Presença.

(s.d.b) "Mensagem do Comitê Central à Liga dos Comunistas", *in* K. Marx e F. Engels, ***Obras Escolhidas - Vol. 1***, São Paulo, Alfa-Omega.

(s.d.c) ***Selected Correspondence***, Moscou, Edições Progresso.

(1976) "Manifesto do Partido Comunista", *in* K. Marx e F. Engels, ***Textos -Vol. 3***, São Paulo, Alfa-Omega.

MASTANDUNO, Michael.

(1992) ***Economic Containment: CoCom and the Politics of East-West Trade***, Ithaca, Cornell University Press.

MATHEWS, Mervyn .

(1972) ***Class and Society in Soviet Russia***, Nova Iorque, Walker.

(1979) ***Privilege in the Soviet Union***, Londres, George Allen & Unwin.

MATTICK, Paul.

(1964) "The Marxism of Karl Korsch", ***Survey***, n. 53.

(1969a) "Mandel's Economics: Another View", ***International Socialism***, n. 37.

(1969b) ***Marx and Keynes: The Limits of the Mixed Economy***, Londres, Merlin.

MAXWELL, B.

(1934) ***The Soviet State***, Topeka, Steves and Wayburn.

McAULEY, Martin.

(1983) ***Stalin and Stalinism***, Harlow, Longmans.

(1991) ***Bread and Justice: State and Society in Petrograd, 1917-1922***, Oxford, Oxford University Press.

(1992) ***Soviet Politics, 1917-1991***, Oxford, Oxford University Press.

McCAIN Jr., M. A.

(1983) "Soviet Jurists Divided: a Case for Corporatism in the USSR?", ***Comparative Politics***, vol. 15, n.4.

McLELLAN, David.

(1987) ***Marxism after Marx***, Londres, Macmillan.

McMICHAEL, Philip.

(1987) "State Formation and the World Market", ***Political Power and Social Theory***, vol. 6.

McNEAL, Robert.

(1977) "Trotskyst Interpretations of Stalinism", *in* R. Tucker (ed.), ***Stalinism***, Nova Iorque, W. W. Norton.

MEDEIROS, Carlos.

(1999) "China: entre os Séculos XX e XXI", *in* J. L. Fiori (org.), ***Estados e Moedas no Desenvolvimento das Nações***, Petrópolis, Vozes.

MEDVEDEV, Roy.

(1971) ***Let History Judge***, Nova Iorque, Alfred Knopf.

(1974) ***Da Democracia Socialista***, Lisboa, Estúdios Cor.

(1979) ***On Stalin and Stalinism***, Oxford, Oxford University Press.

(1981) "Socialism in One Country", *in* R. Medvedev, ***Leninism and Western Socialism***, Londres, Verso.

MELOTTI, Umberto.
(1977a) ***Marx and the Third World***, Londres, Macmillan Press.
(1977b) "In Memory of Bruno Rizzi", ***Telos***, n. 33.
(1980) "Socialism and Bureaucratic Collectivism in the Third World", ***Telos***, n. 43.

MENDONÇA, Carlos Eduardo.
(1994) "O Conceito de 'Revolução Permanente': Trotsky e o Elo Micro/Macro", ***Dados***, vol. 37, n. 2.

MENZE, Ernest (ed.).
(1981) ***Totalitarianism Reconsidered***, Port Washington, Kennikat Press.

MERQUIOR, José Guilherme.
(1987) ***O Marxismo Ocidental***, Rio de Janeiro, Nova Fronteira.

MÉSZÁROS, István.
(1983) "Política Radical e Transição para o Socialismo - Reflexões sobre o Centenário de Marx", ***Ensaio***, n. 11-12.
(1985) "Poder Político e Dissidência nas Sociedades Pós-Revolucionárias", ***Ensaio***, n. 14.
(1995a) ***Beyond Capital (Towards a Theory of Transition)***, Londres, Merlin.
(1995b) "O Marxismo Hoje - Entrevista", ***Crítica Marxista***, n. 2.

MEYER, Alfred.
(1961) "USSR Incorporated", ***Slavic Review***, vol. XX, n. 3. (1965)***The Soviet Political System***, Nova Iorque, Random House.
(1969) "The Comparative Study of Communist Political Systems", *in* F. Fleron Jr. (ed.), ***Communist Studies and the Social Sciences***, Chicago, Rand McNally & Company.
(1970) "Theories of Convergence", *in* C. Johnson (ed.), ***Change in Communist Systems***, Stanford, Stanford University Press.
(1986) "Coming to Terms with the Past... and with One's Older Colleagues", ***The Russian Review***, vol. 45, n. 4.
(1989) "The Origins of Stalinism: a Review Article", ***Comparative Studies in Society and History***, vol. 31, n. 1.

MICHELS, Robert.
(1982) ***Sociologia dos Partidos Políticos***, Brasília, Editora da UNB.

MIGLIOLI, Jorge.
(1994) "Marx e o Colapso da União Soviética", ***Crítica Marxista***, vol. 1, n. 1.
(1995) "O Marxismo e o Sistema Econômico Soviético", ***Crítica Marxista***, vol. 1, n. 2.

MILIBAND, Ralph.
(1970) "The Capitalist State: Reply to Poulantzas", ***New Left Review***, n. 59.
(1973) "Poulantzas and the Capitalist State", ***New Left Review***, n. 82.
(1975) "Bettelheim and the Soviet Experience", ***New Left Review***, n. 91.
(1977) ***Marxism and Politics***, Oxford, Oxford University Press.
(1981) "Marx e o Estado", *in* T. Bottomore (org.), ***Karl Marx***, Rio de Janeiro, Zahar.
(1982) ***O Estado na Sociedade Capitalista***, 2ª ed., Rio de Janeiro, Zahar.
(1983) "State Power and Class Interests", ***New Left Review***, n. 138.

MILIUKOV, Pavel.
(1927) ***Rossia na Perelome***, Paris, editora não especificada.

MILL, John Stuart.
(1948) ***On Liberty: Considerations on Representative Government***, Oxford, Basil Blackwell.

MILLS, C. Wright.
(1956) ***The Power Elite***, Londres, Oxford University Press.
(1959) ***The Sociological Imagination***, Nova Iorque, Oxford University Press.

MISES, Ludwig von.
(1935) "Economic calculation in the socialist commonwealth", *in* F. Hayek (ed.), ***Collectivist Economic Planning***, Londres, Routledge and Kegan Paul.
(1978) ***Omnipotent Government: the Rise of the Total State and Total War***, Nova Rochelle, Arlington House.
(1981a) ***Socialism: an Economic and Sociological Analysis***, Indianapolis, Liberty Press.
(1981b) ***The Anti-Capitalist Mentality***, South Holland, Libertarian Press.
(1986) ***As Seis Lições***, Rio de Janeiro, José Olympio.

MONTESQUIEU, Barão de.
(1950-1961) ***L'Esprit des Lois - 4 Vols.***, Paris, Les Belles-Lettres.

MOORE Jr., Barrington.
(1954) ***Terror and Progress. USSR***, Cambridge, Harvard University Press.
(1965) ***Soviet Politics - The Dilemma of Power***, Nova Iorque, Harper & Row.
(1966) ***Social Origins of Dictatorship and Democracy***, Cambridge, Harvard University Press.

MOORE, Stanley.
(1980) ***Marx on the Choice between Socialism and Communism***, Cambridge, Harvard University Press.

MORAES, João Quartim de.
(1994) "A Difícil Supressão das Relações Mercantis", ***Crítica Marxista***, vol. 1, n. 1.
(1995) "A 'Forma Asiática' e o Comunismo Agrário Primitivo", ***Crítica Marxista***, vol. 1, n. 2.

MOREL, Henri.
(1977) "As Discussões sobre a Natureza dos Países do Leste (Até a II Guerra Mundial)", *in* A. Neves (org.), ***A Natureza da URSS (Antologia)***, Porto, Afrontamento.

MORIN, Edgar.
(s.d.a.) "A Revolução Anti-Totalitária", *in* E. Morin, G. Bocchi e M. Ceruti, ***Os Problemas do Fim do Século***, Lisboa, Editorial Notícias.
(s.d.b.) ***A Natureza da URSS***, Europa-América, Mem Martins.

MOTYL, Alexander.
(1987) ***Will the Non-Russians Rebel***?, Ithaca, Cornell University Press.

MOTYL, Alexander (ed.).
(1992) ***The Post-Soviet Nation: Perspectives on the Demise of the USSR***, Nova Iorque, Columbia University Press.

MUNIS, G.
(1946) ***Los Revolucionarios y el Estalinismo Mundial***, Cidade do México, Revolución.

MURAT, A.
(1944) ***Le Corporatisme***, Paris, Les Publications Techniques.

MURPHY, Peter.
(1989) "Between Romanticism and Republicanism: The Political Theory of Claude Lefort", ***Thesis Eleven***, n. 23.

NADINE, Marie.
(1989) ***Le Droit Retrouvé?***, Paris, PUF.

NAPOLEONI, Claudio.
(1979) ***O Pensamento Econômico do Século XX***, São Paulo, Paz e Terra.

NAVES, Márcio Bilharinho.
(1994) "Marxismo e Capitalismo de Estado", ***Crítica Marxista***, vol. 1, n. 1.

NAVILLE, Pierre.
(1967-74) ***Le Noveau Léviathan, 5 Vols.***, Paris, Anthropos.
(1975) ***La Révolution et les Intellectuels***, Paris, Gallimard.

NEE, Victor e STARK, David (eds.).
(1988) ***Remaking the Economic Institutions of Socialism***, Stanford, Stanford University Press.

NETTL, J. P.
(1968) "The State as a Conceptual Variable", ***World Politics***, vol. 20, n. 4.

NETTO, José Paulo.
(1990) ***Democracia e Transição Socialista***, Belo Horizonte, Oficina de Livros.
(1994) "*Socialismo Real* e Socialização do Poder Político", ***Crítica Marxista***, vol. 1, n. 1.

NEUMANN, Franz.
(1957) ***The Democratic and the Authoritarian State: Essays in Political and Legal Theory***, Glencoe, Free Press.

NICHOLLS, David.
(1974) ***Three Varieties of Pluralism***, Londres, Macmillan.
(1975) ***The Pluralist State***, Londres, Macmillan.

NICOLAIEVSKI, Bóris.
(1965) ***Power and the Soviet Elite***, Ann Arbor, University of Michigan Press.

NICOLAUS, Martin.
(1975) ***Restoration of Capitalism in the USSR***, Chicago, Liberator Press.

NIKIFOROV, V. N.
(1975) ***Vostok I Vsemirnaia Istoria***, Moscou, Nauka.

NOVE, Alec.
(1964) ***Economic Rationality and Soviet Politics: Was Stalin Really Necessary?***, Londres, Allen & Unwin.
(1975a) "Is There a Ruling Class in the USSR?", ***Soviet Studies***, vol. 27, n. 4.
(1975b) ***Stalinism and After***, Londres, Allen & Unwin.
(1977) ***The Soviet Economic System***, Boston, Allen & Unwin.
(1984) ***An Economic History of the USSR***, Middlesex, Penguin Books.
(1986) ***Socialism, Economics and Development***, Londres, Allen & Unwin.
(1989) ***A Economia Política do Socialismo Possível***. São Paulo, Editora Ática.

NOWAK, Leszek.
(1993) "Real Marxism in Real Socialism", ***Centennial Review***, vol. 37, n. 1.

O'CONNOR, James.
(1973) ***The Fiscal Crisis of the State***, Nova Iorque, St. Martins.
(1974) ***The Corporations and the State***, Nova Iorque, Harper & Row.

ODOM, W. E.
(1976) "A Dissenting View on the Group Approach to Soviet Politics", ***World Politics***, vol. 28, n. 4.

OFFE, Claus.
(1984) "Dominação de Classe e Sistema Político: Sobre a Seletividade das Instituições Políticas", *in* C. Offe, ***Problemas Estruturais do Estado Capitalista***, Rio de Janeiro, Tempo Brasileiro.
(1989) "A atribuição de *status* público aos grupos de interesse" *in* Claus Offe, ***Capitalismo Desorganizado***, São Paulo, Brasiliense.

OFFE, Claus e WEISENTHAL, Helmut.
(1984) "Duas Lógicas da Ação Coletiva", *in* C. Offe, ***Problemas Estruturais do Estado Capitalista***, Rio de Janeiro, Tempo Brasileiro.

OHLWEILER, Otto.

(1982) "Acerca da Natureza da Formação Social na URSS", ***Teoria e Política***, n. 4.

OLIVER, James.

(1969) "Citizen Demands and the Soviet Political System", ***World Politics***, vol. 63, n. 2.

OLSON, Mancur.

(1965) ***The Logic of Collective Action***, Cambridge, Cambridge University Press.

ORWELL, George.

(1970a) "J. Burnham and the Managerial Revolution", *in* G. Orwell, ***The Collected Essays, Journalism and Letters, Vol. 4 - 1945-1950***, Harmondsworth, Penguin.

(1970b) "Burnham's View of Contemporary World Struggles", *in* G. Orwell, ***The Collected Essays, Journalism and Letters, Vol. 4 - 1945-1950***, Harmondsworth, Penguin.

OSADTCHAIA, I. *et alli.*

(1985) ***Teorias Econômicas Não Marxistas nas Décadas de '70 e '80***, Moscou, Progresso.

PÁDUA, José Augusto.

(1987) "A 'Revanche' de Max Weber", ***Comunicação e Política***, n. 7.

PANNEKOEK, Anton.

(1940) "Why Past Revolutionary Movements Failed?", ***Living Marxism***, outono.

(1970) ***Workers' Councils***, Somerville, Kont & Branch.

(1975) ***Lenin as a Philosopher***, Londres, Merlin.

PANO, Aristotel.

(1975) "A Capitalist Economy from Top to Bottom", ***Albania Today***, n. 4.

PARSONS, Talcott.

(1952) ***The Social System***, Londres, Tavistock.

(1954) "Psychology and Sociology", *in* J. Gillin, ***For a Science of Social Man***, Nova Iorque, Macmillan.

PASHUKANIS, Eugeny B.

(1982) "The Marxist Theory of Law and the Construction of Socialism", *in* P. Beirne e R. Sharlet (eds.), ***Pashukanis: Selected Writings on Marxism and Law***, Londres, Academic Press.

(1989) ***A Teoria Geral do Direito e o Marxismo***, Rio de Janeiro, Renovar.

PAUL, Ellen Frank (ed.).

(1990) ***Totalitarianism at the Crossroads***, New Brunswick, Transaction Books.

PAVLOV, B. *et alli.*

(1977) ***A República Popular da China e os Problemas de Fronteiras***, Lisboa, Estampa.

PCCh (Partido Comunista Chinês).

(1963) ***A Proposal Concerning the General Line of the International Communist Movement***, Pequim, Editora de Línguas Estrangeiras.

PCUS (Partido Comunista da União Soviética).

(1971) "The New Program of the Communist Party of the Soviet Union", *in* Arthur Mendel (ed.), ***Essential Works of Marxism***, Nova Iorque, Bantam.

PEREPELOV, Leonid.

(1974) "Soviet Society: Changes in the Socio-Class Structure", ***Coexistence***, vol. 11, n. 2.

PETCHENEV, V.

(1985) "Sobre Algumas Particularidades da Realização do Ideal Socialista na Etapa Atual", *in* R. Ivanovski *et alli*, ***Sociedade Soviética: Problemas Socioeconômicos***, Moscou, Academia das Ciências da URSS.

PETHYBRIDGE, Roger.
(1974) ***The Social Prelude to Stalinism***, Londres, Macmillan.

PIETSCH, Walter.
(1969) ***Revolution und Staat: Institutionen als Träger der Macht in Sowjetrusslan, 1917-1922***, Cologne, Verlag Wissenschaft und Politik.

PISIER-KOUCHNER, Evelyne (ed.).
(1983) ***Les Interprétations du Stalinisme***, Paris, PUF.

POINCARÉ, Henri.
(1995) ***O Valor da Ciência***, Rio de Janeiro, Contraponto.

POLANYI, Karl.
(1980) ***A Grande Transformação***, Rio de Janeiro, Editora Campus.

POMERANZ, Lenina (ed.).
(1990) ***Perestroika: Desafios da Transformação Social na URSS***, São Paulo, EDUSP.

POPOV, Gavril.
(1992) ***What's to Be Done?***, Londres, The Centre of Research into Communist Economies.

POPOVIC, Milentije.
(1963) "Appunti su Alcuni Problemi del Pensiero Socialista Contempoaneo", *in* M. Popovic *et alli*, ***Il Pensiero Marxista Contemporaneo nella Prassi Iugoslavia***, Milão, editora não especificada.

POPPER, Karl.
(1945) ***The Open Society and Its Enemies***, Londres, Kegan Paul.
(1976) "Normal Science and its Dangers", *in* I. Lakatos e A. Musgrave, ***Criticism and the Growth of Knowledge***, Cambridge, Cambridge University Press.
(1990) ***The Open Society and Its Enemies - Vol. 2 - Hegel & Marx***, Londres, Routledge.
(1992) ***The Logic of Scientific Discovery***, Londres, Routledge.

POULANTZAS, Nicos.
(1969) "The Problem of the Capitalist State", ***New Left Review***, n. 58.
(1978a) "As Transformações Atuais do Estado - Crise Política e Crise do Estado", *in* N. Poulantzas (org.), ***a Crise do Estado***, Lisboa, Moraes.
(1978b) ***As Classes Sociais no Capitalismo de Hoje***, Rio de Janeiro, Zahar.
(1981) ***O Estado, o Poder, e o Socialismo***, Rio de Janeiro, Graal.
(1986) ***Poder Político e Classes Sociais***, 2ª ed., São Paulo, Martins Fontes.

PRAVDA, Alex.
(1983) "Trade Unions in East European Communist Systems: Towards Corporatism?", ***International Political Science Review***, vol. 4, n. 2.

PREOBRAZHENSKI, Eugeni.
(1965) ***The New Economics***, Oxford, Oxford University Press.
(1973) ***From NEP to Socialism***, Londres, New Park.
(1980) ***The Crisis of Soviet Industrialisation: Selected Essays***, Londres, Macmillan.
(1987) "As Perspectivas da Nova Política Econômica", *in* A. Bertelli (org.), ***A Nova Política Econômica (NEP)***, São Paulo, Global.

PREWITT, K. e STONE, A.
(1973) ***The Ruling Elite***, Nova Iorque, s/e.

PRZEWORSKI, Adam.
(1989) ***Capitalismo e Social-Democracia***, São Paulo, Companhia das Letras.
(1991) ***Democracy and the Market***, Cambridge, Cambridge University Press.
(1995) ***Estado e Economia no Capitalismo***, Rio de Janeiro, Relume Dumará.

PRZEWORSKI, Adam e WALLERSTEIN, Michael.
(1982) "The Structure of Class Conflict in Democratic Capitalist Societies", ***American Political Science Review***, vol. 76, n. 2.
(1988) "Structural Dependence of the State on Capital", ***American Political Science Review***, vol. 82, n. 1.

PYE, Lucian e VERBA, Sydney.
(1965) ***Political Culture and Political Development***, Princeton, Princeton University Press.

RABINOWITCH, Alexander.
(1978) ***The Bolsheviks Come to Power: The Revolution of 1917 in Petrograd***, Nova Iorque, W. W. Norton.
(1989) "The Petrograd First City District Soviet During the Civil War", *in* D. Koenker, ***Party, State and Society in the Russian Civil War: Explorations in Social History***, Bloomington, Indiana University Press.

RADKEY, Oliver H.
(1990) ***Russia Goes to the Polls: The Election of the All-Russian Constituent Assembly, 1917***, Ithaca, Cornell University Press.

RAKOVSKI, Marc.
(1977) "Marxism and the Analysis of Soviet Societies", ***Capital and Class***, n. 1.
(1978) ***Towards an East European Marxism***, Londres, Allison & Busby.

RAKOVSKY, Christian.
(1969) "The Professional Dangers of Power", ***Marxist Studies***, vol. 1, n. 3.

REBELO, José (ed.).
(1975) ***China País Capitalista ou Socialista***, Lisboa, Assírio & Alvim.

REICHMAN, Henry.
(1988) "Reconsidering 'Stalinism'", ***Theory and Society***, vol. 17, n. 1.

REIMAN, Michal.
(1987) ***The Birth of Stalinism: the USSR on the Eve of the "Second Revolution"***, Bloomington, Indiana University Press.

REIS FILHO, Daniel Aarão.
(1983) ***URSS: O Socialismo Real (1921-1964)***, São Paulo, Brasiliense.
(1994) ***De Volta à Estação Finlândia***, Rio de Janeiro, Relume-Dumará.

RENMIN RIBAO e HONGQI (Departamentos Editoriais).
(1963a) ***On the Question of Stalin***, Pequim, Editora de Línguas Estrangeiras.
(1963b) ***Is Yugoslavia a Socialist Country?***, Pequim, Editora de Línguas Estrangeiras.
(1964a) ***Peaceful Coexistence - Two Diametrically Opposed Policies***, Pequim, Editora de Línguas Estrangeiras.
(1964b) ***On Kruschov's Phoney Communism and Its Historical Lessons for the World***, Pequim, Editora de Línguas Estrangeiras.
(1968) ***How the Soviet Revisionists Carry Out All-Round Restoration of Capitalism in the USSR***, Pequim, Editora de Línguas Estrangeiras.
(1970) ***Leninism or Social-Imperialism?***, Pequim, Editora de Línguas Estrangeiras.

REVEL, Jean-François.
(1978) ***The Totalitarian Temptation***, Nova Iorque, Penguin Books.

REVUNENKOV, V. G.
(1961) ***História dos Tempos Atuais (1917/1957)***, Rio de Janeiro, Vitória.

RIDENTI, Marcelo.
(1994) ***Classes Sociais e Representação***, São Paulo, Cortez.

RIGBY, T. H.
(1973) "Bureaucratic Politics: an Introduction", ***Public Administration***, vol. 32, n. 1.
(1976) "Politics in the Mono-Organizational Society", *in* A. Janos (ed.), ***Authoritarian Politics in Communist Europe***, Berkeley, University of California Institute of International Relations).
(1979) ***Lenin's Government: Sovnarkom, 1917-1922***, Londres, Cambridge University Press.
(1980) "A Conceptual Approach to Authority, Power and Policy in the Soviet Union", *in* T. H. Rigby, A. Brown e P. Reddaway (eds.), ***Authority, Power and Policy in the USSR***, Londres, Macmillan.
(1988) "Staffing USSR Incorporated: The Origins of the Nomenklatura System", ***Soviet Studies***, vol. 40, n. 4.
(1990) ***The Changing Soviet System: Mono-organisational Socialism from its Origins to Gorbachev's Restructuring***, Hants, Edward Elgar.
(1992a) "The Government in the Soviet Political System", *in* E. Huskey, ***Executive Power and Soviet Politics***, Armonk, M. E. Sharpe.
(1992b) "Reconceptualising the Soviet System", *in* S. White, A. Pravda e Z. Gitelman (eds.), ***Developments in Soviet and Post-Soviet Politics***, Londres, Macmillan.

RIGBY, T. H. e FEHÉR, Ferenc (eds.).
(1982) ***Political Legitimation in Communist States***, Londres, Macmillan.

RIO, Eugenio del.
(1981) ***La Teoria de la Transición en Mao Tsetung***, Madri, Revolución.

RITTERSPORN, Gábor (ed.).
(1988) ***Simplifications Staliniennes et Complications Soviétiques: Tensions Sociales et Conflicts Politiques en URSS, 1928-1953***, Paris, Editions des Archives Contemporaines.

RIZZI, Bruno.
(1977) ***L'URSS, Collectivisme Bureaucratique: la Bureaucratization du Monde***, Paris, Champ Libre.

ROCKER, Rudolf.
(1977) "Os Sovietes Traídos pelos Bolcheviques (o Fracasso do Comunismo de Estado)", *in* A. Neves (org.), ***A Natureza da URSS (Antologia)***, Porto, Afrontamento.

ROCKMORE, Thomas.
(1979) "Kolakowski and Markovic on Stalinism, Marxism and Marx", ***Philosophy and Social Criticism***, vol. 6, n. 3.

ROEMER, John E.
(1994) ***A Future for Socialism***, Londres, Verso.

ROSDOLSKY, Roman.
(1977) ***The Making of Karl Marx's* Capital**, Londres, Pluto.

ROSENBERG, Arthur.
(1989) ***História do Bolchevismo***, Belo Horizonte, Oficina de Livros.

ROSENBERG, William.
(1985) "Russian Labor and Bolshevik Power after October", ***Slavic Review***, vol. 44, n. 2.

ROSENBERG, William e SIEGELBAUM, Lewis (eds.).
(1993) ***Social Dimensions of Soviet Industrialization***, Bloomington, Indiana University Press.

ROSSANDA, Rossana.
(1992) "Para uma Análise Marxista da Crise das Sociedades do Leste Europeu", *in* R. P. Lyra (org.), ***Socialismo: Impasses e Perspectivas***, São Paulo, Scritta.

ROSTOW, Walt.
(1953) ***The Process of Economic Growth***, Oxford, Clarendon Press.
(1960) ***The Stages of Economic Growth***, Cambridge, Harvard University Press.

RUESCHEMEYER, Dietrich e EVANS, Peter.
(1985) "The State and Economic Transformation: Toward an Analysis of the Conditions Underlying Effective Intervention", *in* P. Evans, D. Rueschemeyer e T. Skocpol (eds.), ***Bringing the State Back In***, Cambridge, Cambridge University Press.

RÜHLE, Otto.
(1932) ***La Crise Mondiale***, Paris, Gallimard.

RUSSELL, Bertrand.
(1938) ***Power: a New Social Analysis***, Londres, George Allen & Unwin.

RYDENFELT, Sven.
(1987) ***Crise nas Economias Socialistas***, Rio de Janeiro, Jorge Zahar.

SACKS, Michael e PANKHURST, Jerry (eds.).
(1988) ***Understanding Soviet Society***, Londres, Allen & Unwin.

SADER, Emir.
(1993) ***Estado e Política em Marx***, São Paulo, Cortez.

SAGAREV, V. *et alli.*
(1989) "Priroda Totalitarnoy Vlasti", ***Sotsiologicheskie Issledovaniya***, vol. 16, n. 5.

SAKWA, Richard.
(1989) ***Soviet Politics: an Introduction***, Londres, Routledge.

SALISBURY, R. H.
(1968) "The Analysis of Public Policy: The Search for Theories and Roles", *in* A. Ranney (ed.), ***Political Science and Public Policy***, Chicago, Markham.

SALVADORI, Massimo.
(1986) "A Crítica Marxista ao Stalinismo", *in* E. Hobsbawm *et alli*, ***História doMarxismo - Vol. 7***, Rio de Janeiro, Paz e Terra.

SAMARAY, Catherine.
(1992) "O Fim de Uma Era?", *in* R. P. Lyra (org.), ***Socialismo: Impasses e Perspectivas***, São Paulo, Scritta.

SARTORI, Giovanni.
(1970) "Concept Misformation in Comparative Politics", ***American Political Science Review***, vol. 64, n. 4.
(1993) "Totalitarianism, Model Mania and Learning from Error", ***Journal of Theoretical Politics***, vol. 5, n. 1.
(1994) ***A Teoria da Democracia Revisitada - 2 Vols.***, São Paulo, Ática.

SCHACHTMAN, Max.
(1962) ***The Bureaucratic Revolution***, Nova Iorque, Donald.

SCHAFF, Adam.
(1992) "Unexplored Areas of Present-Day Socialism", ***Socialism of the Future***, vol. 1, n. 1.

SCHAPIRO, Leonard.
(1955) ***The Origin of Communist Autocracy: Political Opposition in the Soviet State, 1917-1922***, Londres, Bell.
(1960) ***The Communist Party of the Soviet Union***, Nova Iorque, Vintage Books.
(1965) ***The Government and Politics of the Soviet Union***, Londres, Hutchinson.
(1972a) "Totalitarianism in the Doghouse", *in* L. Schapiro (ed.), ***Political Opposition in One Party States***, Londres, Macmillan.
(1972b) ***Totalitarianism***, Londres, Macmillan.

SCHAPIRO, Leonard e GODSON, Joseph (eds.).
(1981) ***The Soviet Worker***, Londres, Macmillan.

SCHATTSCHNEIDER, E.
(1960) ***The Semi-Sovereign People***, Nova Iorque, Holt Rinehart & Winston.

SCHMITTER, Phillippe C.
(1971) ***Interest Conflict and Political Change in Brazil***, Stanford, Stanford University Press.
(1974) "Still the Century of Corporatism?", ***Review of Politics***, vol. 36, n. 1.
(1985) "Neo-Corporatism and the State", *in* W. Grant (ed.), ***The Political Economy of Corporatism***, Londres, Macmillan.

SCHRÖDER, Hans-Henning.
(1992) "Upward Social Mobility and Mass Repression: The Communist Party and Soviet Society in the Thirties", *in* N. Lampert e G. Rittersporn (eds.), ***Stalinism: Its Nature and Aftermath***, Londres, Macmillan.

SCHWARZ, Roberto.
(1992) "Um Livro Audacioso", artigo publicado na ***Folha de São Paulo***, edição de 17 de maio de 1992.

SEELEY, John Robert.
(1886) ***An Introduction to Political Science***, Londres, Macmillan.

SEERS, Dudley (ed.).
(1981) ***Dependency Theory: A Critical Reassessment***, Londres, Frances Pinter.

SEGRILLO, Angelo.
(2000) ***O Declínio da URSS***, Rio de Janeiro, Record.

SERGE, Victor.
(1937) ***Destin d'une Revolution***, Paris, Grasset.
(1972) ***Year One of the Russian Revolution***, Harmondsworth, Penguin.

SHANIN, Teodor.
(1972) ***The Awkward Class***, Oxford, Clarendon Press.

SHANIN, Teodor (ed.).
(1983) ***Late Marx and the Russian Road***, Nova Iorque, Monthly Review.

SHEARMAN, P.
(1988) "Moderazione e Pragmatismo per un'Influenza Più Stabile", ***Politica Internazionale***, n. 3.

SHERMAN, Howard.
(1990) "The Second Revolution or the Transition from Statism to Socialism", ***Monthly Review***, vol. 41, n. 10.

SIEDMAN, Steven.
(1992) "Postmodern Social Theory as Narrative with a Moral Intent", *in* S. Siedman e D. Wagner (eds.), ***Postmodernism & Social Theory***, Oxford, Basil Blackwell.

SIEGELBAUM, Lewis H.
(1988) ***Stakhanovism and the Politics of Productivity in the USSR, 1935-1941***, Cambridge, Cambridge University Press.
(1992) ***Soviet State and Society Between Revolutions, 1918-1929***, Cambridge, Cambridge University Press.

SILVEIRA, Joel e MORAES NETTO, Geneton.
(1989) ***O Pacto Maldito***, Record, Rio de Janeiro.

SILVER, Geoffrey e TARPINIAN, Gregory.
(1980) "Marxism and Socialism", ***The Review of Radical Political Economics***, vol. 13, n. 1.

SINKOVICS, Alfred.
(1991) "Feudal State Socialism and the Theory of Scientific Socialism", ***Coexistence***, vol. 28, n. 3.

SIRIANNI, Carmen.
(1982) ***Workers Control and Socialist Democracy***, Londres, Verso.

SKILLING, H. Gordon.
(1967) "Interest Groups and Communist Politics", ***World Politics***, vol. 19, n. 2.

SKILLING, H. Gordon e GRIFFITHS, F.(eds.).
(1971) ***Interest Groups in Soviet Politics***, Princeton, Princeton University Press.

SKOCPOL, Theda.
(1979) ***States and Social Revolutions***, Cambridge, Cambridge University Press.
(1985) "Bringing the State Back In: Strategies of Analysis in Current Research", *in* P. Evans, D. Rueschemeyer e T. Skocpol (eds.), ***Bringing the State Back In***, Cambridge, Cambridge University Press.

SKURSKI, Roger.
(1980) "Socialism and the Consumer in the USSR", ***The Review of Radical Political Economics***, vol. 13, n. 1.

SMART, D. A. (ed.).
(1978) ***Pannekoek and Gorter's Marxism***, Londres, Pluto.

SMITH, S. A.
(1983) ***Red Petrograd: Revolution in the Factories, 1917-1918***, Cambridge, Cambridge University Press.

SOLJENÍTSIN, Alexandr.
(1973-1978) ***The Gulag Archipelago, 1918-1956 - 3 Vols.***, Londres, Collins/Fontana.
(1980) "Misconceptions about Russia Are a Threat to America", ***Foreign Affairs***, Spring.

SOLOMON Jr., Peter H.
(1978) ***Soviet Criminologists and Criminal Policy: Specialists in Soviet Policy-Making***, Nova Iorque, Columbia University Press.

SOREL, Georges.
(1919) ***Materiaux d'une Théorie du Prolétariat***, Paris, Marcel Rivière.
(1972) ***Reflections on Violence***, Nova Iorque, Macmillan.

SORMAN, Guy.
(1991) ***Sair do Socialismo***, Rio de Janeiro, Instituto Liberal.

SOROKIN, P.
(1947) ***Society, Culture and Personality, Their Structure and Dynamics***, Nova Iorque, Cooper.

SOUVARINE, Boris.
(1935) ***Staline:Aperçu Historique du Bolchevisme***, Paris, Plon.

SPIRO, H. J.
(1968) "Totalitarianism", *in* D. Sills (ed.), ***Encyclopedia of the Social Sciences***, Nova Iorque, Free Press.

SPIRO, H. J. e BARBER, B.
(1970) "Counter-Ideological Uses of *Totalitarianism*", ***Politics and Society***, vol. 1, n. 1.

STÁLIN, Josef.
(1975a) "Trotskysm or Leninism?", *in* J. Stálin, ***On the Opposition***, Pequim, Foreign Languages Press.

(1975b) "The Social-Democratic Deviation in Our Party", *in* J. Stálin, ***On the Opposition***, Pequim, Foreign Languages Press.

(1977a) "Cuestiones del Leninismo", *in* J. Stálin, ***Cuestiones del Leninismo***, Pequim, Ediciones en Lenguas Extranjeras.

(1977b) "Balance del Primer Plan Quinquenal", *in* J. Stálin, ***Cuestiones del Leninismo***, Pequim, Ediciones en Lenguas Extranjeras.

(1977c) "Informe ante el XVII Congreso del Partido acerca de la Labor del CC del PC (b) de la URSS - 26 de enero de 1934", *in* J. Stálin, ***Cuestiones del Leninismo***, Pequim, Ediciones en Lenguas Extranjeras.

(1977d) "Informe ante el XVIII Congreso del Partido sobre la Labor del CC del PC (b) de la URSS - 10 de marzo de 1939", *in* J. Stálin, ***Cuestiones del Leninismo***, Pequim, Ediciones en Lenguas Extranjeras.

STARK, David, NEE, Victor, e KRAMER, Paulo.

(1990) "Para Uma Análise Institucional do Socialismo de Estado", ***Dados***, vol. 33, n. 2.

STEELE, David Ramsay.

(1992) ***From Marx to Mises***, La Salle, Open Court.

STEENSON, Gary.

(1991) ***Karl Kautsky, 1854-1938***, Pittsburgh, University of Pittsburgh Press.

STEPAN, Alfred.

(1978) ***The State and Society: Peru in Comparative Perspective***, Princeton, Princeton University Press.

STOJANOVIC, Svetozar.

(1972) ***Crítica del Socialismo de Estado***, Madri, Fundamentos.

(1973) ***Between Ideals and the Future***, Oxford, Oxford University Press.

(1990) "Marxism, Post-Marxism and the Implosion of Communism", ***Praxis International***, n. 10

SUPEK, Rudi.

(1982) "Socialism, Industrial Democracy and Human Rights", ***Praxis International***, vol. 1, n. 4.

SWEEZY, Paul.

(1981) ***A Sociedade Pós-Revolucionária***, Rio de Janeiro, Zahar.

SWEEZY, Paul e BETTELHEIM, Charles.

(1971) ***On the Transition to Socialism***, Nova Iorque, Monthly Review.

SZYMANSKI, Albert.

(1983a) "Soviet Socialism and Proletarian Internationalism", ", *in* D. Laibman *et alli*, ***The Soviet Union: Socialist or Social-Imperialist? - Part 1***, Chicago, RCP.

(1983b) "The Red Flag Still Flies", *in* C. Kissinger (org.), ***The Soviet Union: Socialist or Social-Imperialist? - Part 2***, Chicago, RCP.

(1983c) ***Is the Red Flag Still Flying?***, Londres, Zed.

(1984) ***Human Rights in the Soviet Union***, Londres Zed.

TALMON, J. L.

(1952) ***The Rise of Totalitarian Democracy***, Boston, Beacon Press.

(1986) ***The Origins of Totalitarian Democracy***, Harmondsworth, Penguin.

TARAS, Ray (ed.).

(1992) ***Handbook of Political Science Research on the USSR and Eastern Europe***, Westport, Greenwood Press.

TARCUS, Horacio.

(1991) "Las Lecturas del 'Socialismo Real', un Inventario Crítico", ***Realidad Económica***, n. 98.

TATU, Michel.
(1969) ***Power in the Kremlin***, Nova Iorque, Viking Press.

TAYLOR, Jay.
(1993) ***The Rise and Fall of Totalitarianism in the Twentieth Century***, Nova Iorque, Paragon.

THERBORN, Göran.
(1978) ***What Does the Ruling Class Do When it Rules?***, Londres, NLB.
(1995) "Dialética da Modernidade: a Teoria Crítica e o Legado do Marxismo no Século XX", ***Dados***, vol. 38, n. 2.
(1996) "Os Momentos das Teorias do Estado e Depois", trabalho apresentado no Seminário ***Dilemas do Estado Contemporâneo (Pós-Neoliberalismo II)***, Rio de Janeiro, mimeo.

TICKTIN, Hillel.
(1973) "Towards a Political Economy of the USSR", ***Critique***, n. 1.
(1976) "The Contradictions of Soviet Society and Professor Bettelheim",***Critique***, n. 6.
(1992) ***Origins of the Crisis in the USSR***, Armonk, M.E. Sharpe.

TIERSKY, Ronald.
(1985) ***Ordinary Stalinism: Democratic Centralism and the Question of Communist Political Development***, Londres, Allen & Unwin.

TILLY, Charles.
(1985) "War Making and State Making as Organized Crime", *in* P. Evans, D. Rueschemeyer e T. Skocpol (eds.), ***Bringing the State Back In***, Cambridge, Cambridge University Press.

TIMASHEV, Nicholas.
(1946) ***The Great Retreat: the Growth and Decline of Communism in Russia***, Nova Iorque, editora não especificada.

TISMANEANU, Vladimir.
(1983) "Critical Marxism and Eastern Europe", ***Praxis International***, vol. 3, n. 3.

TOCQUEVILLE, Alexis de.
(1945) ***Democracy in America - 2 Vols.***, Nova Iorque, Alfred A. Knopf.

TOGLIATTI, Palmiro.
(1980) ***Socialismo e Democracia - Obras Escolhidas (1944/1964)***, Rio de Janeiro, Muro.
(1981) "Entrevista a ***Nuovi Argumenti***", *in* J. Kanapa *et alli*, ***O Eurocomunismo***, Lisboa, Estampa.

TRIMBERGER, Ellen Kay.
(1972) "A Theory of Elite Revolutions", ***Studies in Comparative International Development***, vol. 7, n. 3.
(1977) "State Power and Modes of Production: Implications of the Japanese Transition to Capitalism", ***Insurgent Sociologist***, n. 7.
(1978) ***Revolution from Above: Military Bureaucrats and Development in Japan, Turkey, Egypt and Peru***, Nova Brunswick, Transaction Books.

TRISKA, J. e COCKS, P. (eds.).
(1977) ***Political Development in Eastern Europe***, Nova Iorque, Praeger Publishers.

TROTSKY, Leon.
(1941) ***Stalin***, Nova Iorque, Harper.
(1963) ***Terrorism and Communism***, Ann Arbor, University of Michigan Press.
(1967) "O Que Foi a Revolução de Outubro?", ***Revista Civilização Brasileira***, vol. 3, Caderno Especial n. 1.

(1969) ***L'Internationale Après Lenine***, Paris, PUF.
(1970) "Not a Workers' and Not a Bourgeois State", *in* L. Trotsky, ***Writings, 1937-1938***, Nova Iorque, Pathfinder.
(1972) "The Class Nature of the Soviet State", *in* L. Trotsky, ***Writings, 1933-1934***, Nova Iorque, Pathfinder.
(1973a) "Thermidor and Bonapartism", *in* L. Trotsky, ***Writings, 1930-1931***, Nova Iorque, Pathfinder.
(1973b) "Problems of the Development of the USSR", *in* L. Trotsky, ***Writings, 1930-1931***, Nova Iorque, Pathfinder.
(1973c) ***The Workers' State and the Question of Thermidor and Bonapartism***, Londres, editora não especificada.
(1975a) "First Letter to the Central Committee - October 8, 1923", *in* L. Trotsky, ***The Challenge of the Left Opposition (1923-1925),*** Nova Iorque, Pathfinder.
(1975b) "The New Course", *in* L. Trotsky, ***The Challenge of the Left Opposition (1923-1925),*** Nova Iorque, Pathfinder.
(1975c) "A 'Bloc' with Zinoviev (For a Diary)", *in* L. Trotsky, ***The Challenge of the Left Opposition (1923-1925),*** Nova Iorque, Pathfinder.
(1977) ***A Revolução Permanente***, Lisboa, Antídoto.
(1980) ***A Revolução Traída***, São Paulo, Global.
(1983) ***Os Processos de Moscou***, São Paulo, Traço.
(1987) "Informe sobre a Nova Política Econômica e Suas Condições", ", *in* A. Bertelli (org.), ***A Nova Política Econômica (NEP)***, São Paulo, Global.

TROTSKY, Leon *et alli*.
(1975) "The Platform of the Forty-Six - October 15, 1923", *in* L. Trotsky, ***The Challenge of the Left Opposition (1923-1925),*** Nova Iorque, Pathfinder.

TRUMAN, David.
(1971) ***The Governmental Process***, Nova Iorque, Knopf.

TSETUNG, Mao.
(1977) ***A Critique of Soviet Economics***, Nova Iorque, Monthly Review.

TSUKÂNOV, Oleg.
(1995) "A Essência e a Crise do Socialismo Feudal de Aparelho", *in* P. Vicente Sobrinho (org.), ***Reflexões sobre a Desintegração do Comunismo Soviético***, São Paulo, Alfa-Omega.

TUCKER, Robert.
(1967) "On the Comparative Study of Communism", ***World Politics***, vol. 19, n. 2.
(1971) ***The Soviet Political Mind: Stalinism and Post-Stalin Change***, Nova Iorque, Norton.
(1977a) "Stalinism as Revolution from Above", *in* R. Tucker (ed.), ***Stalinism***, Nova Iorque, W. W. Norton.
(1977b) "Introduction: Stalinism and Comparative Communism", *in* R. C. Tucker (ed.), ***Stalinism: Essays in Historical Interpretation***, Nova Iorque, Norton & Company.
(1985) "Lenin's Bolshevism as Culture in the Making", *in* A. Gleason, P. Kenez e R. Stites (eds.), ***Bolshevik Culture***, Bloomington, Indiana University Press.
(1987) "Culture, Political Culture and Soviet Studies", *in* R. C. Tucker, ***Political Culture and Leadership in Soviet Russia: from Lenin to Gorbachev***, Sussex, Wheatsheaf Books.

TUFTE, E.
(1978) ***Political Control of the Economy***, Princeton, Princeton University Press.

ULAM, Adam.
(1963) ***The New Face of Soviet Totalitarianism***, Cambridge, Harvard University Press.
(1976) ***Os Bolcheviques***, Rio de Janeiro, Nova Fronteira.

UNGER, Aryeh.
(1981) ***Constitutional Development in the USSR: a Guide to the Soviet Constitutions***, Londres, Methuen.

UNGER, Roberto Mangabeira e CUI, Zhiyuan.
(1994) "China in the Russian Mirror", ***New Left Review***, n. 208.

VAJDA, Mihaly.
(1981) ***The State and Socialism***, Londres, Allison & Busby.

VERNADSKY, G.
(1944) ***A History of Russia***, Nova Iorque, editora não especificada.

VIOLA, Lynne.
(1987) ***The Best Sons of the Fatherland: Workers in the Vanguard of Soviet Collectivization***, Oxford, Oxford University Press.

VODOLAZOV, Grigori.
(1990) "L'Essence et les Racines du Stalinisme", ***Revue de Sciences Sociales en URSS***, n. 3.

VOLINE.
(1990) ***The Unknown Revolution***, Montreal, Black Rose.

VOSLENSKY, Michael.
(1980) ***A Nomenklatura***, Rio de Janeiro, Record.

VRANICKI, Predrag.
(1972, 1974) ***Geischichte des Marxismus, 2 Vols.***, Frankfurt, Suhrkamp.

VYSHINSKI, Andrei.
(1948) ***The Law of the Soviet State***, Nova Iorque, Macmillan.

WAGNER, Peter.
(1994) ***A Sociology of Modernity: Liberty and Discipline***, Londres, Routledge.
(1995) "Sociology and Contingency: Historicizing Epistemology", ***Social Science Information***, vol. 34, n. 2.

WALLERSTEIN, Immanuel.
(1974) The Rise and Future Demise of the World Capitalist System, ***Comparative Studies in Society and History***, vol. 16, n. 4.
(1974-1988) ***The Modern World System - 3 Vols.***, Nova Iorque, Academic Press.
(1979) ***The Capitalist World-Economy***, Cambridge, Cambridge University Press.
(1984a) "Socialist States: mercantilist strategies and revolutionary objectives", *in* I. Wallerstein, ***The Politics of the World Economy***, Cambridge, Cambridge University Press.
(1984b) "Nationalism and the World Transition to Socialism: is there a crisis?", *in* I. Wallerstein, ***The Politics of the World Economy***, Cambridge, Cambridge University Press.
(1984c) "Patterns and Prospectives of the Capitalist World-Economy", *in* I. Wallerstein, ***The Politics of the World Economy***, Cambridge, Cambridge University Press.
(1985) ***O Capitalismo Histórico***, São Paulo, Brasiliense.
(1990) "Marx, Marxism-Leninism, and the Socialist Experiences in the Modern World-System", ***Thesis Eleven***, n. 27.
(1991) ***Unthinking Social Science***, Cambridge, Polity Press.

WEBB, Sydney e WEBB, Beatrice.
(1935) ***Soviet Communism: a New Civilisation***, Londres, Longmans.

WEBER, Max .
(1978) ***Economy and Society - 2 Vols.***, Berkeley, University of California Press
(1982) ***Ensaios de Sociologia***, Rio de Janeiro, Zahar Editores.

WEIL, Simone.
(1977) "Caminharemos Nós para uma Revolução Proletária?", *in* A. Neves (org.), ***A Natureza da URSS (Antologia)***, Porto, Afrontamento.

WEIR, Margareth e SKOCPOL, Theda.
(1985) "State Structures and the Possibilities for 'Keynesian' Responses to the Great Depression in Sweden, Britain and the United States", *in* P. Evans, D. Rueschemeyer e T. Skocpol (eds.), ***Bringing the State Back In***, Cambridge, Cambridge University Press.

WHITE, Stephen.
(1979) ***Political Culture and Soviet Politics***, Londres, Macmillan.

WHITE, Stephen e NELSON, Daniel (eds.).
(1982) ***Communist Legislatures in Comparative Perspective***, Londres, Macmillan.

WHITFIELD, Stephen.
(1980) ***Into the Dark: Hannah Arendt and Totalitarianism***, Philadelphia, Temple University Press.

WIARDA, Howard.
(1973) "The Portuguese Corporative System: Basic Structures and Current Functions", ***Iberian Studies***, vol. 2, n. 2.

WIATR, Jerzy e PRZEWORSKI, Adam.
(1966) "Control Without Opposition", ***Government and Opposition***, vol. 1, n. 2.

WILES, Peter.
(1962) ***The Political Economy of Communism***, Cambridge, Harvard University Press.
(1968) ***Communist International Economics***, Oxford, Basil Blackwell.

WITTFOGEL, Karl.
(1957) ***Oriental Despotism: A Comparative Study of Total Power***, New Haven, Yale University Press.

WOLFE, Alan.
(1977) ***The Limits of Legitimacy: Political Contradictions of Late Capitalism***, Nova Iorque, Free Press.

WOLFE, Bertrand.
(1972) "Introduction", *in* R. Luxemburgo, ***The Russian Revolution and Leninism or Marxism***, Ann Arbor, University of Michigan Press.

WOOD, Ellen Meiksins.
(1986) ***The Retreat From Class***, Londres, Verso.
(1991) ***The Pristine Culture of Capitalism***, Londres, Verso.

WRIGHT, Erik Olin.
(1978) ***Class, Crisis and the State***, Londres, NLB.

WRIGHT, Erik Olin, LEVINE, Andrew e SOBER, Elliott.
(1992) ***Reconstructing Marxism***, Londres, Verso.

YANOWITCH, Murray.
(1977) ***Social and Economic Inequality in the Soviet Union***, White Plains, M. E. Sharpe.

ZALESKY, Eugéne.
(1967) ***Planning Reforms in the Soviet Union, 1962-66***, Chapel Hill, University of Carolina Press.
(1980) ***Stalinist Planning for Economic Growth, 1933-52***, Londres, Macmillan.

ZASLAVSKAIA, Tatiana.
(1989) ***A Estratégia Social da Perestroika***, Rio de Janeiro, Espaço e Tempo.
(1990) "*Perestroika* e Socialismo", *in* L. Pomeranz (org.), ***Perestroika: Desafios da Transformação Social na URSS***, São Paulo, EDUSP.

ZASLAVSKY, Victor.
(1982) ***The Neo-Stalinist State***, Nova Iorque, Sharpe.
(1984) "Soviet Society and the World Systems Analysis", ***Telos***, n. 62.

ZINOVIEV, Alexander.
(1983) ***The Reality of Communism***, Londres, Gollancz.

markgraph
Rua Aguiar Moreira, 386 - Bonsucesso
Tel.: (021) 564.1056 Telefax.: (021) 270.9656
Rio de Janeiro - RJ